Reinhilde Beck
Gotthart Schwarz

Konfliktmanagement

Dieses Buch gehört
Michael Reinhold.

michael_r1@gmx.de

SozialMANAGEMENT Praxis

Reinhilde Beck / Gotthart Schwarz

Konfliktmanagement

Grundlagen und Strategien

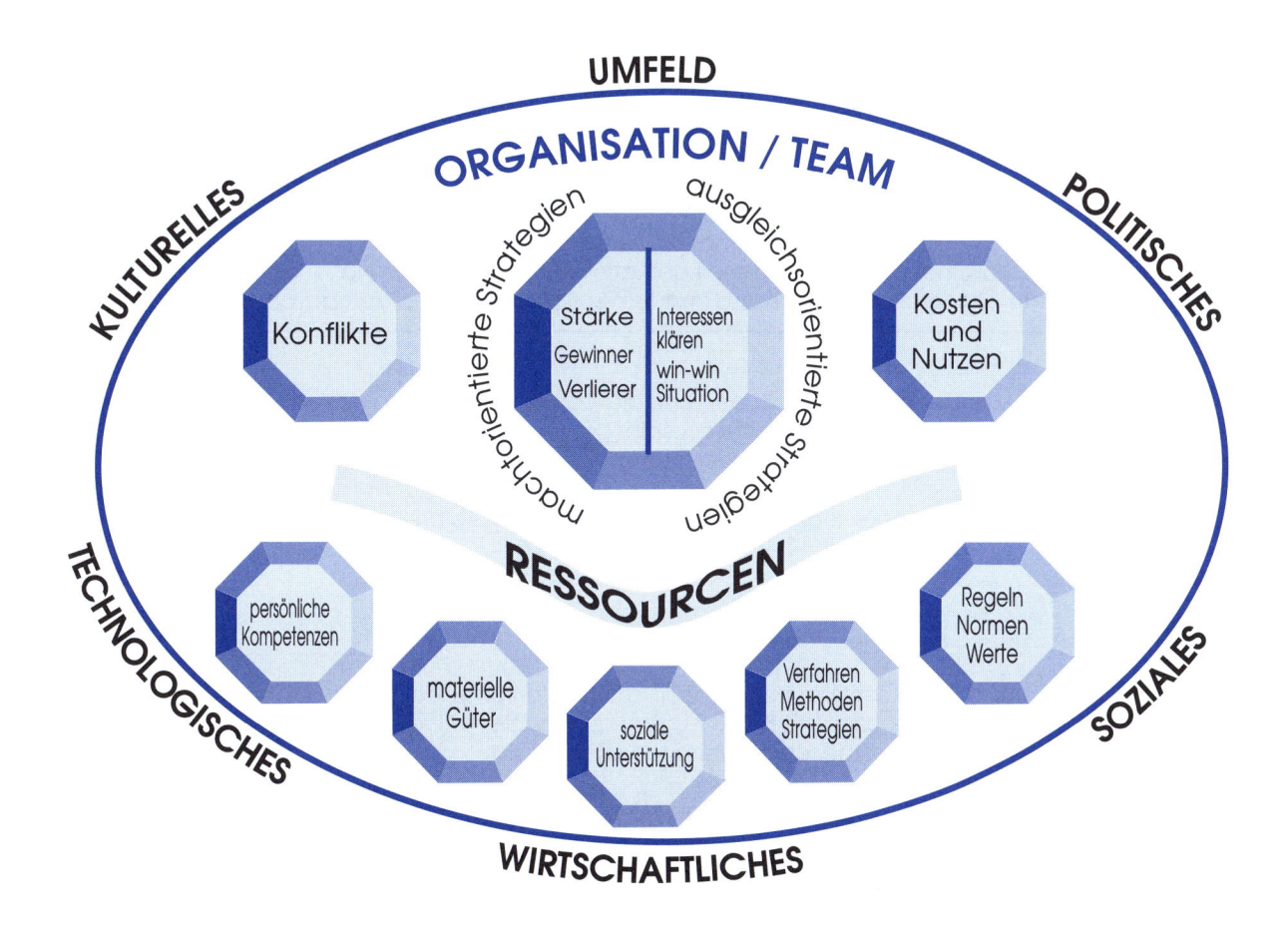

3. überarbeitete Auflage

ziel
Blaue Reihe

Strategien – Tools – Materialien

> Bibliografische Information der deutschen Bibliothek
> Die Deutsche Bibliothek verzeichnet diese Publikation in der Deutschen Nationalbibliografie;
> detaillierte bibliografische Daten sind im Internet über *http://dnb.ddb.de* abrufbar.

Wichtiger Hinweis des Verlages: Der Verlag hat sich bemüht, die Copyright-Inhaber aller verwendeten Zitate, Texte, Bilder, Abbildungen und Illustrationen zu ermitteln. Leider gelang dies nicht in allen Fällen. Sollten wir jemanden übergangen haben, so bitten wir die Copyright-Inhaber, sich mit uns in Verbindung zu setzen.

Inhalt und Form des vorliegenden Bandes liegen in der Verantwortung der Autoren.

Printed in Germany

ISBN 978-3-937 210-44-5

Verlag	ZIEL – Zentrum für interdisziplinäres erfahrungsorientiertes Lernen GmbH Zeuggasse 7–9, 86150 Augsburg, www.ziel-verlag.de 3. überarbeitete, erweiterte Auflage 2008
Wissenschaftliche Beratung und Lektorat	Prof. Dr. Gotthart Schwarz
Grafik und Layoutgestaltung	Petra Hammerschmidt, **alex media GbR** Zeuggasse 7–9, 86150 Augsburg
Druck und buchbinderische Verarbeitung	Kessler Druck + Medien Michael-Schäffer-Straße 1, 86399 Bobingen
	© Alle Rechte vorbehalten. Kein Teil dieses Buches darf in irgendeiner Form (Druck, Fotokopie oder einem anderen Verfahren) ohne schriftliche Genehmigung des Verlags reproduziert oder unter Verwendung elektronischer Systeme verarbeitet, vervielfältigt oder verbreitet werden.

INHALTSVERZEICHNIS Seite

Übersicht der Schaubilder, Grafiken und Checklisten 8

Vorwort 10

I. Konflikte zwischen Tabuisierung und Thematisierung 13
1. Zur Ambivalenz von Konfliktangst und Konfliktregelung 13
2. Una sancta ecclesia oder die Ordnung der Welt 14
3. Der Staat als „Leviathan" und Ordnungsmacht 24
4. Zur Renaissance des Konfliktbegriffs – Funktion und Bewertung von Konflikten 40
5. Krisenangst und Konfliktverdrängung in der Bundesrepublik 47

II. Die menschliche „Natur" im Konfliktgeschehen 53
1. Menschliches Verhalten – vernunft- und/oder emotionsgesteuert? 53
2. Fähigkeiten zur Selbststeuerung und Selbstkontrolle 58
3. Motivationskräfte menschlichen Verhaltens 60
4. Fazit: Die Balance von Motivationskräften durch Organisationsgestaltung ermöglichen 71

III. Konflikte in komplexen Systemen 75
1. Beschleunigte Veränderungsdynamik im Umfeld von Unternehmen/Organisationen und neue Konfliktfelder 75
2. Konflikte in Organisationen aus Sicht des Systemansatzes 77
3. Subjektive Profilierung von Konflikten 89
4. Einfluss der Organisationskultur auf die Konfliktentstehung und Konfliktsteuerung 95
5. Eingespielte/eingeschliffene Muster im Umgang mit Konflikten auf interaktionaler Ebene 100
6. Kosten, Nutzen und „Zieldienlichkeit" von Konfliktlösungen 110
7. Schlussfolgerung 117

IV. Konfliktbegriffe und Konfliktvarianten 119

1. Was ist ein Konflikt? 119
2. Konflikte und Nicht-Konflikte 121
3. Nicht der Konflikt ist das Problem 124
4. Konflikte – Arten – Varianten – Typen 125
5. Unterscheidung nach Streitgegenständen 128
6. Kategorisierung nach den Erscheinungsformen 129
7. Ordnung der Konflikte nach Merkmalen der Konfliktparteien 133

V. Konfliktmanagement: Steuerungsebenen, Gestaltungsmöglichkeiten und Verfahren 135

1. Was meint Konfliktmanagement und wo liegen Gestaltungs- und Steuerungsmöglichkeiten? 135
   1.1 Unternehmensführung und Steuerungsebenen einer Organisation 136
   1.2 Globale Steuerungsebene 138
   1.3 Strategische Steuerungsebene 141
   1.4 Ebene der operativen Steuerung/Umsetzung 144
2. Auf welche kommunikationsorientierten Verfahren können Organisationen zur Konfliktregelung zurückgreifen? 145
   2.1 Konflikttraining – Konfliktsensibilisierungsprogramme 145
   2.2 Teamentwicklung/Team-Coaching 146
   2.3 Coaching als Maßnahme der Management- und Personalentwicklung 148
      2.3.1 Zentrale Merkmale von Coaching 149
      2.3.2 Coaching durch Führungskräfte 149
      2.3.3 Externes Coaching für Führungskräfte 150
      2.3.4 Formen, Anwendungsschwerpunkte und Ziele des Coachings im Überblick 151
   2.4 Verhandlungsführung 153
      2.4.1 Das Harvard-Konzept 153
      2.4.2 Mediation 157
   2.5 Resümee: Grenzen kommunikationsorientierter Verfahren der Konfliktregulierung 158
3. Weniger „Macht" und mehr „Verhandeln"? 159
4. Warum können Konflikte in Organisationen als Chance für organisationales Lernen wahrgenommen werden? 162

VI. Untersuchung und Optimierung von Konfliktlösungen – Schritte zur Einführung und Umsetzung — 163

1. Untersuchung eines Konfliktlösungssystems — 165
2. Schritte zur Einführung und Umsetzung eines effektiven Konfliktlösungssystems — 183
   - Schritt 1: Konflikte rechtzeitig erkennen — 183
   - Schritt 2: Ausgangssituation und Auftragskontext klären — 187
   - Schritt 3: Konfliktlösungen untersuchen und optimieren — 192
   - Schritt 4: Lösungsschritte entwickeln und umsetzbar machen — 197
   - Schritt 5: Ergebnisse überprüfen, bewerten und sichern — 198

VII. Schlussbemerkung — 201

Literaturverzeichnis — 202

Die Autoren — 210

Übersicht der Schaubilder, Grafiken und Tabellen

Abb. 1:	Stabilität und Kontinuität in der Ständegesellschaft	15
Abb. 2:	Friedenstafel des hl. Augustinus	19
Abb. 3:	Die sieben leiblichen und geistigen Werke der Barmherzigkeit	23
Abb. 4:	Politikverständnis, Staatslehre und Menschenbild bei Niccolo Machiavelli	26
Abb. 5:	Synopse der Klassenanalyse und Konflikttheorie bei Karl Marx/Friedrich Engels	38
Abb. 6:	Funktion und Formen von Konflikten/Konfliktlösung (nach Georg Simmel)	43
Abb. 7:	Zwangstheorie der gesellschaftlichen Integration (nach Ralf Dahrendorf)	46
Abb. 8:	Systemische Sicht – Wirkungszusammenhänge	78
Abb. 9:	Linear – kausale Sicht	80
Abb. 10:	Die wirklichkeitskonstruktive Sicht	84
Abb. 11:	Systemisches Verständnis von Organisationen	84
Abb. 12:	Wesenselemente und Subsysteme einer Organisation	87
Abb. 13:	Konfliktrahmen und Komplexität	89
Abb. 14:	Gewinner – Verlierer – Strategie	101
Abb. 15:	Verlierer – Verlierer – Strategie	103
Abb. 16:	Die Gewinner – Gewinner – Strategie	107
Abb. 17:	Von einem gestörten zu einem effektiven Konfliktlösungssystem	112
Abb. 18:	Konflikte und Nicht-Konflikte	123
Abb. 19:	Konflikte erfüllen positive Funktionen	124
Abb. 20:	Der Konfliktkreislauf	125
Abb. 21:	Konfliktformen	126
Abb. 22:	Konfliktarten	127
Abb. 23:	Verfahren/Mechanismen zur Konfliktregelung	130
Abb. 24:	Drei Steuerungsebenen des Unternehmens/der Organisation	136
Abb. 25:	Steuerungsebenen und Gestaltungsmöglichkeiten zur Konfliktregelung	137
Abb. 26:	Phasen der Gruppenentwicklung (nach Tuckmann)	147
Abb. 27:	Coaching: Formen, Anwendungsbereiche, Ziele	153
Abb. 28:	Orientierungsmodell für Konfliktlösungen	163
Abb. 29:	Konfliktlösungen untersuchen und optimieren	165

Übersicht der Schaubilder, Grafiken und Tabellen

Abb. 30:	Checkliste 1: Konfliktparteien/Schlüsselpersonen	167
Abb. 31:	Checkliste 2: Konfliktthemen	168
Abb. 32:	Checkliste 3: Absteckung des Konfliktrahmens: Mikro, Meso- und Makro-Konflikte	169
Abb. 33:	Checkliste 4: Häufigkeit von Konflikten	171
Abb. 34:	Checkliste 5: Konfliktverlauf – Konflikteskalation	171
Abb. 35:	Checkliste 6: Bisherige Art der Konfliktbewältigung	172
Abb. 36:	Checkliste 7: Organisation als Konfliktquelle	173
Abb. 37:	Checkliste 8: Bilanzierung der Kosten bisheriger Bewältigungsstrategien	177
Abb. 38:	Checkliste 9: Zusammenhänge zwischen Ressourcen und Art der Konfliktbewältigung	178
Abb. 39:	Checkliste 10: Untersuchungsergebnisse bündeln, ordnen, gewichten	182
Abb. 40:	Phasen und Schritte des Konfliktmanagements	183
Abb: 41:	Symptome, die auf Konflikte verweisen	186
Abb. 42:	Symptome, die auf einen „kalten" Konflikt verweisen	186
Abb. 43:	Checkliste 11: Leitfragen zur Auftragsvergabe und Auftragsannahme	190
Abb. 44:	Rollen der Konfliktberater/in	191
Abb. 45:	Checkliste 12: Planung des Vorgehens nach der Auftragsklärung	192
Abb. 46:	Grundregeln für das Vorgehen als Prozessberater/in	195
Abb. 47:	Regeln im Umgang mit Widerständen	196
Abb. 48:	Checkliste 13: Lösungsschritte entwickeln und umsetzen	197
Abb. 49:	Checkliste 14: Überprüfung, Bewertung und Sicherung von Veränderungen	199

Vorwort

In dem Pilotband **Sozialmanagement** zu dieser Reihe wurde die Absicht der Herausgeber zu einem grenzüberschreitenden Diskurs zwischen den etablierten Wissenschaftsdisziplinen und beruflichen Praxisfeldern und zur „Einmischung" in die der Sozialarbeit nach wie vor fremden Bereiche der Wirtschafts- und Unternehmenspolitik, der Umwelt- und Stadtentwicklung, der Planungs- und Verwaltungsbehörden angekündigt. Seither ist ein knappes Jahr vergangen, sind weitere Titel zur Konzeptentwicklung und zur Entwicklung von Schlüsselqualifikationen erschienen, die, soweit sich dies jetzt schon sagen lässt, auf ein positives Interesse stoßen. Mit dem hiermit vorgelegten Text zum Problem- und Aufgabenbereich des Konfliktmanagement soll das begonnene Konzept fortgeführt, weiterentwickelt und vertieft werden. Das Risiko, sich weiterhin den Verlockungen und Gefahren eines interdisziplinären Erkundungsflugs auszusetzen, ohne die von den akribischen Spezialist/innen gefragte Tiefenschärfe in den gewonnenen Panoramabildern zu erreichen, ist nach wie vor beträchtlich. Aber wer nicht den Mut zum Risiko entwickelt, kann nicht an Veränderungen mitwirken.

Konflikten liegen Probleme zugrunde, und wo es Probleme gibt, da sind auch Möglichkeiten der Problemlösung verborgen. Man/frau muss sie allerdings suchen und sich von gewohnten Bildern und Vorstellungen im eigenen Kopf lösen wollen und können. Alle Veränderung beginnt in den Köpfen, – mit Fragen an die wahrgenommene Realität oder Wirklichkeit. Wie wirklich ist diese Wirklichkeit, wenn über ihre Substanz, Form und Gestalt im Auge der Betrachter/in entschieden wird, – die Wahrnehmung von Realität also interessengebunden ist? Und welche Rolle im privaten Alltag, beruflichen Leben und gesellschaftlichen Pendelprozess zwischen Stagnation und Innovation spielen unser aller tiefsitzende Ängste vor Veränderungen – gleich welcher Art, auf welcher Ebene und welchen Umfangs?

Wer einen Blick in die einschlägigen Untersuchungen und Analysen zu den vieldiskutierten Krisenphänomenen unserer Wirtschafts- und Gesellschaftsordnung wirft, findet unter den meistzitierten Gründen für die herrschende Stagnation u.a. die folgenden:

- Fehleinschätzungen und Fehlentwicklungen in der Wirtschafts- und Sozialpolitik;
- Managementfehler der Wirtschaftseliten und Unternehmensführungen;
- Besitzstandswahrungspolitik von Parteien, Arbeitgebern und Gewerkschaften;
- bürokratische Organisationsstrukturen in Politik, Wirtschaft und Verwaltung;
- Ängstlichkeit, Risikoscheu statt Innovation und Kreativität;
- Konkurrenz und Machtkämpfe statt Kooperation;
- Säkularisierte Individualethik statt gruppenbezogenem Gemeinschaftsdenken.

Vorwort

In der Summe wird demnach auf der staatlichen Makroebene ebenso wie auf der mittleren Ebene der Kommunen, Verwaltungen, gesellschaftlichen Organisationen, Betrieben etc. und im Mikrobereich des beruflichen Alltags überwiegend mit individualistischem Eigeninteresse, Konkurrenzdenken und Konfliktritualen agiert statt mit den konstruktiven Qualitäten und Fähigkeiten der Menschen. Diesen Missständen zunächst mit Einsichten und Erkenntnissen, dann allmählich mit einem veränderten Verhalten und verbesserten Konzepten und Organisationsstrukturen beizukommen, kann mit den derzeit so beliebten Kurzzeitrezepten und 1-Minuten-Management-Ratgebern unseres Erachtens nicht gelingen. Gefragt sind nicht die schnellen 10-Sekunden-Sprints und punktuellen Hoch- oder Weitsprünge in Rekordnähe, sondern die physische und psychische Kondition, die geistig-moralische Motivation und die kluge Teamfähigkeit von Querfeldein- oder Langstreckenläufer/innen in unwegsamem Gelände.

Es geht schließlich nicht um den kurzzeitigen Überraschungseffekt, sondern um einen systematisch und geduldig betriebenen Umbau organisatorischer Strukturen von Unternehmen und Einrichtungen und um Veränderungen in den persönlichen Verhaltensweisen der Organisationsmitglieder. Dies ist unsere dem folgenden Text zugrundeliegende gemeinsame Überzeugung. Die in Teil I versuchsweise diskutierten Entwicklungslinien der westdeutschen Nachkriegsgesellschaft mit ihrer bis in die Gegenwart reichenden Gewohnheit zur Leugnung unangenehmer Tatsachen und Verdrängung von Konflikten bilden die Folie des politischen, sozialen und kulturellen Umfelds für alle Bemühungen um konstruktive Konfliktlösungsverfahren, die wir bisher alle nur unzureichend beherrschen und noch lernen müssen. Das in Teil II vorgeschlagene Arbeitsmodell zur Optimierung von Konfliktlösungen erörtert im systemischen Rahmen kontextbezogene Transfer- und Vermittlungsprozesse, die all jenen nicht erspart bleiben, die an Veränderungen interessiert sind. Ob wir nun (in dem Bild von Lynch/Kordis gesprochen) die Mentalität von Karpfen entwickeln, die von den Haien demnächst gefressen werden, selbst Haie werden, um unsererseits die Karpfen zu fressen oder Delphinstrategien als Ausweg aus der selbstgezimmerten Falle entwickeln, – eines steht für uns außer Zweifel: der derzeit vielfach praktizierte Katastrophenkurs von Lemmingen führt in den Abgrund. Mit den organisatorischen Strukturen von gestern und den inhaltlichen Konzepten von heute lassen sich die Probleme von morgen nicht lösen.

Reinhilde Beck   *München im April 1995*
Gotthart Schwarz

Vorwort zur 3. Auflage

Im Vorwort zur ersten Auflage haben wir geschrieben, dass Veränderung, die ein konstruktiver Umgang mit Konflikten erfordert, stets in den Köpfen beginnt und zwar mit Fragen an die wahrgenommene Realität. Wenn die Wahrnehmung von Realität interessengebunden ist, dann beginnt jeder Versuch einer Konfliktösung mit der Klärung der Frage wie „wirklich" ist die jeweils wahrgenommene Wirklichkeit? Das Phänomen „Konflikt" hat dementsprechend viele Facetten und kann in Folge dessen auch aus unterschiedlichen theoretischen Perpektiven beleuchtet werden. Jede Theorie birgt ihre eigene Logik, beinhaltet Deutungs- und Erklärungsmöglichkeiten für das Zustandekommen von Konflikten, gibt Suchrichtungen vor für die Analyse des Konfliktgeschehens und legt gegebenenfalls auch Strategien nahe, die bei der Konfliktregulierung bzw. -lösung zu beachten sind. Eine übergreifende Theorie, die alle Facetten von Konflikten erfassen würde, bzw. einen solchen Anspruch nachvollziehbar erheben könnte, wird es auch zukünftig nicht geben. Das entpflichtet uns jedoch nicht, uns mit den unterschiedlichen Betrachtungsweisen auseinanderzusetzen und diese mit Blick auf das praktische Handeln in die Lösungssuche und Entscheidungsfindung mit einzubinden.

Der in der 3. Auflage vorliegende überarbeitete Band „Konfliktmanagement" und der 2005 erstmals erschienene Band „Konflikt-Coaching und Verhandlungsführung" thematisieren diese Wirkungszusammenhänge aus unterschiedlichen Perspektiven, zeigen alternative Möglichkeiten der Betrachtung, Analyse und Steuerung von Konflikten in institutionellen und Organisationskontexten auf und ergänzen sich in Analyse und Argumentation. Während „Konflikt-Coaching und Verhandlungsführung" den Fokus auf die intrapersonelle und sozial-interaktionelle Ebene des Konfliktgeschehens richtet und kommunikativ-kooperative Möglichkeiten der Konfliktbearbeitung aufzeigt, befassen wir uns in „Konfliktmanagement" mit einigen für das Verständnis des Konfliktgeschehens grundlegenden, paradigmatischen Sichtweisen, welche die binnenorganisatorische Sicht notwendigerweise ergänzen und auf beachtenswerte Voraussetzungen für die Konfliktregulierung verweisen. Während im Mainstream der Wirtschaftswissenschaften nach wie vor das bekannte Modell vom egoistisch handelnden „Homo oeconomicus" dominiert, der stets seinen eigenen Vorteil im Blick hat werden wir auch andere Varianten und geläufige Abweichungen vom „Eigennutz-Modell" darlegen und darüber hinausgehend Konflikte aus historisch-philosophischen und gesellschaftlich-soziologischen Perspektiven beleuchten. Geprägt von der abendländischen Kultur und Philosophie sind wir geneigt – trotz vielfältiger und täglicher „Gegenerfahrungen" – den Menschen als ein primär vernunftgesteuertes Wesen zu sehen. Entspricht diese Sicht der Realität? Verhalten wir uns nicht oft genug ziemlich „unvernünftig", widersprüchlich, emotionsgesteuert und zeigt sich dies nicht gerade auch bei Konflikten? Von dieser Frage ausgehend konzentrieren wir uns auf einige psychologische, neurobiologische und naturalistisch-evolutionäre Sichtweisen, mit der Absicht, weitere Einblicke in das Verständnis menschlichen Verhaltens bei Konflikten zu gewinnen. Ob und inwieweit uns dies gelungen ist, bleibt dem Urteil der Leserinnen und Leser überlassen.

Reinhilde Beck *München im August 2008*
Gotthart Schwarz

I. Konflikte zwischen Tabuisierung und Thematisierung

1. Zur Ambivalenz von Konfliktangst und Konfliktregelung

Streit ist hässlich, Auseinandersetzungen sind unproduktiv, Konflikte höchst überflüssig und schädlich. Wir alle haben schon im Elternhaus, im Kindergarten und in der Schule diese Lektionen einer frühzeitigen Konfliktabwehr und Konfliktverdrängung gelernt, – sehr viel weniger allerdings den friedlichen Umgang miteinander. Wer erinnert sich nicht an die Mahn- und Strafpredigten, den erhobenen Zeigefinger der Eltern, Erzieher/innen und Lehrer/innen, dass ein braves Kind vor allem ein ruhiges, friedliches Kind ist? Welches kleine Mädchen ist nicht erzogen worden, jedem Streit aus dem Wege zu gehen und sich zurückzuhalten, sich nicht in den Vordergrund zu drängen, Szenen und Orte der Auseinandersetzung zu meiden? Und auch die Buben (jedenfalls die aus den sog. „besseren" Familien) lernen schon früh, dass Streit „hässlich" ist, lautes Schreien die Ruhe der Erwachsenen und die Haus- oder Schulordnung stört, der Kampf auf der Straße die Nachbar/innen und die Polizei alarmiert. Vor allem lernen sie, dass ein (nach Meinung der Erwachsenen) unangemessenes Verhalten von Kindern zu Konflikten führt, bei denen sie in der Regel den kürzeren ziehen. Später heißt es dann: „Ruhe ist die erste Bürgerpflicht", „Streit führt zu nichts", „wer seine Nase zu hoch trägt, kriegt eins auf den Deckel". Und ein „Streithansl", „Prinzipienreiter" oder fanatischer Rechtssucher, wie der Rosshändler Michael Kohlhaas in der Kleistschen Novelle, sollte man auch nicht werden.

Streit ist hässlich

Streit führt zu nichts

Es soll hier nicht erörtert werden, welche Veränderungen in diesem Kanon pädagogischer Alltagssprüche zur Verhinderung von Identität, Selbstwertgefühl und Standfestigkeit die emanzipatorischen Erziehungskonzepte im Geiste von Summerhill und der antiautoritären 68-Generation in den letzten Jahren (hoffentlich) bewirkt haben. Aber wenigstens kurz muss auf die verborgenen, unterschwelligen Gefühle und Wünsche in uns allen hingewiesen werden, die neben dem internalisierten offiziellen Moral- und Verhaltenskodex unser Bewusstsein steuern und unser Handeln beeinflussen. Die unentdeckten oder verdrängten Anteile in uns, die wir immer dann spüren, wenn uns jene anarchische Lust am Streit, an der Aggression und am Konflikt überkommt, die vom Kopf bis in die geballte Faust vordringt und zur Tat schreiten will. „Mit der Faust auf den Tisch schlagen", „endlich mal Luft ablassen", „zur Sache kommen", „zeigen, wo's lang geht", „die Sau raus lassen" oder „den Saustall aufräumen", „kräftig hinlangen", „Randale, Bambule oder Ramba-Zamba machen", „action" gegen die Langeweile des Alltags und die Monotonie des Lebens setzen.

Lust am Streit

MANAGEMENT | Konflikte zwischen Tabuisierung und Thematisierung

Traditionelle Einübung in Konfliktangst und Konfliktverdrängung

Kritik, Auflehnung, Selbstbewusstsein

Das im vereinten Deutschland wieder gestärkte konservative Gesellschafts- und Erziehungsverständnis (beides hängt ja engstens zusammen), fürchtet den Konflikt wegen seiner zerstörerischen Auswirkungen auf die Familie, die Gemeinschaft und Gesellschaft insgesamt. Vor allem aber sind es die Folgen für einen möglichen Autoritätsverlust der amtierenden Oberhäupter in Familie, Staat und Gesellschaft, die Konflikte so bedrohlich machen. In jedem Konflikt steckt ja bekanntlich ein vitales Stück Kritik, Auflehnung, Selbstbewusstsein, Wille zur Selbstbehauptung, Machtanspruch, Bedrohung und potentieller Gewalt. Grund genug für Autoritäten aller Art, sich vor ihnen zu schützen. Am besten kann dies gelingen, wenn man/frau die eigene Angst vor Konflikten auf den anderen überträgt, der eventuell durch seine Konfliktbereitschaft oder Konfliktfähigkeit zum Gegner werden könnte. Konflikte werden also in wertkonservativen, autoritätsgebundenen Gesellschafts- und Erziehungskonzepten bewusst und zielgerichtet negativ definiert. Ihre zerstörerischen Auswirkungen und gefährlichen Folgen werden je nach Bedarf und Opportunität in subtilen Tönen oder schwärzesten Farben geschildert. Viele Kindermärchen sind wahre Fundgruben für die frühzeitige Einübung in Konfliktängste, Konfliktvermeidung durch Anpassung, Gehorsam, Unterwerfung und Verzicht. Wenn es aber dennoch zu Konflikten kommt, dann ist es entweder die Aufgabe eines mächtigen Herrschers, eines weisen Alten, einer gütigen Fee oder einer anderen auserwählten Autorität, den Konflikt beizulegen; gelingt dies nicht, sind Tod und Verderben, Untergang, Zerstörung und Verdammnis die unvermeidliche Folge. Auch dies lässt sich als ein Ergebnis autoritätsgebundenen konservativen Denkens über Mensch und Gesellschaft festhalten, dass Konflikte, die sich nicht vermeiden lassen, am ehesten, besten und effektivsten durch Macht- und Richtersprüche herausgehobener Autoritäten (Personen oder Gremien an Stelle der früheren Gottesurteile) beigelegt werden sollten.

Einübung in Konfliktvermeidung

2. Una sancta ecclesia oder die Ordnung der Welt

Zeitenwende von der Antike zum frühen Mittelalter

Aber nicht nur die Kindermärchen, Volkssagen und Kamingeschichten sind als Erzählwerkstätten und Kommunikationsorte wertkonservativer und autoritätsgebundener Vorstellungen über den Menschen, die Gesellschaft, von Kirche und Staat zu nennen. Auch die Wissenschaften in Gestalt der mittelalterlichen Theologie, Philosophie und Geschichtsschreibung zählen seit der Zeitenwende von der Antike zum frühen Mittelalter zu den Ideenschmieden und Leitbildproduzenten für jene geistigen und weltlichen Ordnungsvorstellen, die den Entstehungsprozess Europas in dem Zeitraum zwischen Völkerwanderung und Reformation nachhaltig geprägt haben. Die Fülle, Dramatik und Gewaltförmigkeit völlig neuer, den Menschen bis dahin unbekannter kriegerischer Eroberungszüge, Vertreibung und Vernichtung unterlegener Volksstämme, Landraub und Geiselnahmen, Religionskriege, politische Umstürze, Ausrottung kultureller Sitten und Gebräuche etc. sind den heute Lebenden weitgehend verblasst und nur noch einigen Geschichtsexperten geläufig.

Konflikte zwischen Tabuisierung und Thematisierung

Kein Wunder – vergegenwärtigt man sich diese von Konflikten, Verfolgung und Zerstörung randvoll gefüllten Jahrhunderte – dass der Wunsch nach Ruhe, Stabilität und Kontinuität, nach einer das Chaos ordnenden geistigen Orientierung und weltlichen Autorität die Menschen bewegte:

Stabilität und Kontinuität in der Ständegesellschaft

- Ständelehren und Ständespiegel preisen die hierarchische Ordnung der Feudalgesellschaft als gottgewollt; der Platz jedes Menschen in der Hierarchie der Ständegesellschaft ist tabu – weil von Gott bestimmt. — *Ständelehren und Ständespiegel*
- Die Zugehörigkeit zur regierenden Klasse (ca. 1%) erfolgt nur über die Geburt, durch Erbe oder den Erwerb von Grundbesitz. Angehörige der Vasallen- und Priesterklasse (ca. 5%) dienen ihr als Berater, Höflinge, Berufssoldaten, Dienerschaft, Priester, Kirchenfürsten etc. nach dem strikten Prinzip von Gehorsam und Befehl. — *Regierende Klasse*
- Vermögende Kaufleute (wie z.B. die Fugger und von Welser) stehen mit der regierenden Klasse in engen Geschäftsbeziehungen. Durch Geld- und Kreditleihe machen sie die politische Elite von sich abhängig, die wachsende Verflechtung von Politik und Kapital stärkt ihre Stellung. — *Kaufleute*
- Handwerker (3–7%) werden noch im 13. Jahrhundert vom Gesetz mit den Dieben und Falschmünzern gleichgestellt. Seit dem 14. Jahrhundert gewinnen sie in den Städten durch die Zünfte an Einfluss. Sozialer Aufstieg und soziale Sicherheit gelingen indes nur wenigen. — *Handwerker*
- Die Bauern: (über 70%) leben unter der Willkür ihrer Grundherren am Rande des Existenzminimums, immer von Krieg, Hunger, Seuche, Tod und Abstieg in das Heer der Deklassierten bedroht. — *Bauern*
- Die Deklassierten (15–20% Lastträger, Bergleute, Prostituierte, Wanderhandwerker, Bettler, Kriminelle, Vogelfreie, Schausteller, Krüppel, Aussätzige) leben ohne Land und Arbeit von Bettel, Diebstahl, Raub, Bandenkriminalität etc. Ihr Leben ist arm, schmutzig, brutal und kurz. — *Deklassierte*
- Armut ist nach offizieller Auffassung keine Schande, sondern ein von Gott bestimmter Zustand. Sie ist ein eigener Stand mit eigenen Rechten auf Almosen und Pflichten zur Einfügung in das Schicksal und zum Gebet für den Almosengeber.
- Reichtum ist Versuchung und Gefahr für die ewige Seligkeit, aus ihm wächst die Verpflichtung zum Almosengeben. (Fürsorgepflicht der Grundherren, der Reichen und der Kirche, der Zünfte und Gilden für ihre Mitglieder). Arbeit ist notwendiges Übel und Mittel zur Lebenserhaltung der unteren Stände. Das Lebensideal der oberen Stände ist die Muße und Kontemplation.
- Einrichtungen zur Unterbringung, Versorgung und Pflege von Armen und Kranken sind: die Klöster, die Spitäler, Armenhäuser, Arbeitshäuser, Witwen- und Waisenhäuser etc.

Quelle: nach Lenski (1973)

Abb. 1: Stabilität und Kontinuität in der Ständegesellschaft

Zur Stabilität und Funktionsfähigkeit dieses auf politischer, ökonomischer und sozialer Ungleichheit beruhenden Gesellschaftsmodells haben neben den weltlichen Herrschern und ihre Ratgebern vor allem auch geistliche Führer, Bischöfe, Kirchenlehrer und Philosophen beigetragen unter ihnen jene drei, deren Beitrag zur Stabilisierung weltlicher Herrschaft durch Konfliktminimierung und Konfliktregulierung an dieser Stelle in knappen Worten skizziert werden soll:

Augustinus von Hippo (354–430 n. Ch.)
Benedikt von Nursia (480–547 n. Ch.)
Thomas v. Aquin (1224/25–1274)

Ohne ihren Beitrag zur Entwicklung, Ausdifferenzierung und Ausbreitung der christlichen Lehre und der in ihrem Namen begründeten weltlichen Herrschaft wäre Europa einen anderen Weg gegangen, hätte die Welt ein anderes Aussehen.

Augustinus von Hippo (354–430)

„zweiter Begründer des Glaubens"

Von seinen Zeitgenossen bereits als „zweiter Begründer des Glaubens" gerühmt gilt der 354 n. Ch. im nordafrikanischen Thagaste (im heutigen Algerien) geborene Augustinus als wichtigster Kirchenlehrer nicht nur der Übergangszeit von der Antike zum frühen Mittelalter, sondern als oberste theologische Instanz der Katholischen Kirche für das gesamte Mittelalter und, – in zentralen Bereichen ihrer theologischen Dogmatik – auch darüber hinaus bis zu Papst Benedict XVI., der ein überzeugter Anhänger und ausgewiesener Kenner der Werke und Lehren des Bischofs von Hippo (395–430) ist. Wenn nach einem vielzitierten Aphorismus die gesamte abendländische Philosophie nur eine „Reihe von Fußnoten zu Platon" ist, so lässt sich gleiches von Augustin und seiner Bedeutung für die abendländische Theologiegeschichte sagen. In zentralen Aussagen sind alle mittelalterlichen und neuzeitlichen katholischen und selbst viele protestantische Theologen und Philosophen Augustinisten gewesen und geblieben.

Streben nach Ordnung, Stabilität, Sicherheit

Dem aus den Wirren der Zeit mit ihren tiefgreifenden politischen, ökonomischen, sozialen, kulturellen und spirituell-religiösen Umwälzungen verständlichen Streben der Menschen nach Ordnung, Stabilität, Sicherheit im Diesseits und Gewissheit für das Jenseits hat Augustin mit seiner Auslegung der christlichen Botschaft aus der Bibel den noch jungen, verstreuten und verängstigten Christengemeinden religiöse Orientierung, kämpferischen Mut und christliche Zuversicht gegeben – der nach der Eroberung Roms durch die Goten (im Jahre 410) tief zerstrittenen und vom baldigen Ende überzeugten christlichen Amtskirche den Weg zurück zu Selbstbewusstsein, Zielklarheit und Durchsetzungswillen gegenüber den zahlreichen Abspaltungen, Sektierergruppen und Häretikern gezeigt.

Konflikte zwischen Tabuisierung und Thematisierung

Die theologischen Fundamente und kirchenpolitischen Strategien für den Aufstieg der Katholischen Amtskirche zur ihrer in den folgenden Jahrhunderten systematisch ausgebauten und bis heute beibehaltenen Weltmachtstellung hat maßgeblich Augustinus entwickelt. Gelungen ist ihm dies neben seinen unbestrittenen theologisch- philosophischen, religiös-metaphysischen und literarisch-sprachlichen Fähigkeiten vor allem auch durch seine asketische Lebensführung und die durch sie geprägte politische Doppelstrategie von Integration durch Ausgrenzung und Konfliktunterdrückung:

Integration durch Ausgrenzung und Konfliktunterdrückung

- Dem Skeptizismus und Relativismus der zahlreichen christlichen Sekten, Abspaltungen und Häretiker setzt er seine aus der Bibel geschöpfte „Wahrheit der ewigen Ideen Gottes" entgegen, deren göttlicher Geist unmittelbar in den Menschen wirkt, so dass Wahrheit nicht außerhalb des Menschen, sondern in ihm ist. Wahrheit ist immer und ewig und unwandelbar, „selbst wenn ich irre, so bin ich doch"!
- Die von Augustin vertretene Auffassung der Entstehung des heiligen Geistes aus Vater und Sohn verwirft nicht nur die bis dahin überlieferte Unterordnung des Sohnes unter den Vater, sondern bildet die Grundlage für die seither geltende Trinitätslehre nicht zuletzt als Abwehr gegen den (und Kompromiss mit dem) noch immer grassierenden Polytheismus der untergehenden Götterwelt der Antike.
- In seiner Gnaden-, Erbsünden- und Prädestinationslehre vollzog er zum einen den Bruch mit den Inhalten und Werten der ihm bestens vertrauten antiken Vernunftphilosophie zugunsten des christlichen Glaubens (philosophia ancilla theologiae) und schuf zugleich die Grundlagen für eine völlig neue Betrachtung des Menschen in seiner von Gott geschaffenen physischen und psychisch-seelischen Existenz (unter besonderer Betonung seiner negativen Eigenschaften und Bestrebungen), aber mit der Option zu einem schlechten oder guten und Gott wohlgefälligen Lebenswandel mit der Aussicht auf Gnade und Erlösung. „Es gibt also zwei Staaten (civitates), den der Bösen und den der Heiligen. Sie dauern vom Anfang des Menschengeschlechts bis zum Ende der Welt. Jetzt sind sie den Körpern nach miteinander vermischt, durch Willensrichtungen aber getrennt. Am Tag des Gerichts sollen sie auch dem Körper nach getrennt werden. Denn alle Menschen, die den Stolz lieben und die irdische Herrschaft, mit eitler Überhebung und anmaßendem Pomp, und alle Geistwesen, die so etwas lieben und ihre Ehre durch Unterwerfung der Menschen suchen, sind alle zusammengekettet zu einer Gemeinschaft. Oft kämpfen sie zwar gegeneinander um diese Dinge. Doch sie stürzen, aufgrund des gleichen Gewichts der Begierde in denselben Abgrund. Die Gleichheit ihrer Lebensart und ihrer Verdienste verbindet sie miteinander. Und auf der anderen Seite gehören alle Menschen und alle Geistwesen, die demütig die Ehre Gottes, nicht ihre, suchen und ihm mit Frömmigkeit folgen, ebenfalls zu einer Gemeinschaft." (zitiert nach K. Flasch, Geschichte der Philosophie, Bd 2 Mittelalter, 1982, S. 97/98).

Trinitätslehre

Gnaden-, Erbsünden- und Prädestinationslehre

MANAGEMENT
Konflikte zwischen Tabuisierung und Thematisierung

Sakramentenlehre

- Die von ihm maßgeblich entwickelte Sakramentenlehre (Taufe, Priesterweihe, Eucharistie) formuliert jene zentralen Aussagen der christlichen Botschaft, die von mehreren Konzilien als „Willensakte Gottes" bestätigt werden und somit als der Verfügbarkeit durch Menschen entzogen gelten. Spender der Sakramente ist Gott allein, nicht der Bischof oder ein Priester und erst recht nicht ein einzelner sündiger Mensch – so die in ihren Grundzügen bis heute nicht überholte Lehre des Augustinus.

- Den Erwartungen auf die Wiederkehr des Reiches Gottes am Ende des 1. Jahrtausends (Prämillenarismus) erteilt er eine Absage und setzt ihnen das symbolische Verständnis einer „himmlischen Ewigkeit" als Zukunftsversprechen entgegen. Weiterentwickelt wird dieser Gedanke in den 22 Büchern über den „Gottesstaat" („De civitate dei" 413–425), in denen er nach dem Fall Roms (410) den verschreckten Christen seine Vision einer „Zwei-Reiche-Lehre" vorstellt, der irdischen „civitas terrena" mit ihren verderblichen Verlockungen und Genüssen und der „civitas dei/civitas coelestis", die nicht aus Stein gebaut und nicht der Sünde und dem zeitlichen Verfall unterworfen ist. „Obwohl darum auf dem Erdkreis so viele und große Völker mit mannigfachen Sitten und Bräuchen leben und sich durch eine Vielfalt von Sprachen, Waffen und Kleidern unterscheiden, gibt es doch nicht mehr als nur zwei Arten menschlicher Gemeinschaft, die wir mit unserer heiligen Schrift sehr wohl zwei Staaten nennen können. Der eine besteht aus den Menschen, die nach dem Fleisch, der andere aus denen, die nach dem Geist leben wollen, jeder in dem seiner Art entsprechenden Frieden…" (Buch 14,1; Geerlings aaO., S. 69 ff.).

„Gottesstaat"

„Zwei-Reiche-Lehre"

- Obwohl er sich vom Manichäismus (einer radikalen Form des Christentums) dem er sich in seiner Jugendzeit zugewandt hatte, später teilweise löste, hat Augustinus in seinen Schriften die dualistische Perspektive auf die Welt, den Menschen und das Leben nach dem Tode stets beibehalten. Integration durch Ausgrenzung, Abspaltung und Verdammnis blieb seine zentrale Botschaft an die Zeitgenossen und sein Prinzip der Ordnung für ein gutes, Gott wohlgefälliges Leben im Schoße der allein seligmachenden Kirche. „Aber die Donatisten (eine nach ihrem Führer Donatus benannte, von Augustinus bekämpfte Abspaltung der nordafrikanischen christlichen Kirche im 4./5. Jahrhundert, die als „Kirche der Märtyrer und Heiligen" keine Sünder in ihren Reihen duldete – G. S.) sind überaus unruhig, und es ist offenbar sehr heilsam für sie, wenn sie durch die von Gott eingesetzte Obrigkeit im Zaume gehalten und gezüchtigt werden. Denn wir freuen uns schon jetzt über die Besserung vieler, die an der katholischen Einheit so festhalten, sie so verteidigen und über ihre Befreiung von ihrem früheren Irrtum so froh sind, dass wir nur staunen und ihnen nur von ganzem Herzen Glück wünschen können. Durch die Macht der Gewohnheit gefesselt würden sie in keiner Weise an eine Änderung zum Besseren denken, wenn nicht dieser Schrecken über sie käme und die Aufmerksamkeit ihrer Seele auf die Erwägung der Wahrheit lenkte. So aber bedenken sie, dass sie bei Gott, dessen liebreiche Ermahnung und väterliche Züchtigung sie

Prinzip der Ordnung

Konflikte zwischen Tabuisierung und Thematisierung

verachtet haben, in der Zukunft nur die verdiente Strafe der Gottlosen finden werden, wenn sie die Leiden der Zeit nicht um der Gerechtigkeit willen, sondern wegen menschlicher Verkehrtheit und Anmaßung mit unfruchtbarer und eitler Geduld ertragen haben. Wenn sie dann durch diesen Gedanken gelehrig geworden sind, so finden sie nicht in Verleumdungen und Erdichtungen von Menschen, sondern in der Heiligen Schrift selbst die bei allen Völkern verbreitete Kirche verheißen und können sie mit eigenen Augen sehen" (zitiert nach K. Flasch, Geschichte der Philosophie, Bd 2, Mittelalter, 1982, S. 98/99).

Verdiente Strafe der Gottlosen

- Ob in seiner Lehre von der doppelten Prädestination des Menschen als ein zum ewigen Leben und zur Verdammung gleichermaßen vorherbestimmtes Wesen, in den Ausführungen zur Erbsünde, mit denen er die zeitgenössischen Irrlehren vom „freien Willen" des Menschen bekämpfte, ob in den Schriften über Hölle und Fegefeuer, in den Kampfschriften gegen die Juden oder in den philosophischen Ausführungen zum „gerechten Krieg", immer ließ sich Augustinus von dem Prinzip der Ordnung durch Ausgrenzung, der Stabilität durch Abspaltung der bekämpften, unerwünschten, nicht tolerierten Auffassungen, Ansichten und Irrlehren leiten. Im 19. Buch (Kapitel 13) hat er sein Verständnis vom Frieden als die „Ordnung aller Dinge" wie folgt formuliert:

Doppelte Prädestination

„Ordnung aller Dinge"

Friedenstafel des hl. Augustinus

„So besteht
- der Friede im Bereich des Körperlichen in dem geordneten Verhältnis seiner Teile,
- der Friede einer vernunftlosen Seele in der geordneten Ruhe der Triebe,
- der Friede einer vernünftigen Seele in der geordneten Übereinstimmung zwischen Denken und Handeln
- der Friede zwischen Leib und Seele in dem geordneten Leben und Wohlbefinden des Lebewesens,
- der Friede zwischen dem sterblichen Menschen und Gott in dem geordneten gläubigen Gehorsam gegen das ewige Gesetz,
- der Friede der Menschen in der Familie in der geordneten Eintracht der Angehörigen in Bezug auf Befehlen und Gehorchen,
- der Friede im Staat in der geordneten Eintracht der Bürger in Bezug auf Befehlen und Gehorchen,
- Der Friede des himmlischen Staates in der bestgeordneten und einträchtigsten Gemeinschaft des wechselseitigen Genießens in Gott,
- Der Friede für alle Dinge in der Ruhe und Ordnung.
- Unter Ordnung aber versteht man eine Verteilung von gleichen und ungleichen Dingen, die jedem seinen Platz anweist".

De civitate dei, 19. Buch, Kap. 13

Ruhe der Triebe

Gehorsam gegen das ewige Gesetz

Befehlen und Gehorchen

Friede für alle Dinge in der Ruhe und Ordnung

Abb. 2: Friedenstafel des hl. Augustinus

Der christlichen Botschaft und ihren Anhängern hat Augustinus mit seinen Lehren und Schriften nicht nur das Fundament geschaffen, von dem aus in den folgenden Jahrhunderten der Aufstieg zur Herrschaft als katholische Amtskirche gelang, sondern er hat auch zeitlebens daran festgehalten und die bis in die Gegenwart gültige Auffassung formuliert, dass die Autorität der Kirche in allen Fragen des Lebens den Vorrang hat und dass kein Mensch, der nicht sein Leben im Schoße der Kirche und im Gehorsam gegenüber ihren Geboten führt, das ewige Leben erlangen kann. Die Kirche wurde durch ihn zur „Heilsorganisation", zum alleinigen Mittler zwischen Gott und den Menschen und blieb es (ungeachtet der Reformation) für ihre gläubigen Anhänger bis heute.

Benedikt von Nursia (480–547)

Hat Augustinus der katholischen Amtskirche die geistig-religiösen Fundamente geschaffen, so wurde der fünfzig Jahre nach seinem Tode in Nursia (Umbrien) geborene Benedikt zwar nicht zum Begründer, aber zum wohl bekanntesten und einflussreichsten Vorbild und Verkünder des Mönchswesens und der mönchischen Lebensweise. Seine in den „Regula Benedicti" zusammengefassten Leitsätze für ein Leben in der Gemeinschaft, zu Gebet und Arbeit, zu den Problemen der täglichen Versorgung, zu Krankheiten, Mahlzeiten und Fasten, Verfehlungen und Bußen, zu Gehorsam, Schweigsamkeit und Demut sind alle aus der Bibel geschöpft, auf den Willen Gottes gegründet und formulieren einen Handlungsleitfaden und Verhaltenskodex für die christliche Lebensführung der Menschen im Mittelalter – mit Auswirkungen in die säkularisierte Gesellschaft der Neuzeit bis in die Gegenwart:

- ❑ Grundlage aller Klosterregeln ist die Heilige Schrift mit ihren aus den Geboten Gottes abgeleiteten Folgerungen für den Alltag und die Lebensführung der Mönche und ihrer Oberen. In schriftlicher und mündlicher Überlieferung bestimmen sie (in der besonderen Auslegung und durch die Weisungen des Abtes) das mönchische Leben in der Gemeinschaft. Diese allein ist wichtig, nicht der einzelne Mensch. In der Gemeinschaft geht es um Kontinuität, nicht um die Originalität des Einzelnen.
- ❑ Aus freiem Entschluss zum Mitglied der Gemeinschaft geworden, verspricht der Mönch, durch drei Gelübde ihr zu dienen: durch die dauerhafte Bindung an den Orden (stabilitas), die Einübung in die Regeln eines geistigen Lebens (conversatio morum) und durch Gehorsam (oboedientia).
- ❑ „Aufgabe des Abtes ist es, darauf zu achten, dass die Gemeinschaft auf dem Wege des Evangeliums bleibt. Mit Weisheit und Unterscheidungsgabe (discretio) verwaltet er das Haus Gottes und dient den Brüdern wie ein Arzt und wie der gute Hirte. So steht er wie ein Vater in der Mitte der Gemeinschaft und trifft im Hören auf den Geist und auf die Brüder eine angemessene Entscheidung" (Die Regel des hl. Benedikt, 1990, S. 16/17).

Konflikte zwischen Tabuisierung und Thematisierung

> ❐ Aufmerksames Hören als Voraussetzung für jede Begegnung, Schweigen, Gehorsam und Demut als Grundhaltung in der Begegnung mit Gott, das Maßhalten als Mutter aller Tugenden, die Liebe zu Gott und der Brüder untereinander, Trösten, Ermutigen, Helfen und Stärken als Regeln für ein Zusammenleben in Freude, sind nicht das Ergebnis menschlicher Anstrengungen, sondern ein Werk des heiligen Geistes.

Hören, Schweigen, Gehorsam

Nicht menschliche Individualität und Selbstverwirklichung sind das Motto dieser Regeln, sondern Streben nach Ordnung, Leben in der Gemeinschaft, Gebet, Arbeit und Gehorsam, Liebe als Gottes- und Nächstenliebe – immer am Ideal und Vorbild der christlichen Urgemeinde in Jerusalem orientiert. Wie die Schriften des Augustinus (siehe oben) sind auch die Ordensregeln des heiligen Benedikt – aus heutiger Sicht betrachtet – eine Antwort auf die Unruhen und Turbulenzen der spätantiken Gesellschaft. Ihre Botschaft an die Menschen lautet, sich den Auflösungserscheinungen, äußeren Bedrohungen und spirituellen Ängsten durch Kontemplation, innere Einkehr, Gottesfurcht und Gebet zu entziehen. Den täglichen Konflikten und ihren Ursachen soll durch die Hinwendung zu Gott und durch den Vollzug seiner Gebote der Boden entzogen werden (Die Regel des hl. Benedikt, 1990).

Thomas von Aquin (1224/25 – 1274)

Geboren an der Jahreswende 1224/25 als Sohn des Grafen von Aquino in der Nähe von Neapel, kommt Thomas mit 5 Jahren zur Erziehung zu den Benediktinern, beginnt mit 14 Jahren das Studium der Theologie in Neapel und tritt als 17jähriger in den Bettelorden der Dominikaner ein. Nach Studienjahren in Paris und Köln (Zentren der europäischen Theologie) lehrt er in Frankreich und Italien und wird zum führenden Kopf der katholischen Kirche im Mittelalter. In seiner dreibändigen „Summa theologica" entwickelt er die Grundlagen der mittelalterlichen Theologie und scholastischen Logik. 1322 wird Thomas heiliggesprochen und seine Lehre zur Grundlage der katholischen Amtskirche erklärt.

„Summa theologica"

Welt- und Glaubensverständnis

Die Welt ist ein Werk nach Gottes Plan und deshalb insgesamt gut. Aufruhr oder Verstoß gegen sie ist Blasphemie. Wenn der Mensch der göttlichen Vernunft folgt, ist er ein edles Wesen, folgt er seiner Begierde und sündigt, so ist er ein wildes Tier. Wie bei Aristoteles (384 – 322 v. Chr.) ist der Mensch auch für Thomas ein soziales Wesen mit einer naturgegebenen Veranlagung zur Gemeinschaft. Da er nicht über ausreichende Instinkte verfügt, muss er sich mit der Vernunft helfen. Dies geschieht am besten in der Gemeinschaft, in der alle zur größtmöglichen Vollendung des Ganzen beitragen. „Das Gemeinwohl (bonum commune) geht in jeder Weise dem Wohl des Individuums voraus und hat als Regel die göttliche Gerechtigkeit". Gegen Gottes Willen und seine gerechte Weltordnung zu verstoßen, die Allmacht seiner Vertreter auf Erden in Frage zu stellen ist Sünde und wird bestraft.

Das Gemeinwohl geht dem Wohl des Individuums voraus

„Armut in heiliger Ordnung"

Bis in die Katholische Soziallehre und die aktuellen sozialpolitische Gesetze, organisatorischen Strukturen und Verfahrensweisen der Sozialverwaltung hinein lassen sich die Spuren der mittelalterlichen Almosenordnung des Thomas von Aquin verfolgen:

Reichtum und Armut

- Die Verteilung von Reichtum und Armut sind, wie alles in der Welt, ebenfalls gottgewollt und von daher nicht anzuklagen oder zu verändern. Nach den Ursachen der Not wird nicht geforscht, es gibt keine Aufforderung den gottgegebenen Stand der Armut zu beseitigen.

(Wohl)Stand des Almosengebers

- Das Maß des Almosengebens richtet sich nach dem (Wohl)Stand des Almosengebers. Der Reiche muss nur aus seinem „superfluum", d.h. aus dem Überfluss spenden, aus dem, was ihm über seinen Stand hinaus an Gütern zur Verfügung steht. Standesgemäß zu leben ist ein Recht, das den Reichen nach kirchlicher Lehre und weltlichem Recht und Gesetz zugebilligt wird.
- Der Reiche muss auch nur dann spenden, wenn die Not „offenbar" ist, sie muss ihm „vor Augen" sein, d.h. er muss sie nicht aufsuchen. Der Arme muss sich in den Staub werfen, zu Füßen liegen und seine Not demonstrieren, erst dann ist Hilfe zu erwarten.
- Der Reiche ist in der Hilfebeziehung der Überlegene, kann sich aber seines Gebens nicht erfreuen, weil es mit der Buße verbunden ist, die er für seine sündige Lebensweise zu leisten hat. Er muss geben, weil er die Gebote des asketischen Lebensideals, wie es die Kirche vorschreibt, übertreten und somit gesündigt hat.

Der Reiche muss geben

- Der Reiche braucht somit den Armen, um Buße durch Almosen üben zu können; Zweckbestimmung des Armen ist es, dem Reichen hierfür Anlass und Gelegenheit zu geben, damit auch ihm der Weg ins ewige Leben offensteht. Im Mittelpunkt der ethisch-religiösen Verpflichtung der Almosenlehre stehen die Habenden, die Geber, die Reichen, nicht die Empfänger und Bedürftigen.

Armut als Lebensideal

- Eine andere Form der Bewältigung ist die Heilung durch die Annahme der Armut als Lebensideal nach dem Vorbild des heiligen Franziskus von Assisi bzw. der heiligen Elisabeth von Thüringen. Verzicht auf „irdisches Glück in Verbindung mit der Hingabe an die Armen wird zum asketischen Lebensideal und Mythos des Helfens bis in unsere Tage (Der barmherzige Samariter, der heilige Martin, Mutter Teresa).

Konflikte zwischen Tabuisierung und Thematisierung

Die sieben leiblichen und geistigen Werke der Barmherzigkeit

Körperliche Defekte, Mängel- u. Notlagen	Leibliche Werke der Barmherzigkeit	Geistige Werke der Barmherzigkeit
Hunger	die Hungrigen speisen	den Unwissenden lehren
Durst	Durstigen zu trinken geben	den Zweifelnden beraten
Nacktheit	die Nackten bekleiden	den Traurigen trösten
Obdachlosigkeit	Fremden Unterkunft geben	den Sünder bessern
Krankheit	Kranke pflegen	dem Beleidiger verzeihen
Gefangenschaft	die Gefangenen trösten	Lästige ertragen
Unbeerdigtsein	die Toten bestatten	für alle beten

Quelle: Nach Th. v. Aquin, Summa theologica, Bd. 3: Der Mensch und sein Heil

Abb. 3: Die sieben leiblichen und geistigen Werke der Barmherzigkeit

❐ Auch Thomas von Aquin zählt zu den großen Theologen des Mittelalters, die mit großer Kraft zur Synthese die antike Philosophie (vor allem des Aristoteles) mit der christlichen Botschaft in Einklang zu bringen versuchten und dabei die Philosophie als Dienerin der Theologie betrachteten. Die von ihm und zuvor von Augustinus und Benedikt von Nursia entwickelten theologisch-philosophischen Grundlagen und Inhalte der christlichen Glaubenslehre schufen nicht nur die Voraussetzungen für den organisatorischen und machtpolitischen Aufstieg der katholischen Kirche zu ihrer während des ganzen Mittelalters nahezu uneingeschränkten Monopolstellung in allen Fragen und Entscheidungen des christlichen Glaubens und der profanen alltäglichen Lebensführung der Menschen. Abweichungen von der christlichen Lehre, wie sie die katholische Amtskirche „ex cathedra" verkündete, waren nicht erlaubt und wurden mit Gewalt unterdrückt. Kein noch so unscheinbares Detail im privaten oder öffentlichen Leben, blieb unentdeckt, unkommentiert und ungeahndet, wenn es den vermeintlichen oder tatsächlichen Interessen der Kirche zuwiderlief oder auch nur entfernt bedrohlich werden konnte. Häretiker wurden schon seit dem 4. Jahrhundert nach Christus hingerichtet („exterminandum per mortem") und sollten durch jede Art von Zwangsmaßnahmen beim rechten Glauben gehalten werden (K. Flasch, Geschichte der Philosophie, Bd 2, Mittelalter, 1982, S. 298). Als oberster Grundsatz der menschlichen Vernunft galt: „Das Gute ist zu tun, das Böse ist zu meiden", wobei gut für den Menschen ist, was dem Willen Gottes, sprich der Lehre der katholischen Kirche entspricht. Ihren Geboten zu gehorchen war eine selbstverständliche Forderung an alle Christen, auf ihre Einhaltung mit allem Nachdruck und mit allen Mitteln zu achten die Aufgabe der Inquisition. Sie war war seit dem Aufkommen der abtrünnigen Bogomilen, Katharer und Waldenser im 11. Jahrhundert systematisch ausgebaut und im 13. Jahrhundert offiziell als oberste Glaubensbehörde eingeführt worden.

Philosophie als Dienerin der Theologie

Monopolstellung in allen Fragen des christlichen Glaubens

Häretiker wurden hingerichtet

Inquisition als oberste Glaubensbehörde

3. Der Staat als „Leviathan" und Ordnungsmacht

Was die genannten Kirchenväter für die Kirche, leisteten *Nicolo Machiavelli, Thomas Hobbes* und *Georg Wilhelm Friedrich Hegel* für die seit der Renaissance im 14./15. Jahrhundert sich herausbildende Machtstellung des modernen (National)Staats der Neuzeit in Italien, England und Deutschland. Sein langsamer aber stetiger Aufstieg zur bis heute herrschenden Gesellschaftsformation wird begleitet, wenn nicht ermöglicht, so doch legitimiert durch die Schriften dieser drei „Klassiker" unter den zahlreichen zeitgenössischen Philosophen, deren Beiträge zur theoretischen Entwicklung und praktischen Begründung des staatlichen Gewaltmonopols und der modernen Staatssouveränität einen vergleichbaren Einfluss wie die Schriften der Kirchenväter für die katholische Amtskirche und eine bis heute anhaltende Bedeutung haben. Auch der Staat, der durch die Auseinandersetzungen mit der kirchlichen Macht im Investiturstreit seit dem 13. Jahrhundert zunehmend an Bedeutung und Einfluss gewann, musste sich eine Legitimationsgrundlage für seine Machtansprüche und sein politisches Handeln schaffen und war hierfür auf die maßgeblichen und einflussreichen Staatsrechtler, Philosophen, Theologen, Literaten etc. seiner Zeit angewiesen. Auch in diesem Durchgang der weltlichen Staatenbildung und Herrschaftslegitimation ging es, – wie in den in Kapitel 1 skizzierten Jahrhunderten kirchlicher Selbstfindung und Machtentfaltung zuvor – um die gleichen Grundfragen der Herrschaftsbegründung und Existenzsicherung eines (diesmal weltlichen) Souveräns, um die Akzeptanz seiner Herrschaft im Rahmen einer staatlichen Ordnung durch ein System von Herrschaft und Kontrolle, Stabilisierung und Konfliktlösung, um Machtausübung und Unterwerfung in geregelten politischen Strukturen, durch anerkannte Verfahren der Entscheidungsfindung und Prozesse der Umsetzung, die von einer Mehrheit der Betroffenen akzeptiert werden. Zu diesem über die Jahrhunderte sich hinziehenden und bis heute nicht abgeschlossenen Prozess der modernen Staatsführung haben die im folgenden porträtierten politischen Philosophen einen relevanten und immer wieder diskutierten Beitrag geleistet, der – ohne Anspruch auf Vollständigkeit – in seinen Grundzügen kurz skizziert werden soll.

Niccolo Machiavelli (1469–1527)

Staatsekretär Republik Florenz

Geboren am 3. Mai 1469 als eines von vier Kindern einer angesehenen, wenn auch nicht sehr vermögenden Familie in Florenz (der Vater arbeitete als Anwalt), wird Niccolo Machiavelli im Alter von 29 Jahren zum Staatsekretär des „Rat der Zehn von Frieden und Freiheit" der Republik Florenz mit Zuständigkeit für den Bereich der Außen- und Verteidigungspolitik ernannt. Im Auftrag der Republik Florenz (seit der Vertreibung der Dynastie der Medici im Jahre 1492) absolviert er zahlreiche diplomatische Missionen in Italien, im Vatikan und in Frankreich, lernt (neben zahllosen Staatsmännern, Heerführern, Diplomaten und politischen Hasardeuren) an herausragenden Zeitgenossen (uomini virtuosi) u.a. Cesare Borgia (Urbino), Papst Julius II (Rom), Ludwig XII. von Frankreich und den deutschen Kaiser Maximilian I. kennen. Ihre Fähigkeiten, Gewohnheiten, Stärken und Schwächen studiert er akribisch mit seiner auf-

Konflikte zwischen Tabuisierung und Thematisierung

fallenden Beobachtungsgabe, die Begegnungen und Erfahrungen dieser Jahre prägen sein Menschenbild und seine politischen Anschauungen, wie er sie wenig später in den „Discorsi" (Abhandlungen über die ersten zehn Bücher des Titus Livius (1513–1517) und seinem bekanntesten Werk „Il Principe" (der Fürst) 1513 niederschreibt. Nach der Rückkehr der Medici im Jahre 1512 verliert Machiavelli alle Ämter und verbringt seine Tage auf seinem kleinen Landgut („meinem Lauseloch") mit der Jagd auf Krammetsvögel, Holzhacken, Kochen, Essen, Spielen und mit der Lektüre der Werke Dantes, Petrarcas, Tibulls oder Ovids. Am Abend zieht er sich in sein Schreibzimmer zurück, legt prächtige Gewänder an und führt Gespräche mit den „großen Alten" („vier Stunden lang fühle ich keinen Kummer, vergesse alle Leiden"), deren Antworten und Ratschläge er regelmäßig und sorgfältig aufschreibt. Wenn er auch später wieder nach Florenz zurückkehren kann und mit politischen Aufgaben betraut wird, spielt er dennoch keine aktive Rolle mehr im politischen Leben und kommt erst Jahre nach seinem Tode (1527) durch die posthume Veröffentlichung seiner Hauptwerke zu verspäteter Anerkennung und Ruhm.

Für Jacob Burckhardt (1818–1897), dessen „Kultur der Renaissance" (1860) eine anhaltende Wirkung auch auf heutige Leser ausübt, war Florenz im 15. Jahrhundert die „bei weitem wichtigste Werkstätte des italienischen, ja des modernen europäischen Geistes überhaupt" und seine Bewohner in „manchen großen Dingen" wie auch in den „Schattenseiten" „Vorbild und frühster Ausdruck der Italiener und der modernen Europäer" (S. 57/59). Unter Cosimo (dem Alten 1434–1464) und seinem Enkel Lorenzo I. (1469–1492) erlebte die Stadt eine wirtschaftliche, politische und künstlerische Blütezeit mit militärischen Siegen gegen rivalisierende Nachbarstädte, einer intakten Rechtspflege und bedeutenden Künstlern wie Donatello, Brunellesco und Fra Angelico. Die Aussagen über Niccolo Machiavelli fallen im Vergleich zu anderen Leithelden der Epoche (Dante, Petrarca, die Medici u.a.) eher verhalten und nüchtern aus. *„Von allen jedoch, die einen Staat meinten konstruieren zu können, ist Machiavell ohne Vergleich der Größte"*, bekannt dafür, *„seine eigene Person über den Sachen zu vergessen"*, die politischen Kräfte, Strömungen und vorhandenen Alternativen ohne eine *„Spur von Eitelkeit" „richtig und großartig"* darzustellen, da er nicht für das Publikum, sondern für Behörden und Fürsten oder Freunde schreibt. *„Seine politische Objektivität ist allerdings bisweilen entsetzlich in ihrer Aufrichtigkeit, aber sie ist entstanden in einer Zeit der äußersten Not und Gefahr, da die Menschen ohnehin nicht mehr leicht an das Recht glauben, noch die Billigkeit voraussetzen konnten". Das Heil des Staates war sein „erster und letzter Gedanke"*, er selbst ein *„Patriot im strengsten Sinne des Wortes"*, wenn auch die von ihm *„vorgeschlagenen Mittel und Wege nicht alle moralisch"* genannt werden können. Ein Staat müsse *„beweglich und der Veränderung fähig sein"*, die für die Stadtrepubliken mit ihren komplizierten Entscheidungsorganen charakteristischen verspäteten Entschlüsse werden kritisiert. Obwohl sein Hauptwerk „Der Fürst" (1513), von dem er sich vergeblich eine Rückkehr auf die politische Bühne erhoffte, sehr bald nach seiner posthumen Veröffentlichung als Rechtfertigungs- und Verteidigungsschrift für Tyrannei und Despoten vom Schlage eines Cesare Borgia gelesen wurde, blieb Machiavelli Zeit seines

„Discorsi"
„Il Principe"

„Kultur der Renaissance"

Machiavell ohne Vergleich der Größte

„Der Fürst" (1513)

MANAGEMENT

Konflikte zwischen Tabuisierung und Thematisierung

Lebens ein überzeugter Republikaner. Die Alleinherrschaft des Fürsten war in seinen Augen angesichts der zahllosen Stammesfehden rivalisierender Dynastien und der von ihnen gedungenen marodierenden Warlords (Condottieri) ein unvermeidliches Übel für die Übergangsphase zu einer künftigen stabilen und starken Republik, wie das von ihm bewunderte Rom einst war. Republiken gewinnen ihre Stärke und politische Kraft – anders als Alleinherrscher – nicht aus der Durchsetzung egoistischer oder dynastischer Interessen, sondern durch die Einbindung vieler Menschen in das politische Leben und ihre Beteiligung an den Entscheidungen. In der entfalteten Republik wird für Machiavelli der Staat zum „Kunstwerk" an gelungener Verflechtung der verschiedenen Interessen des Adels, der Bürger, Kaufleute, Handwerker, der Kirche vor Ort und der Päpste in Rom – „*man glaubt in ein Uhrwerk hineinzusehen*" schreibt Jakob Burckhardt (aaO. S. 58/59). Damit wird Machiavelli zum Begründer eines modernen Geschichts-, Staats- und Politikverständnisses, dass nämlich Staaten nach bestimmten Regeln und im Einklang mit den maßgeblichen ökonomischen Interessen und politisch-militärischen Kräften ihrer Zeit zu regieren seien und nicht nach überlieferten religiösen Dogmen oder nach gut gemeinten humanistischen Prinzipien – sei es der Antike oder der Neuzeit. Sein Politikverständnis, Geschichts- und Menschenbild sind weitaus differenzierter und vielschichtiger als die übliche Gleichsetzung seines Namens mit einer ebenso skrupellosen wie prinzipienlosen Willkürherrschaft (Machiavellismus) zugeben will:

Begründer eines modernen Geschichts-, Staats- und Politikverständnisses

Politikverständnis, Staatslehre und Menschenbild bei Niccolo Machiavelli

- Charakteristisch für die (neue) Sichtweise Machiavellis auf Politik und Staat ist seine genaue Beobachtung und detaillierte Beschreibung der realen Interessen von Staaten, der politischen Motive ihrer handelnden Akteure und der konkreten Erfahrungen der Menschen, die ihren Handlungen und Entscheidungen zugrundeliegen. Die Welt der mittelalterlichen Ordnung, wie sie die Kirchenväter entwickelt haben und noch *Dante Alighieri* (1265–1321) in seinen Dichtungen vertritt, ist überwunden, die Religion gilt nicht mehr als höchste Instanz für das erstrebenswerte Leben, sondern wird zunehmend den Interessen und Bedürfnissen der Stadt und des Staates (res publica), seiner Erhaltung und Prosperität untergeordnet.
- Aber auch die durch den Bildungshumanismus entwickelten Ideen mit ihren durch Poesie, Rhetorik, Geschichte und Philosophie propagierten Vorstellungen des aufgeklärten Individuums, mit seiner an humanistischen Werten des Guten und Schönen orientierten Lebenseinstellung werden, wenn nicht verworfen, so doch nachhaltig infrage gestellt. Dem herrschenden humanistischen Bildungswissen seiner Zeit setzt Machiavelli in seinen Schriften ein vom Aufschwung der Wirtschaft und des Handels, von der Beherrschung der Natur sowie den ökonomischen und gesellschaftlichen Bedingungen tabus aufkommenden Kapitalismus bestimmtes praktisches *Leistungswissen* des neuen ‚*homo faber'* entgegen als „Kontrast und Korrektur in einer Epoche des

Leistungswissen des neuen ‚homo faber'

Konflikte zwischen Tabuisierung und Thematisierung

in seinem Selbstbewusstsein erstarkenden Bürgertums" (*Otto* 1984, S. 343). Philosophisch-humanistisches Bildungswissen contra effizienzorientiertes *Leistungswissen*, dieser im Denken des abendländisch-europäischen Kulturkreises seither fest verwurzelte, immer wieder zu neuen Diskussionen führende Grundwiderspruch (*Idealismus* vs. *Realismus*, *Geisteswissenschaften* vs. *Naturwissenschaften*, *Gesinnungsethik* vs. *Verantwortungsethik*, *hard facts* vs. *soft facts*, *reflexives Wissen* vs. *Managementwissen* etc.) nimmt mit Machiavelli seinen Anfang und trägt zur Aufspaltung des abendländischen Denkens in zwei Kulturen bis heute bei.

❐ Bekannt ist das pessimistische Menschenbild Machiavellis, das er an die Stelle des aus der Antike überlieferten und in der Renaissance wiederentdeckten humanistisch gebildeten Individuums setzt. Schlecht sind die Menschen aber nicht von Natur aus, auch lassen sie sich nicht, wie noch auf den mittelalterlichen Altarbildern und Kirchenportalen, in die Guten und Bösen zur rechten und linken Seite Gottes teilen. Jeder Mensch hat spezielle Interessen und Ambitionen und gut oder schlecht sind sie vor allem durch die Art und Weise, wie sie ihre Interessen durchsetzen, zu Feinden werden sie aus *„Furcht oder Hass"* (Der Fürst, aaO. S. 65). Das Menschenbild des Machiavelli ist zerrissen zwischen Körper und Geist, beide *„ringen miteinander wie zwei, die verschieden sind und doch eins"* (Otto 1984, aaO. S. 338) und die Menschen erweisen sich in der Verfolgung ihrer Ziele oft als *„undankbar, unbeständig, Simulanten und Heuchler, gefahrenscheu und geldgierig"* – zu lesen wie eine frühe Version der XY-Theorie von *D. McGregor* (1906–1964).

❐ Vor dem Hintergrund seiner Erfahrungen mit den politischen Fehden, Intrigen und Machtkämpfen seiner Epoche entschließt sich Machiavelli zu einem radikalen Wechsel in der Sichtweise auf das politische Geschehen, die handelnden Akteure und die ihren Entscheidungen zugrunde liegenden Absichten. *„Aber da es meine Absicht ist, zum Nutzen derer zu schreiben, die mich verstehen, schien es mir richtiger, mich an die tatsächliche Gestalt der Dinge zu halten als an ein Phantasiebild. Viele haben sich Republiken und Fürstentümer ausgemalt, von deren Existenz man nie etwas gesehen noch vernommen hat. Denn zwischen dem Leben, wie es ist und wie es sein sollte, ist ein so gewaltiger Unterschied, dass, wer das, was man tut, aufgibt für das, was man tun sollte, eher seinen Untergang als seine Erhaltung bewirkt; ein Mensch, der immer nur das Gute tun wollte, muss zugrunde gehen unter so vielen, die nicht gut sind. Daher muss ein Fürst, der sich behaupten will, auch imstande sein, nicht gut zu handeln und das Gute zu tun und zu lassen, wie die Umstände es fordern"* (Der Fürst, 1961, aaO. S. 95). Gut und Böse, Tugend und Laster, Glauben, Liebe, Aufrichtigkeit und alle bekannten Werte wandeln sich in einer Welt, in der es zunehmend um Erfolg, Macht, Ruhm und Geld geht. Die Karten werden neu gemischt, die Spielregeln neu definiert. Und nach diesen neuen Regeln müssen die Menschen sich verhalten, die Fürsten und Staatsmänner ihre Reiche leiten und ihre Macht sichern. Wer die Regeln des Schachspiels am besten beherrscht und anwendet, der gewinnt.

❐ Die Schlüsselbegriffe, mit denen im Politik-Konzept Machiavellis der Staatsmann tagieren und regieren muss, will er erfolgreich sein, lauten **virtu** und **fortuna**, ihnen zur Seite stehen darüberhinaus **occasione** und **necessita**.

Schlüsselbegriffe im Politik-Konzept Machiavellis

Virtu	– Die **Virtu** Machiavellis meint nicht die heutige „Tugend" im moralischen Sinne, sondern umfasst für das damalige zeitgenössische Verständnis Mut, Tapferkeit, Mannhaftigkeit, Beherztheit, aber auch Gemeinschaftssinn, Patriotismus und die Bereitschaft, das Wohl der Allgemeinheit über das eigene Interesse zu stellen. Sie ist jenes „Plus an Lebenskraft" (Der Fürst 1961, S. 18) und politischer Energie, über das starke Persönlichkeiten wie z.B. Romulus, Moses, Theseus, Lykurg, Alexander, Cäsar, Hannibal u.a. Staats- und Religionsgründer der Antike verfügten, das er bei den den zeitgenössischen Potentaten vermisste (Ausnahmen waren Cesare Borgia in Urbino, Francesco Sforza in Mailand und Lorenzo di Medici in Florenz) und dessen Fehlen zum Niedergang Italiens geführt hatte. *Virtu* wird bei Machiavelli zum Kernelement eines effizienzorientierten Leistungsdenkens und Menschenbildes, das er den Herrschern mit einer Fülle von Argumenten und Beispielen aus der Geschichte und der aktuellen Politik empfiehlt. „Ein Fürst darf es sich also nicht anfechten lassen, grausam gescholten zu werden, wenn er seine Untertanen einig und treu erhalten will. Denn einige wenige abschreckende Strafen sind viel milder als übertriebene Langmut, welche die Missstände so weit einreißen lässt, bis Mord und Raub daraus entstehen. ...Daran knüpft sich eine Streitfrage: ob es besser sei, geliebt zu werden als gefürchtet, oder umgekehrt. Da es aber schwer ist, beides zu vereinigen, ist es weit sicherer, gefürchtet zu sein als geliebt, wenn man schon auf eins verzichten muss" (Der Fürst, aaO. S. 100/101).
Fortuna	– Der Gegenbegriff oder das Korrelat zur **virtu** ist **fortuna:** wiederum nicht im simplen Verständnis der „Glücksgöttin" zu verstehen, sondern als Summe all jener Faktoren, die auf das Schicksal der Menschen einwirken, aber außerhalb der Reichweite ihres Willens liegen, die als Chance oder Zwang ihr Handeln bestimmen, es fördern oder zum Scheitern verurteilen, kurz: „die Summe der wechselnden Umstände, der unabsehbaren Möglichkeiten und Verwicklungen, der zuhilfe-kommenden Glücksfälle und der unerwarteten Gegenschläge" (Der Fürst, aaO. S. 19). Der unerfahrene Herrscher ist allen diesen Wechselfällen hilflos ausgesetzt. Der erfahrene, mit virtu ausgestattete Staatsmann kann Situationen einschätzen, notwendige Maßnahmen erkennen, die Folgen seiner Handlungen abschätzen, mit Menschenkenntnis, Mut und politischer Erfahrung sie meistern.
Necessita	– **Necessita** nennt Machiavelli dieses notwendige realpolitische Handeln aus Einsicht in die „Heterogenität der Zwecke". In der Politik gibt es die klaren Entscheidungen zwischen „gut und böse" nur sehr selten, müssen die erstrebten Ziele und Zwecke ins Kalkül gezogen werden mit den einzusetzenden Mitteln und den vermutlichen Nachteilen. Rechnungen gehen nur selten glatt auf, das angestrebte optimale Ziel wird häufig verfehlt, das Ergebnis ist nicht immer voraussehbar und oft unerwartet.
Occasione	– Um so mehr kommt es darauf an, die **„occasione",** den richtigen Moment, die sich bietende Chance zu ergreifen; das Gespür dafür zu haben, zeichnet den erfahrenen Staatsmann aus. Er kennt die Spielregeln der Politik, verfügt über eine rasche Auffassungsgabe, instinktive Witterung, über Entschlusskraft und Entscheidungsfähigkeit, die ihn den Vorteil einer Situation erkennen und nutzen lässt.

Abb. 4: Politikverständnis, Staatslehre und Menschenbild bei Niccolo Machiavelli

Konflikte zwischen Tabuisierung und Thematisierung

Die Ideen, die Machiavelli in seiner bekanntesten Schrift „Der Fürst" 1513 formuliert, gelten bis heute als zynische Anleitung für jeden nach Erfolg und Macht strebenden Politiker. „Machiavellismus" wird bereits kurz nach Erscheinen des Buches zum Schimpfwort, mit dem die Welt eine Politik ohne Bindung an Werte, Skrupellosigkeit, Machtstreben, Gewissenlosigkeit, Ehrgeiz und Korruption der politischen Klasse verbindet. Das ist die eine Seite der Betrachtung und viele einschlägige Beisiele lassen sich für sie als Beleg anführen. Die andere Seite ist die von Machiavelli eingeleitete „Wende zur Realpolitik", die den Nationalstaaten in Europa ihren Aufstieg (Frankreich, Spanien, England, Holland, Deutschland) ermöglichte und als politische Theorie zu ihrem politischen Selbstverständnis und ihrer Stabilität nach innen und nach außen beiträgt.

„Wende zur Realpolitik"

Thomas Hobbes (1588–1679)

„War Thomas Hobbes Machiavellist?" Die Frage ist verschiedentlich gestellt und unterschiedlich beantwortet worden. Gemeinsam ist den beiden in ihrer Biographie und in ihren politischen Ansichten so ähnlichen Männern die Faszination von der Idee des starken Fürsten bzw. Staates, den sie vor dem Hintergrund ihrer Erfahrungen mit den politischen Umstürzen, religiösen und territorialen Konflikten, Fürstenmorden, Erbfolgestreitigkeiten und deren Auswirkungen machten. Beide haben sich politisch engagiert und mussten ins Exil gehen, machten sich Feinde und verloren ihren politischen Einfluss bei den Mächtigen, an dem ihnen so viel lag. Beide sahen sich selbst mit Blick auf den Staat und die Prinzipien seiner politischen Führung als „Realisten" und wurden schon von den Zeitgenossen, vor allem aber von späteren Gerationen als „Zyniker der Macht" wahrgenommen. „Machiavellismus" und „Hobbismus" wurden zum Schimpfwort für eine allzu aufdringliche Verherrlichung des absoluten Staates und seiner mit List und Gewalt herrschenden Despoten. Seine allein auf Materialismus und Rationalismus gegründeten Theorien, ohne Ethik, Werte, Rechte und Moral, angeblich nur den negativen Trieben der Macht, des Ruhms, der Selbsterhaltung und des Egoismus verpflichtet, nannte *Golo Mann* verächtlich „die kälteste, ödeste Staatsphilosophie aller Zeiten", ihn selber einen „verängstigt-weltfremden Bücherwurm", „der immer um sein Leben bangte und sich mit jeder Regierung gut stellte, dann, nur dann, nur solange, wie sie ihm Sicherheit und Eigentum zu garantieren vermochte" (Bd. 7, 1964, S. 353). Hobbes selbst ist nicht ganz unschuldig an dieser negativen Einschätzung seines Hauptwerks, für das er das biblische Ungeheuer *Leviathan* (hebräisch „die krumme, gewundene Schlange") aus dem Buch Hiob als Symbol für den Staat wählte und die Menschen seiner unumschränkten, kalt rechnenden, unsensiblen Herrschaft unterstellte. Weit mehr als seine naturwissenschaftlichen Schriften und philosophischen Traktate zum Empirismus und Rationalismus seiner Zeit (Hobbes begegnete René Descartes während seines Exils in Frankreich und war von dessen materialistisch-mechanischem Denksansatz beeindruckt) und seine bei den Zeitgenossen auf wütenden Protest stoßende Religionskritik entfalteten die ersten beiden Bücher des *Leviathan* eine bis heute anhaltende Wirkung auf die philosophischen und theoretischen Überlegungen zur Natur, Rolle und

„Machiavellismus" und „Hobbismus"

„die kälteste, ödeste Staatsphilosophie aller Zeiten"

Leviathan als Symbol für den Staat

Funktion des Staates. Neuere Darstellungen zeigen sich beeindruckt von der „Gratwanderung" des Hobbes'schen Werks „zwischen Mittelalter und Moderne" und sehen im *Leviathan* die „Begründungsfigur neuzeitlicher politischer Philosophie" schlechthin (Noetzel 2005, S. 34).

Der Mensch – ein Wolf unter Wölfen oder die negative Anthropologie des Thomas Hobbes

Wie bereits für Machiavelli hatten auch für Thomas Hobbes die seit der Antike geltenden humanistischen Prinzipien, nach denen ehrbare Männer angeblich das öffentliche Leben gestalteten als reale Möglichkeiten des politischen Handelns jede Glaubwürdigkeit verloren. „Die Realität neuzeitlicher Politik war eine andere. Manipulation, Betrug und Einschüchterung waren in ihr an der Tagesordnung, und der klassische Autor, der sein Augenmerk auf diese dunkle Seite des Politischen gerichtet hatte, war nicht Cicero, sondern Tacitus" (Tuck, aaO. S. 19). Der römische Historiker und sein Vorgänger Thukydides (dessen „Peloponnesischen Krieg" Hobbes in seinen frühen Jahren übersetzt hatte) wurden mit ihrer nüchternen Sicht auf die Welt und die Streitigkeiten der Menschen prägend für den sich ausbreitenden Skeptizismus, moralischen Relativismus und Stoizismus der Epoche mit ihren neuen Idealen der ataraxia (Unerschütterlichkeit) und Leugnung aller positiven Tugenden und Leidenschaften als Ausweis einer höheren Weisheit. „Homo homini lupus", „der Mensch ist dem Menschen ein Wolf", mit diesem berühmt gewordenen Vergleich bringt Hobbes sein negatives Menschenbild auf eine einprägsame Formel. Von Natur aus grausam, egoistisch, habgierig, kann er sich an keine ethischen Grundsätze oder moralischen Gebote halten, selbst wenn er wollte und braucht aus diesem Grunde eine starke Hand, die ihn zu einem annähernd zivilisierten Lebenswandel zwingt. Denn nicht nur die Regierenden, die einfachen Leute nicht minder, lassen in ihrem Auftreten und ihren Verhaltensweisen jegliche ethischen Grundsätze und Leitbilder vermissen, bzw. formulieren ihre eigenen Interessen als moralische Kategorien und Grundsätze.

„Jeder Mann nennt, für seinen Teil das, was ihm gefällt und ihm Vergnügen bereitet, gut, und das, was ihm missfällt, schlecht; insofern nun jeder Mensch in seiner körperlichen Beschaffenheit von dem anderen verschieden ist, unterscheiden sie sich auch voneinander hinsichtlich der gemeinsamen Unterscheidung von gut und übel. Auch gibt es nicht etwas Derartiges, wie ein „agathon haplos", d.h. etwas, das schlechthin gut ist. Denn selbst die Güte, die wir dem allmächtigen Gott beilegen, ist eine Güte gegen uns. Und wie wir die Dinge, welche uns gefallen und missfallen, gut und schlecht nennen, so bezeichnen wir als Güte oder Schlechtigkeit den Inbegriff der Eigenschaften oder Kräfte, wodurch sie es tun" (Zitat bei Tuck, aaO., S. 87).

Konflikte zwischen Tabuisierung und Thematisierung

Mit einer derart individualistischen Anarchie der Werte lässt sich nach Hobbes „kein Staat machen". Sie endet zwangsläufig im „Krieg aller gegen alle" (bellum omnium contra omnes) – wie sein zweites berühmt gewordenes Diktum formuliert. Und nur ein starker Staat mit seinen Gesetzen, Strafen und sonstigen Zwangsmitteln kann dies verhindern, indem er die aus der unvernünftigen Natur der Menschen und ihren egoistischen Interessen resultierenden Konflikte mit seiner geballten Autorität unterdrückt bzw. löst.

Anarchie der Werte

Das Leben – ein Krieg aller gegen alle

Schon mit seiner Übersetzung des „Peloponnesischen Krieges" von Thukydides (460 bis ca. 396 v. Ch.) hatte Hobbes seine Zeitgenossen vor Bürgerkrieg, Partei- und Fraktionskämpfen, vor Revolution, Zerstörung und Exil warnen wollen, wie er sie im englischen Bürgerkrieg (1642–1649) mit all seinen negativen Folgen für Land und Leute erlebte. Und wie schon Machiavelli knapp 150 Jahre zuvor, machte auch Hobbes die Erfahrung, dass ein starker Staat als Garant der inneren Sicherheit in Kriegszeiten einen größeren Zuspruch und Zulauf der Menschen erfährt als in ruhigeren Friedenszeiten. Nicht nur Hegel wird (wiederum 150 Jahre später) diesen Gedanken erneut aufgreifen (und in seinem Konzept vom sittlichen Staat ausbauen), sondern gerade in der modernen Staatstheorie des 20. Jahrhunderts (zum Scheitern der Weimarer Demokratie und zur Abwehr des aufkommenden Faschismus) finden Forderungen nach dem „Starken Staat" und Sicherheitsmaßnahmen einer „abwehrbereiten Demokratie" verbreitete Zustimmung – nicht nur in Europa. Anders als Aristoteles, der den Menschen als ein *zoon politikon, ein politisches* Wesen, sieht und ihn in seiner Gruppen- und Gemeinschaftsfähigkeit mit den Bienen und Ameisen vergleicht, ist für Hobbes, der Mensch kein Wesen mit einer natürlichen Veranlagung zur Staatsbildung. Seine vorherrschenden Triebe sind vor allem Egoismus, Habsucht und Grausamkeit, Ruhmsucht, Wettstreben, Argwohn, Neid. Er kämpft ums Überleben in einer feindlichen Umwelt und kennt nur den Selbsterhaltungstrieb als oberstes und allen Menschen gemeinsames Prinzip. Wenn Menschen im Naturzustand, ohne Gesetz und ohne Staat leben, muss es demzufolge zu einem „Krieg aller gegen alle" kommen, weil der Zwang zur Selbstverteidigung alle anderen Regungen der Menschen überlagert und sie zwingt, präventiv und im Interesse der Selbsterhaltung den destruktiven Absichten der anderen zuvor zu kommen. Im dreizehnten Buch des Leviathan schreibt Hobbes hierzu: „Da findet sich kein Fleiß, weil kein Vorteil davon zu erwarten ist; es gibt keinen Ackerbhau, keine Schifffahrt, keine bequemen Wohnungen, keine Werkzeuge höherer Art, keine Länderkenntnis, keine Zeitrechnung, keine Künste, keine gesellschaftlichen Verbindungen; stattdessen ein tausendfaches Elend; Furcht, gemordet zu werden, stündliche Gefahr, ein einsames, kümmerliches, rohes und kurz dauerndes Leben". Beendet werden kann dieser Kriegszustand nur, wenn die Menschen auf ihre Freiheits- und Selbstbestimmungsrechte verzichten und sie an den Staat delegieren, indem sie ihm ihre Rechte übertragen.

Egoismus
Habsucht
Grausamkeit

„Krieg aller gegen alle"

Konflikte zwischen Tabuisierung und Thematisierung

Erstausgabe des Leviathan 1651

Der Staat als Leviathan

Auf der Titelseite der Erstausgabe des Leviathan aus dem Jahre 1651 findet sich die allegorische Darstellung des starken Staates in Person eines gekrönten Riesen mit Schwert und bischöflichem Krummstab als den Insignien geistlicher und weltlicher Macht, der, zum Himmel aufragend, über einer (Stadt)Landschaft mit Wiesen, Feldern, Stadtmauern, Dom, Befestigungsanlagen und weiteren weltlichen wie kirchlichen Gebäuden thront. Der Körper des Riesen ist aus Menschenhäuptern gebildet und verleiht somit der Idee Ausdruck, dass die Schutz und Sicherheit suchenden Menschen es sind, die den Staat bilden und brauchen. Im Naturzustand, dies ist Hobbes' Erfahrung und Überzeugung, gibt es keine staatliche Ordnung und ohne diese lassen die Menschen ihren niederen Trieben freien Lauf. Durch einen „Gesellschaftsvertrag" (ein Gedanke, den Hobbes 110 Jahre vor Jean Jacques Rousseau's „Contrat Social" formulierte) übertragen die Menschen ihr Selbstbestimmungs- und Selbstverteidigungsrecht *auf politischem Wege* dem Staat, der seinerseits als Souverän und Repräsentant aller Bürger legitimiert ist, in den anstehenden Gefahren die für alle verbindlichen Entscheidungen zu treffen und Urteile zu fällen. Neu an dieser Konzeption des Gesellschaftsvertrages ist, dass die staatliche Macht nicht mehr von Gott abgeleitet wird (wie während des ganzen Mittelalters), sondern durch die Entscheidung der Menschen zustandekommt. Im 17. Kapitel des Leviathan heißt es hierzu:

„Gesellschaftsvertrag" 110 Jahre vor Jean Jacques Rousseau

Der Wille aller gleichsam auf einen Punkt vereinigt

> „Um aber eine allgemeine Macht zu gründen, unter deren Schutz gegen auswärtige und innere Feinde die Menschen mit dem ruhigen Genuss ihrer Ruhe und ihres Fleißes und der Erde ihren Unterhalt verdienen können, ist folgender Vertrag zu schließen: jeder muss alle seine Macht oder Kraft einem oder mehreren Menschen übertragen, wodurch der Wille aller gleichsam auf einen Punkt vereinigt wird, so dass dieser eine Mensch oder diese eine Gesellschaft eines jeden einzelnen Stellvertreter werde und ein jeder die Handlungen jener so betrachte, als habe er selbst sie getan, weil sie sich dem Willen und Urteil jener freiwillig unterworfen haben." Gefolgt wenig später von der berühmt gewordenen Formulierung: „Dies fasst aber noch etwas mehr in sich als Übereinstimmung und Eintracht; denn es ist eine wahre Vereinigung in einer Person und beruht auf dem Vertrage eines jeden mit einem jeden, wie wenn ein jeder zu einem jeden sagte: ‚Ich übergebe mein Recht, mich selbst zu beherrschen, diesem Menschen oder dieser Gesellschaft unter der Bedingung, dass du ebenfalls dein Recht über dich, ihm oder ihr abtrittst'… So entsteht der große Leviathan, der sterbliche Gott, dem wir unter dem ewigen Gott allein Frieden und Schutz zu verdanken haben. Dieses von allen und jedem übertragene Recht bringt eine so große Macht hervor, dass durch sie die Gemüter aller zum Frieden unter sich geneigt gemacht und zur Verbindung gegen auswärtige Feinde leicht bewogen werden" (Th. Hobbes, Leviathan, 2. Teil, Kap. 17).

Konflikte zwischen Tabuisierung und Thematisierung

Man hat – wie schon Machiavelli – so auch Thomas Hobbes häufig eine unkritische Naivität gegenüber dem absoluten Staat und seinen Verbrechen vorgehalten – nicht zu Unrecht, aber auch in Verkennung ihrer in Religions- und Bürgerkriegen gemachten Erfahrungen mit Anarchie und Rechtlosigkeit, deren Auftreten nach dem vielzitierten Wort des Hl. Augustinus Staaten in bloße „Räuberbanden" verwandelt. Wenn also in den Staatskonzeptionen des 13. bis 17. Jahrhunderts die Stabilität, Ordnung und Frieden versprechenden Elemente des starken, autoritären Staates einen deutlichen Vorzug vor den destabilisierenden Konflikten in Bürgerkriegen, Religionsfehden und materiellen Raubzügen erfahren, so wird der historisch denkende Betrachter, diesen Umstand nicht im nachhinein als moralische Indifferenz und ethischen Relativismus kritisieren, sondern im politischen, sozialen und kulturellen Kontext der Zeit zu beurteilen versuchen.

Naivität gegenüber dem absoluten Staat

Stabilität, Ordnung und Frieden

Georg Wilhelm Friedrich Hegel (1770–1831)

Golo Mann nennt Hegel, „diesen merkwürdigen Denker", „die Vollendung der ... deutschen Philosophie, man könnte wohl sagen der abendländischen Philosophie überhaupt", weil nach ihm keiner mehr gewagt habe, in seiner Philosophie alle „Welträtsel" zu entschlüseln. (Propyläen-Weltgeschichte Bd. 8, S. 466). Sein enzyklopädisches Wissen in allen Bereichen der Philosophie und Theologie, der Altertums-, Geistes- und Naturwissenschaften, Historie, Politik, Jurisprudenz, Kunst- und Kunsttheorie, Soziologie etc. hat er durch lebenslange intensive Lektüre in mehreren Sprachen (Latein, Griechisch, Hebräisch, Französisch, Englisch), durch unermüdliches Exzerpieren in der Schule, im Studium und Beruf als Hauslehrer in Bern und Frankfurt, als Redakteur in Bamberg, Gymnasialprofessor in Nürnberg und schließlich als Privatdozent und Professor in Jena, Heidelberg und Berlin (1818–1831) als Nachfolger auf dem Lehrstuhl von Johann Gottlieb Fichte (1762–1814) erworben. Sein lebenslanger Ehrgeiz war es, die getrennten Bereiche von Philosophie, Religion, Kunst, Politik, Staat und Gesellschaft in einem philosophischen System zusammen zu fassen und „auf den Begriff zu bringen" – aus den *Ideen* der Philosophen, Staatsmänner und Künstler *Gegenstände des Wissens* zu formen, die Philosophie als Wissenschaft zu etablieren. Hegel wollte der von vielen Zeitgenossen verbreiteten „Seichtigkeit, die sich Philosophieren nennt", entgegenwirken, einer Seichtigkeit des Denkens (man fühlt sich an die Rolle der heutigen Medien erinnert), deren Hauptsinn es ist, „die Wissenschaft statt auf die Entwicklung des Gedankens und Begriffs, vielmehr auf die unmittelbare Wahrnehmung und die zufällige Einbildung zu stellen, ebenso die reiche Gliederung des Sittlichen in sich, welche der Staat ist, die Architektonik seiner Vernünftigkeit, ... diesen gebildeten Bau in den Brei des ‹Herzens, der Freundschaft und Begeisterung› zusammenfließen zu lassen. ... Mit dem einfachen Hausmittel, auf das *Gefühl* zu stellen, was die und zwar mehrtausendjährige Arbeit der Vernunft und ihres Verstandes ist, ist freilich alle die Mühe der von dem denkenden Begriffe geleiteten Vernunfteinsicht und und Erkenntnis erspart" (Grundlinien der Philosophie des Rechts, Bd. 7, S. 18/19).

Die Vollendung der ... deutschen Philosophie

Die Philosophie als Wissenschaft etablieren

Die mehrtausendjährige Arbeit der Vernunft

Hegels Staatstheorie (und sie interessiert im vorliegenden Zusammenhang vor allem) zählt zu den *normativen* Staatstheorien in der abendländischen Tradition von Platon und Aristoteles, die dem Staat eine eindeutig positive Funktion zuweisen. Über Hobbes hinausgehend, soll er nicht nur den inneren Frieden sichern oder das Eigentum seiner Bürger schützen – wie auch zahlreiche *utilitaristische* Theorien seine Aufgaben bis heute definieren. Hegel sieht den Staat als Verwirklichung der „sittlichen Idee", als Garant der Freiheit, die nur in der staatlichen Ordnung erreicht werden kann. In seiner Vorrede zu den „Grundlinien der Philosophie des Rechts" (1821) finden sich die berühmt gewordenen Formulierungen über den Staat, die diesen in den Augen nicht nur der Deutschen zu einem Wesen der besonderen Art gemacht und ihm nahezu mythische Weihen verliehen haben, deren Wirkung zum Teil bis heute anhält, teils aber im Zeichen der Globalisierung für viele Menschen nicht mehr nachvollziehbar ist:

Staat als Verwirklichung der „sittlichen Idee"

„So soll denn diese Abhandlung, insofern sie die Staatswissenschaft enthält, nichts anderes sein als der Versuch, *den Staat als ein in sich Vernünftiges zu begreifen und darzustellen*. Als philosophische Schrift muss sie am entferntesten davon sein, einen Staat, wie er sein soll, konstruieren zu sollen; die Belehrung, die in ihr liegen kann, kann nicht darauf gehen, den Staat zu belehren, wie er sein soll, sondern vielmehr, wie er, das sittliche Universum, erkannt werden soll.

Den Staat als ein in sich Vernünftiges zu begreifen und darzustellen.

Hic Rhodus, hic saltus.

Das, *was ist* zu begreifen, ist die Aufgabe der Philosophie, denn das *was ist,* ist die Vernunft. Was das Individuum betrifft, so ist ohnehin jedes ein *Sohn seiner Zeit;* so ist auch die Philosophie *ihre Zeit in Gedanken erfasst.* Es ist ebenso töricht zu wähnen, irgendeine Philosophie gehe über ihre gegenwärtige Welt hinaus, als, ein Individuum überspringe seine Zeit, springe über Rhodus hinaus. Geht seine Theorie in der Tat drüber hinaus, baut es sich eine Welt, *wie sie sein soll,* so existiert sie wohl, aber nur in seinem Meinen – einem weichen Elemente, dem sich alles Beliebige einbilden lässt.… Wenn die Philosophie ihr Grau in Grau malt, dann ist eine Gestalt des Lebens alt geworden, und mit Grau in Grau lässt sie sich nicht verjüngen, sondern nur erkennen; die Eule der Minerva beginnt erst mit der einbrechenden Dämmerung ihre Flug" (Vorrede zu „Grundlinien der Philosophie des Rechts, G.W. F. Hegel, Bd. 7, S. 26–28).

„denn das was ist, ist die Vernunft"

Eule der Minerva

„Im Staate muss man nichts haben wollen, als was ein Ausdruck der Vernünftigkeit ist. Der Staat ist die Welt, die der Geist sich gemacht hat; er hat daher einen bestimmten, an und für sich seienden Gang. Wie oft spricht man nicht von der Weisheit Gottes in der Natur; man muss aber ja nicht glauben, dass die physische Naturwelt ein Höheres sei als die Welt des Geistes, denn so hoch der Geist über der Natur steht, so hoch steht der Staat über dem physischen Leben. Man muss daher den Staat wie ein Irdisch-Göttliches verehren und einsehen, dass, wenn es schwer ist, die Natur zu begreifen, es noch unendlich herber ist, den Staat zu fassen." (Grundlinien der Philosophie des Rechts, Bd. 7, S. 434).

Den Staat wie ein Irdisch-Göttliches verehren

Wenn der Staat, wie Hegel schlussfolgert, „die Wirklichkeit der sittlichen Idee – der sittliche Geist", „das an und für sich Vernünftige" ist, so kommt in ihm „die Freiheit zu ihrem höchsten Recht" und hat der Staat uneingeschränkt und unbezweifelbar auch „das höchste Recht gegen die Einzelnen, deren *höchste Pflicht* es ist, Mitglieder des Staates zu sein" (§§ 257/258, aaO. S. 398/399). In seiner Tübinger Studentenzeit (gemeinsam mit Friedrich Hölderlin 1770–1843 und Friedrich Wilhelm Joseph Schelling 1775–1854) ein Anhänger der französischen Revolution, von deren Verlauf er sich enttäuscht zeigt, ohne freilich deren Vorstellungen und Ideale ganz aufzugeben, wird er im Alter zum Verfechter der konstitutionellen Monarchie, die er im damaligen Preußen vorbildlich verwirklicht sieht. Für Hegel ist der Staat die der Familie und der bürgerlichen Gesellschaft „übergeordnete, überindividuelle Institution", die beide Instanzen in sich vereint (Familie und Gesellschaft werden im Staat „aufgehoben" – nach dem dialektischen Prinzip von These – Antithese und Synthese). Er ist nicht der auf minimalistische Funktionen reduzierte „Nachtwächterstaat" der Liberalen, sondern hat eine zentrale Stellung und übernimmt Verantwortung für den „objektiven und sittlichen Geist" und somit für das Individuum und die Allgemeinheit. Ein lediglich funktionalistisch-instrumenteller Staatsbegriff entspricht nicht dem Hegelschen Staatsverständnis. Dieser ist weder ein Kampfplatz für individuelle Privatinteressen, noch ein bloßes Zweckbündnis zu deren Schutz – ein derartiges Verständnis von Staat als „Vertragsverhältnis" seiner Mitglieder zum wechselseitigen Vorteil der jeweiligen Interessen trägt für Hegel bereits den Keim der Selbstzerstörung in sich. Die bürgerliche Gesellschaft geht in den Staat über, dieser verwirklicht sich auf der Grundlage des Handelns einzelner Personen. Dem Staat liegt der Willen der Einzelmenschen zugrunde, während diese das von allen anerkannte Staatsganze respektieren – so wird Vernunft zur Wirklichkeit und Staatsräson nach dem berühmten Satz:

Prinzip von These – Antithese und Synthese

Keim der Selbstzerstörung

> ***Was vernünftig ist, das ist wirklich;***
> ***Und was wirklich ist, das ist vernünftig*** *(aaO., S. 24)*

Für einen erheblichen Teil seiner Schüler (unter den „Linkshegelianern vor allem Karl Marx) wurde Hegel zum „preußischen Staatsphilosophen" und Apologeten einer übertriebenen Staatsvergottung, wenn nicht gar zum Wegbereiter totalitärer Herrschaftssysteme im 20. Jahrhundert. Andere sehen in ihm den maßgeblichen Vertreter einer durch das aufstrebende Bürgertum des Frühkapitalismus zum Untergang verurteilten Klasse. Gleichgültig ist er bis heute keinem, der sich mit den Fragen von Staat und Gesellschaft befasst.

Preußischer Staatsphilosoph

Karl Marx (1818–1883) / ***Friedrich Engels*** (1820–1895)

„vom Kopf auf die Füße" gestellt

Beeindruckt einerseits von der Suche Hegels nach einer „Vereinigung von Vernunft und Wirklichkeit", die er als Leitmotiv seiner eigenen philosophischen Bemühungen übernimmt, gleichzeitig aber abgestoßen von der „grotesken Felsenmelodie" der Hegelschen Philosophie, wird diese zur maßgeblichen Quelle der politischen Ökonomie und Gesellschaftstheorie des jungen Marx, der sich rühmt, die Philosophie Hegels „vom Kopf auf die Füße" gestellt zu haben. Aufgabe der Philosophie, – so Marx – sei es, die Welt zu verändern, nicht nur, sie „verschieden zu interpretieren" (11. These über Feuerbach). Und verändert haben seine gemeinsam mit Friedrich Engels (1820–1895) in lebenslänglicher persönlicher und politischer Verbundenheit entwickelten Gedanken und Schriften die Welt in den vergangenen 150 Jahren nachhaltig wie kaum eine andere Ideologie. Eine zentrale Rolle spielten für beide Männer (den Sohn eines vom Judentum zu Protestantismus konvertierten preußischen Justizrats und den Erben eines vermögenden Elberfelder Textilunternehmers), die frühen persönlichen Auseinandersetzungen mit der eigenen Familie, der Religion und der bürgerlichen Klasse, der beide entstammten, sowie die politisch-sozialen Konflikte ihrer Zeit mit dem Staat und seiner regierenden Klasse – der Bourgeoisie. Insofern sie den Klassenkonflikt als den zentralen Konflikt der bürgerlichen Klassengesellschaft definierten und seine lebenszerstörenden Auswirkungen in allen Bereichen des menschlichen Lebens analysierten (Entfremdung, Unterdrückung, Ausbeutung, Verelendung), haben sie die Hegelsche Dialektik (von These – Antithese und Synthese) als Entwicklungsprinzip der Geschichte umgeformt zu einer Konflikttheorie/Konfliktsoziologie, die, vermittelt durch ihre Lehre vom Klassenkampf, zu einem bestimmenden theoretischen Modell der Soziologie und Geschichtsphilosophie geworden ist.

Klassenkonflikt als zentraler Konflikt

Lehre vom Klassenkampf

„In der gesellschaftlichen Produktion ihres Lebens gehen die Menschen bestimmte, notwendige, von ihrem Willen unabhängige Verhältnisse ein, Produktionsverhältnisse, die einer bestimmten Entwicklungsstufe ihrer materiellen Produktivkräfte entsprechen. Die Gesamtheit dieser Produktionsverhältnisse bildet die ökonomische Struktur der Gesellschaft, die reale Basis, worauf sich ein juristischer und politischer Überbau erhebt, und welcher bestimmte gesellschaftliche Bewusstseinsformen entsprechen. Die Produktionsweise des materiellen Lebens bedingt den sozialen, politischen und geistigen Lebensprozess überhaupt. Es ist nicht das Bewusstsein der Menschen, das ihr Sein, sondern umgekehr ihr gesellschaftliches Sein, das ihr Bewusstsein bestimmt. Auf einer gewissen Stufe ihrer Entwicklung geraten die materiellen Produktivkräfte der Gesellschaft in Widerspruch mit den vorhandenen Produktionsverhältnissen oder, was nur ein juristischer Ausdruck dafür ist, mit den Eigentunsverhältnissen, innerhalb derer sie sich bisher bewegt hatten. Aus Entwicklungsformen der Produktivkräfte schlagen diese Verhältnisse in Fesseln derselben um. Es tritt dann eine Epoche sozialer Revolution ein. Mit der Veränderung der ökonomischen Grundlage wälzt sich der ganze ungeheure Überbau langsameroder rascher um" (Vorwort zur Kritik der politischen Ökonomie (1859).

Der zentrale Konflikt ist für Marx/Engels der Klassenkonflikt zwischen den abhängigen Lohnarbeitern und den der Bourgeoisie zugehörigen Unternehmern als den Besitzern an den Produktionsmitteln. Dies ist der Hauptwiderspruch der bürgerlichen Klassengesellschaft, aus dem sich alle anderen persönlichen und politischen Konflikte ableiten lassen, bzw. dem sie zugeordnet werden können. Und da der in den Frühschriften ausführlich beschriebene Klassenkonflikt (K. Marx, Die Frühschriften, 1953) seine zentrale Ursache in der Klassengesellschaft hat, kann er auch nur durch die Veränderung der kapitalistischen Struktur, d.h. durch die Abschaffung der Klassengesellschaft gelöst werden. Die Geschichte, wie Marx und Engels sie beschreiben und analysieren, ist nicht, wie in der Philosophie Hegels, das Fortschreiten des abstrakten und absoluten Geistes zur Vernunft (repräsentiert in der zeitgenössischen preußischen Monarchie), sondern eine Folge materiell bedingter Klassenkämpfe in periodisch wiederkehrenden Epochen sozialer Revolutionen, die zum „Absterben" des bürgerlichen Staats in einer künftigen Epoche des „Sozialismus/Kommunismus" führen werden.

Der zentrale Konflikt ist der Klassenkonflikt

Abschaffung der Klassengesellschaft

Es ist hier nicht der Platz noch die Gelegenheit, sich mit dem theoretisch-philosophischen Werk von Karl Marx und Friedrich Engels, noch mit den hieraus entwickelten politisch-ökonomischen Ableitungen und den ideologischen Systemen ihrer Nachfolger und Anwender (im Leninismus-Stalinismus bis zum Scheitern des „realen Sozialismus im Jahre 1989) zu befassen. Festzuhalten bleibt aber, dass es zahlreiche und begründete Argumente für die These gibt, dass Marx und Engels nicht nur die Hegelsche Philosophie vom „Kopf auf die Füße" gestellt haben, sondern auch eine seit dem Mittelalter systematisch entwickelte, mit einer Fülle wechselnder theologisch-religiöser, pragmatisch-utilitaristischer und sophistisch-philosophischer Argumente begründete, unangefochtene Vorrangstellung des Staates nachhaltig in Frage gestellt haben. Sie wurden auf diesem Wege zu Begründern der modernen Konflikttheorie/Konfliktsoziologie und einer Gesellschaftstheorie und -analyse, die ihre Nachwirkungen bis heute zeitigt:

Vorrangstellung des Staates in Frage gestellt

Synopse der Klassenanalyse und Konflikttheorie bei Karl Marx/Friedrich Engels

- Für Hegel ist der Mensch ein durch seine „Geistigkeit" bestimmtes Wesen, das seine Überlegenheit über die „biologische Natur" durch seine Entwicklung zu einem selbstbewussten „Geistwesen" mit Hilfe der Arbeit demonstriert, zum anderen durch seine Wandlung von einem „egoistischen Bourgeois" zu einem „sittlichen Citoyen" mit Hilfe der (natürlich Hegelschen) Philosophie und ihrer Anleitung zu einem „vernünftigen Begreifen der Wirklichkeit" vor allem des preußischen Staates. Schon der junge Marx definiert in Abgrenzung hierzu den Menschen als ein konkret-sinnliches „und kein abstraktes, außer der Welt hockendes Wesen" (Frühschriften, aaO. S. 208). „Wir müssen bei den voraussetzungslosen Deutschen damit anfangen, dass wir die erste Voraussetzung aller menschlichen Existenz, also auch aller Geschichte konstatieren, nämlich die Voraussetzung, dass die Menschen imstande sein müssen zu leben, um „Geschichte machen" zu können. Zum Leben gehört aber vor allem Essen und Trinken, Wohnung, Kleidung und noch einiges andere. Die erste geschichtliche Tat ist also die Erzeugung der Mittel zur Befriedigung dieser Bedürfnisse, die Produktion des materiellen Lebens selbst, und zwar ist dies eine geschichtliche Tat, eine Grundbedingung aller Geschichte, die noch heute, wie vor Jahrtausenden, täglich und stündlich erfüllt werden muss, um die Menschen am Leben zu erhalten (Frühschriften, aaO., S. 354).

- Sich am Leben zu erhalten, fällt umso schwerer, je mehr Ausbeutung, Lohnarbeit und der Zwang zu „entfremdeter Arbeit" die Produktionsbedingungen und das materielle Existenzniveau der lohnabhängig arbeitenden Bevölkerung in der Klassengesellschaft bestimmen. Ist nach Hegel das menschliche Leben ein Fortschritt zu Selbstbewusstsein und vernünftigem Begreifen der Wirklichkeit, so erleidet nach Marx der lohnabhängig arbeitende Mensch strukturell bedingt und kontinuierlich eine „Entfremdung von sich selbst" in vierfacher Form:
  - als Entfremdung von dem Produkt seiner Arbeit, das er zwar herstellt, es gehört ihm aber nicht;
  - als Entfremdung im Arbeitsvorgang durch die fortschreitende Zerstückelung, Mechanisierung und Rationalisierung seiner Arbeit;
  - als Vorgang der Selbstentfremdung im Arbeitsprozess („in der Arbeit außer sich und außerhalb der Arbeit bei sich";
  - ein Zustand, der schließlich auch zur Entfremdung der Menschen und zum Verlust der Solidarität untereinander führt.

  Voraussetzung für ein neues, menschliches Verhältnis der Menschen zu ihrer Arbeit, zu sich selbst und untereinander, ist die Aufhebung der Entfremdung im Arbeitsprozess. Politisch-konkret bedeutet dies: Aufhebung der Lohnarbeit durch die Abschaffung des Privateigentums an den Produktionsmitteln. Diese Vorgang nennt Marx abwechselnd **Humanismus, Naturalismus** und **Kommunismus.**

- Nach dem bekannten Zitat von Marx ist es nicht das „Bewusstsein der Menschen, das ihr Sein, sondern umgekehrt ihr gesellschaftliches Sein, das ihr Bewusstsein bestimmt." Der ökonomisch-technologische Stand der Produktion als Basis bedingt die gesellschaftlich-politischen Regeln ihres Zusammenlebens im Staat. Da der Staat aus dem Bedürfnis entstanden ist, die wachsenden Klassengegensätze im Zaum zu halten, ist er in der Regel der Staat der ökonomisch herrschenden Klasse, die gleichzeitig auch die politisch herrschende Klasse ist. Mit anderen Worten: ihre Interessen werden vom Staat, von der Regierung und den Gesetzen befolgt und geschützt. „Die Gedanken der herrschenden Klasse sind in jeder Epoche die herrschenden Gedanken, d.h. die Klasse, welche die herrschende materielle Macht der Gesellschaft ist, ist zugleich ihre herrschende geistige Macht. Die Klasse, die die Mittel zur materiellen Produktion zu ihrer Verfügung hat, disponiert damit zugleich über die Mittel zur geistigen Produktion, so dass ihr damit zugleich im Durchschnitt die Gedanken derer, denen die Mittel zur geistigen Produktion abgehen, unterworfen sind. Die herrschenden Gedanken sind weiter nichts als der ideelle Ausdruck der herrschenden materiellen Verhältnisse; also der Verhältnisse, die eben die eine Klasse zur herrschenden machen, als die Gedanken ihrer Herrschaft (Frühschriften, aaO., S. 375).

Konflikte zwischen Tabuisierung und Thematisierung

- Wo Hegel in seiner Geschichtsauffassung den abstrakten oder absoluten Geist als den Verursacher gesellschaftlicher Prozesse und geschichtlicher Entwicklungen sieht, während die „Menschheit nur eine Masse ist, die ihn unbewusster oder bewusster trägt" (Frühschriften, aaO., S. 322), sind für Marx/Engels die arbeitenden Menschen, genauer die Kollektive sozialer Klassen, die sie bilden (Freie und Sklaven in der Antike, Adel und Leibeigene im Feudalismus, Bourgeoisie und Proletariat im Kapitalismus) die handelnden Akteure, die immer dann, wenn die materiellen Produktivkräfte mit den herrschenden Machtstrukturen in Konflikt geraten, durch soziale Revolutionen den Übergang in eine neue gesellschaftliche Epoche erzwingen (von der Sklavenhaltergesellschaft in den Feudalismus, von diesem in den Kapitalismus und letzendlich in den Sozialismus/Kommunismus).

- Mit der These vom allmählichen „Absterben des Staates", die Marx und Engels im diametralen Gegensatz zu Hegels Philosophie der „Staatsvergottung" formulierten und prognostizierten, wird der radikale Bruch mit einer Rollenauffassung vom Staat und deren philosophischer Begründung vollzogen, die – wie gezeigt – ihren Anfang lange vor Hegel genommen hatte und deren Realität bis heute anhält – nicht nur in diesem Punkte hatten die beiden utopieversessenen Revolutionäre sich getäuscht. „Der erste Akt," – hofften sie – „worin der Staat wirklich als Repräsentant der ganzen Gesellschaft auftritt – die Besitzergreifung im Namen der Gesellschaft – ist zugleich sein letzter selbständiger Akt als Staat. Das Eingreifen einer Staatsgewalt in gesellschaftliche Verhältnisse wird auf einem Gebiet nach dem anderen überflüssig und schläft dann von selbst ein. An die Stelle der Regierung über Personen tritt die Verwaltung von Sachen und die Leitung von Produktionsprozes-sen. Der Staat wird nicht abgeschafft, er stirbt ab." Ist er aber bis heute nicht – im Gegenteil: Der Leviathan lebt nicht nur – er wächst mehr denn je und wirft dunkle Schatten.

Abb. 5: Synopse der Klassenanalyse und Konflikttheorie bei Karl Marx/Friedrich Engels

Karl Marx und Friedrich Engels haben, wie niemand vor ihnen, erstmals die dynamischen, zerstörerischen, aber auch schöpferischen Kräfte der bürgerlich-kapitalistischen Gesellschaft beschrieben, die seither zum festen Argumentationsrepertoire aller Lobpreisungen des Kapitalismus in unzähligen Darstellungen der Volkswirtschaftslehre zählen, (von Werner Sombart und Joseph Schumpeter bis zu den neoliberalen Propheten von heute) – und das ausgerechnet in dem 1847 veröffentlichten „Manifest der Kommunistischen Partei", in dem die wirtschaftliche Dynamik und politische Leistung der Bourgeoisie mit geradezu hymnischen Sätzen gepriesen wird: „Die Bourgeoisie, wo sie zur Herrschaft gekommen, hat alle feudalen, patriarchalischen, idyllischen Verhältnisse zerstört. Sie hat die buntscheckigen Feudalbande, die den Menschen an seinen natürlichen Vorgesetzten knüpften, unbarmherzig zerrissen und kein anderes Band zwischen Mensch und Mensch übriggelassen, als das nackte Interesse, als die gefühllose ‚bare Zahlung'. ... Die Bourgeoisie hat in ihrer kaum hundertjährigen Klassenherrschaft massenhaftere und kolossalere Produktionskräfte geschaffen, als alle vergangenen Generationen zusammen. Unterjochung der Naturkräfte, Maschinerie, Anwendung der Chemie auf Industrie und Ackerbau, Dampfschiffahrt, Eisenbahnen, elektrische Telegraphen, Urbarmachung ganzer Weltteile, Schiffbarmachung der Flüsse, ganze aus dem Boden hervorgestampfte Bevölkerungen – welches frühere Jahrhundert ahnte, dass solche Produktionskräfte im Schoße der gesellschaftlichen Arbeit schlummerten?" (Frühschriften, aaO., S. 527–530).

„Manifest der Kommunistischen Partei"

„Prozess der schöpferischen Zerstörung"

Dass Konflikte, Zerstörung des Alten, Innovation, Veränderungen und Erneuerung zu einem kontinuierlichen „Prozess der schöpferischen Zerstörung" (Schumpeter 2005) gehören und als solche nicht nur destruktiv wirken, sondern den gesellschaften Zusammenhang und Fortschritt erst ermöglichen, darauf haben Marx und Engels als erste hingewiesen und somit einer modernen sozialwissenschaftlichen Betrachtung den Weg bereitet.

4. Zur Renaissance des Konfliktbegriffs – Funktion und Bewertung von Konflikten

Emanzipation der Individuen

Integration der Gesellschaft

Moderne Gesellschaften sind keine konfliktfreien, harmonischen Gebilde. Wenige Lehren und Erfahrungen aus der neueren Geschichte und jüngeren Vergangenheit sind vielen Deutschen schwerer gefallen als diese Einsicht. Seit dem 18. Jahrhundert bis heute, vom deutschen Idealismus über die Romantik bis in die Neuzeit hält sich die Frage, wie eine *Emanzipation der Individuen* und *die Integration der Gesellschaft* sich vereinen lassen, auf der Tagesordnung aktueller politischer, sozialwissenschaftlicher und publizistischer Debatten.

Gemeinschaft und Gesellschaft

Ferdinand Tönnies hat sein Standardwerk *„Gemeinschaft und Gesellschaft"* (1887) vor rund 120 Jahren veröffentlicht, Helmut Plessner seine Analyse der *„verspäteten Nation"* im Jahre 1959 – und für einige neokonservative oder auch nur unzufriedene Intellektuelle werden seit 1989 in „anschwellenden Bocksgesängen" (Botho Strauß 1994) nicht nur Fragen eines neuerlich drängenden Nationalgefühls und einer fehlenden Wert- und Sinngemeinschaft wieder aktuell, sondern auch deren Wort(ver)führer in Literatur, Philosophie und Staatsrecht, wie z.B. Ernst Jünger, Martin Heidegger und Carl Schmitt – um nur die derzeit meist zitierten und geehrten Namen zu nennen.

Gemeinschaft statt Gesellschaft – Harmoniebedürfnis mit Tradition

Moderne Gesellschaften sind keine konfliktfreien Gebilde

Wie in einem Spiegel lassen sich die tiefsitzenden Ängste und Abneigungen vieler Deutscher vor Konflikten und Krisen aller Art auch an ihren individuellen Überzeugungen, politischen Einstellungen und Verhaltensweisen in der Öffentlichkeit ablesen. Das Private spiegelt sich im gesellschaftlichen Kollektiv wider. Da mögen noch so viele empirische Untersuchungen die Tatsache belegen, dass moderne Gesellschaften keine harmonischen, friedfertigen und konfliktfreien Gebilde sind; dass vielmehr Meinungsstreit, Auseinandersetzungen und Abstimmungsprozesse zwischen konkurrierenden und kooperierenden Gruppen sowie eine Vielfalt an Werten, Zielen, Interessen und Erwartungen zum Alltag demokratisch verfasster Gesellschaften und Organisationen gehören. Die Bedeutung gesellschaftlicher Konflikte und einer geregelten Konfliktbewältigung für moderne Demokratien blieb nicht nur dem vielzitierten „einfachen Mann auf der Straße" vielfach verschlossen, sondern auch maßgeblichen Politiker/innen und Repräsentant/innen in Staat und Gesellschaft.

Konflikte zwischen Tabuisierung und Thematisierung

Nichts fürchten auf der politischen Ebene die großen „Volksparteien" und andere Großorganisationen (Gewerkschaften, Kirchen, Verbände) so sehr, wie den Streit in den eigenen Reihen, etwaige Flügelkämpfe und Redeschlachten auf Parteitagen, den Konflikt in programmatisch-ideologischen Grundsatzfragen, strategischen Richtungsentscheidungen etc. Nichts schadet in der Öffentlichkeit den Parteien, Gewerkschaften, Kirchen und Fußballmannschaften so sehr wie der nach außen dringende Streit oder gar eine öffentlich geführte Auseinandersetzung. Nicht nur die Wähler/innen bleiben weg, auch die Kirchen werden leerer, Gewerkschaftsmitglieder laufen davon, politische Magazine im Fernsehen verlieren an Quote und werden abgesetzt. Wo Streit als Schwäche und als „krankhafte Streitsucht" ausgelegt wird, müssen Konflikte verdrängt, geleugnet und abgestritten werden. Geschlossenheit und Ordnung, Disziplin und Gehorsam, Durchsetzungskraft und Autorität sind es, die von politischen Parteien und ihren Führern ebenso erwartet werden, wie, neben dem wirtschaftlichen Erfolg, auch von Wirtschaftsunternehmen, Interessenverbänden und anderen Großorganisationen.

Flügelkämpfe und Redeschlachten

Geschlossenheit, Ordnung, Disziplin und Gehorsam

Dies ist umso überraschender, als der politische Konflikt und seine nach demokratischen Regeln ausgetragene Bearbeitung und Beilegung zu den Grundlagen demokratischer Gesellschaftstheorie, Verfassungslehre und Regierungspraxis gehören, deren Kenntnis man sich wiederum von politischen Funktionsträger/innen erhofft. „Wo immer es menschliches Leben in der Gesellschaft gibt, gibt es auch Konflikt. Gesellschaften unterscheiden sich nicht darin, dass es in einigen Konflikte gibt und in anderen nicht; Gesellschaften und soziale Einheiten unterscheiden sich in der Gewaltsamkeit und der Intensität von Konflikten" (Dahrendorf 1965:171). Hinzugefügt werden muss: auch durch die Art und die Modalitäten ihrer Konfliktregelung.

Streit als „positive Sozialkraft" für gesellschaftlichen Wandel

Von den Sozialwissenschaftlern, die sich in Deutschland mit der Funktion, Struktur und Bedeutung von Konflikten befasst haben und zu ihrer Rehabilitierung beigetragen haben, sollen zwei zum Abschluss kurz vorgestellt und gewürdigt werden: Georg Simmel und Ralf Dahrendorf.

Gesellschaftliche Funktion von Konflikten

Georg Simmel (1858–1918)

In seinen 1908 veröffentlichten „Untersuchungen über die Formen der Vergesellschaftung" hat Georg Simmel in einem berühmt gewordenen Kapitel auf die aus soziologischer Sicht herausragende Bedeutung von Konflikten, Streit und Kampf hingewiesen. In den menschlichen und gesellschaftlichen Beziehungen, so Simmel, lassen sich zwei Kategorien feststellen, nämlich diejenigen, die eine Einheit ausmachen und diejenigen, die der Einheit entgegenwirken. Mensch und Gesellschaft haben an beiden Kategorien teil. „Wie der Einzelne die Einheit seiner Persönlichkeit doch nicht nur so gewinnt, dass ihre Inhalte nach logischen oder sachlichen, religiösen oder ethischen Normen restlos harmonieren, sondern wie Widerspruch und Streit nicht nur

Streit und Kampf

solcher Einheit vorangehen, sondern in jedem Augenblick ihres Lebens in ihr wirksam sind – so dürfte es keine soziale Einheit geben, in der die konvergierenden Richtungen der Elemente nicht von divergierenden unablöslich durchzogen wären. Eine Gruppe, die schlechthin zentripetal und harmonisch, bloß ‚Vereinigung' wäre, ist nicht nur empirisch unwirklich, sondern sie würde auch keinen eigentlichen Lebensprozess aufweisen; … Wie der Kosmos ‚Liebe und Hass', attraktive und repulsive Kräfte braucht, um eine Form zu haben, so braucht auch die Gesellschaft irgendein quantitatives Verhältnis von Harmonie und Disharmonie, Assoziation und Konkurrenz, Gunst und Missgunst, um zu einer bestimmten Gestaltung zu gelangen." Und, so fährt Simmel an gleicher Stelle fort, „diese Entzweiungen sind keineswegs bloße soziologische Passiva, negative Instanzen, so dass die definitive, wirkliche Gesellschaft nur durch die anderen und positiven Sozialkräfte zustände käme, und zwar immer nur so weit, wie jene es nicht verhindern. Diese gewöhnliche Auffassung ist ganz oberflächlich; die Gesellschaft, wie sie gegeben ist, ist das Resultat beider Kategorien von Wechselwirkungen, die insofern beide völlig positiv auftreten" (Simmel 1908: 248/49).

‚Liebe und Hass'

Harmonie und Disharmonie, Assoziation und Konkurrenz, Gunst und Missgunst

Simmel interessieren an den Konflikten nicht deren Inhalte, sondern die Form, in der sie von den Menschen ausgetragen werden, ob als *Kampf,* als *Streit,* als *Konkurrenz* oder *Wettbewerb.* In allen diesen Variationen von Konflikten handelt es sich um Formen zwischenmenschlicher Beziehungen und sozialer Wechselbeziehungen, die die Individuen miteinander eingehen, also um akzeptierte Formen der Vergesellschaftung. Die Kernaussage der Simmelschen Konflikttheorie lautet: Konflikte sind keine negativen, unsozialen Störungen des normalen gesellschaftlichen Alltags der Menschen oder Erscheinungen, die die gesellschaftliche Ordnung gefährden. Sie stellen die Gesellschaft nicht in Frage, sondern sie *sind* die Gesellschaft, jedenfalls in dem Sinne, dass sie, wie anderen Formen (etwa Geselligkeit, Familie, Liebe, Frieden, Versöhnung und Kompromiss) die Gesellschaft nicht nur belasten, sondern auch zu ihrer Integration beitragen. *Konflikttheorie* wird für Simmel zur *Gesellschaftstheorie* und damit zu einem wesentlichen Merkmal und Erkenntnisinstrument moderner Gesellschaften (Stark, aaO., S. 85). Die Zunahme von Konflikten in modernen Gesellschaften hat eine ihrer Ursachen in dem hohen Maß an Individualisierung und sozialer Differenzierung der Menschen und ihrer Lebensbereiche, die zur erhöhten Konfliktanfälligkeit beitragen. Mit anderen Worten: die wachsende Komplexität moderner Gesellschaften (wie sie Niklas Luhmann analysierte und diagnostizierte) ist ohne eine erhöhte Konfliktwahrscheinlichkeit nicht zu haben und verstärkt den Zwang zu gesellschaftskonformen und interessenkompatiblen Formen der Konfliktregelung. Dabei sind das Ausmaß der Fremdheit und die offenbare Interessengegensätzlichkeit nicht immer die ausschlaggebenden Anlässe für auftretende Konflikte – und menschliche Nähe ist nicht immer der beste Schutz gegen sie. Im Gegenteil: „Menschen, die viel Gemeinsames haben, tun sich oft Schlimmeres, ungerechteres Unrecht als ganz Fremde. Manchmal, weil das große gemeinsame Gebiet zwischen ihnen selbstverständlich geworden ist und deshalb nicht dies, sondern das momentan Differente ihre gegenseitige Stellung bestimmt. Hauptsächlich aber, weil eben nur weniges zwischen ihnen different ist, so

Kampf, Streit, Konkurrenz, Wettbewerb

Konflikttheorie wird zur Gesellschaftstheorie

Individualisierung und soziale Differenzierung

Konfliktwahrscheinlichkeit

dass jeder kleinste Antagonismus eine ganz andere, relative Bedeutung hat als zwischen Fremderen, die beiderseitig von vorneherein auf alle möglichen Differenzen gefasst sind. Daher die Familienkonflikte um die wunderlichsten Kleinigkeiten, daher die „Tragik der *Lappalie*", um die völlig zusammenstimmende Menschen manchmal auseinanderkommen" (Simmel 1908, S. 207).

„Tragik der Lappalie"

Was Georg Simmel vor mehr als 100 Jahren für die Entwicklung moderner Gesellschaften diagnostiziert und vorausgesagt hat, haben zahlreiche Politiker, Wissenschaftler, Wirtschaftsführer, Medienexperten, Pädagogen und Psychologen bis heute nicht zur Kenntnis genommen, bzw. versuchen sie in Talkshows mit hysterischer Aufgeregtheit, vordergründigen Analysen, eitler Selbstdarstellung und dumpfen Appellen zu kurieren. Das Thema „Konflikte" lädt hierzu mehrmals in der Woche ein – nach dem Motto: „Es ist schon viel dazu gesagt, aber das nehmen wir einfach mal nicht zur Kenntnis!" Deshalb seien zum Abschluss die wichtigsten Thesen der Konflikttheorie Georg Simmels noch einmal im Überblick zusammengestellt:

Funktion und Formen von Konflikten/Konfliktlösung (nach Georg Simmel)	
Kampf	Für Simmel ist der Kampf die grundlegende Form des Konflikts, bei dem es darum geht, seine Interessen gegen die des/der anderen durchzusetzen. Gewaltanwendung ist dabei als Mittel in Kauf zunehmen, darf aber nicht zum Selbstzweck werden. Kampf wird in verschiedenen Formen und nach festgelegten Regeln ausgeübt (in Sport, Politik, Wirtschaft, Bildung, Kultur, Wissenschaft) und ist eine wesentliche Form der Vergesellschaftung, in der es darum geht, die eigenen Ziele durchzusetzen, den Unterlegenen nicht zu töten (im Unterschied zum Krieg), sondern ihn „sozial gefügig" zu machen. Durch den Kampf soll eine soziale Struktur der Über- und Unterordnung deutlich gemacht oder wieder hergestellt werden, die von den beteiligten Kontrahenten im Prinzip anerkannt wird.
Streit	Er ist in der Form des Rechtsstreits in modernen Gesellschaften die verbreitetste gesellschaftlich institutionalisierte Konfliktform, bei der sich die Kontrahenten den vom Gesetz und dem Gericht vorgeschriebenen Verfahrensweisen und Auflagen unterordnen und die persönlichen Interessen zurückstehen (müssen). Die Austragung des Streits wird von den Konfliktparteien einer Instanz übertragen, deren Autorität und deren Urteil/Schiedsspruch von den Beteiligten (nach Ausschöpfung aller formalen Einspruchs- und Widerspruchsmöglichkeiten) letztlich anerkannt wird.
Konkurrenz/ Wettbewerb	Die Konkurrenz/der Wettbewerb ist die subtilste Form des Konflikts, weil sie die Beteiligten dazu zwingt, sich miteinander zu befassen, um ein bestimmtes Ziel zu erreichen, ohne den Mitwettbewerber als persönlichen Feind zu behandeln oder zu vernichten. Konkurrenz kann, dort wo sie mit fairen Mitteln ausgetragen wird, den Vorteil eines Dritten (des Käufers z.B.) bewirken und bei den Konkurrenten zu einer Steigerung ihrer Leistungsfähigkeit, gelegentlich sogar zur Stärkung der Position durch Kooperation und somit zu einem beiderseitigen Vorteil der Wettbewerber führen.

Frieden	Der Frieden ist nicht automatisch durch das Ende des Kampfes hergestellt, sondern muss von allen beteiligten Personen und Parteien anerkannt und akzeptiert werden, wenn er Bestand haben soll. Diese Anerkennung des Friedens, nicht als einseitige Willenserklärung des Siegers über den Besiegten („vae victis – Wehe den Besiegten!", mit diesen Worten soll der gallische Heerführer Brennus nach der Schlacht an der Allia (390 v. Ch.) sein Schwert in die Waagschale geworfen haben, als die Römer sich beim Auswiegen des Lösegelds über vermeintlich falsche Gewichte beschwerten), sondern mit der Zustimmung aller Konfliktpartner, hat einen großen sozialen Stellenwert, weil sie dem Sieger die Geste der Unterwerfung nimmt und dem Unterlegenen eine Mitbestimmung über die Gestaltung des Friedens erlaubt. Der „Westfälische Frieden," abgeschlossen 1648 in Münster und Osnabrück zur Beendigung des Dreißigjährigen Krieges, bezog aus dieser sozialen Qualität seine nachhaltige Wirksamkeit im Gegensatz zum „Versailler Friedensvertrag" von 1918, der vom besiegten Deutschland zwar formell anerkannt, von der Hitlerregierung aber 20 Jahre später gebrochen wurde.
Versöhnung	Versöhnung als Friedensmotiv spielt sich (nach Simmel) ausschießlich in der Psyche der beteiligten Konfliktpartner ab und hat ihre Wurzel in dem subjektiven Bedürfnis des „Vergeben und Vergessen". Sie ist vorwiegend im persönlichen Bereich der Personen verankert und unter Freunden oder Liebenden eher anzutreffen als zwischen Staaten, Verbänden, Vereinigungen oder anderen politischen Assoziationen.
Kompromiss	Bleibt noch der Kompromiss als eine „der größten Erfindungen der Menschheit" und eine soziale Errungenschaft der besonderen Art. In ihm spielt nicht das subjektive Bedürfnis eine herausgehobene Rolle, sondern das Tauschprinzip des gegenseitigen „Geben und Nehmen" als die sozial geregelte und domestizierte Form von Kampf. Der gemeinsame Wertmaßstab, der die Konfliktlösung durch Kompromiss ermöglicht, ist das „Geld", allgemeiner der „Markt", die in ihrer „objektiven", unpersönlichen und entemotionalisierten Form den Interessenausgleich der Streitpartner ermöglichen. „Der Markt ist gleichsam eine objektive Form, die sowohl Konflikt als auch Konfliktlösung beinhaltet. Seine unpersönliche und damit entemotionalisierte Konfliktstruktur wird durch die Interaktion der Konkurrenten mit dem objektivierten Wertmaßstab „Geld" in einen permanenten Kompromiss verwandelt. ... Konflikte in die Form von Konkurrenz und Kompromiss zu gießen, ist eine Erfindung der Moderne. .. Die Entwicklung des Geldes zu einem Werkzeug dieser Interaktion ist dabei von herausragender Bedeutung und die wirtschaftliche Konkurrenzsituation des kapitalistischen Marktes gleichsam Zugpferd moderner Konfliktaustragung und -bewältigung" (Stark, aaO., S. 91/92).

Quelle: nach Stark (2005, S. 86–92)

Abb. 6: Funktion und Formen von Konflikten/Konfliktlösung (nach Georg Simmel)

Konflikte zwischen Tabuisierung und Thematisierung

Ralf Dahrendorf (geb. 1929)
Mehr als fünfzig Jahre nach Georg Simmel – nach dem Ende der zwölfjährigen totalitären nationalsozialistischen Herrschaft mit ihrer radikalen Unterdrückung jeglicher Opposition in Deutschland – hat Ralf Dahrendorf in seinen Analysen und Reflexionen zum Themenkomplex „Freiheit-Gesellschaft-Demokratie" auf die wichtige Bedeutung sozialer Konflikte für den gesellschaftlichen Wandel wieder aufmerksam gemacht. Seine über Simmel hinausgehende zentrale These ist, „dass die permanente Aufgabe, der Sinn und die Konsequenz sozialer Konflikte darin liegt, den Wandel globaler Gesellschaften und ihrer Teile aufrechtzuerhalten und zu fördern…. Als ein Faktor im allgegenwärtigen Prozess des sozialen Wandels sind Konflikte zutiefst notwendig. Wo sie fehlen, auch unterdrückt oder scheinbar gelöst werden, wird der Wandel verlangsamt und aufgehalten. Wo Konflikte anerkannt und geregelt werden, bleibt der Prozess des Wandels als allmähliche Entwicklung erhalten. Immer aber liegt im Konflikt eine hervorragende schöpferische Kraft von Gesellschaften. Gerade weil sie über bestehende Zustände hinausweisen, sind Konflikte ein Lebenselement der Gesellschaft – wie möglicherweise Konflikt überhaupt ein Element allen Lebens ist" (Dahrendorf 1961: 125). Und rund zehn Jahre später bestätigt der inzwischen auch in der Politik erfolgreiche Senkrechtstarter (Landtags- und Bundestagsabgeordneter, Staatssekretär, EU-Kommissar), dass Konflikte die wesentlichen endogenen Faktoren und Kräfte sind, die jede Gesellschaft unter Veränderungsdruck setzen und historisch in Bewegung halten – sie also gewissermaßen das „theoretische Schlüsselkonzept" für den gesellschaftlichen Wandel darstellen und somit Gesellschaftstheorie und Konflikttheorie nahezu zusammenfallen: „Gesellschaft ist Konflikt um menschliche Lebenschancen. Freie Gesellschaft ist gestatteter, ausgetragener, geregelter Konflikt, der schon durch diese Merkmale das Grundniveau der Lebenschancen höher ansetzt, als alle Spielarten der Unfreiheit es können. Im Spannungsfeld dieser beiden Ideen – die eine Ansatz zu soziologischer Analyse, die andere Ausgangspunkt politischer Theorie – hat meine wissenschaftliche Arbeit ihr beherrschendes Thema" (zitiert bei Lamla aaO., S. 209).

Konflikte als schöpferische Kraft

Bedeutung sozialer Konflikte für den Wandel

Konflikte ein Lebenselement der Gesellschaft

Dahrendorf – in seinen wissenschaftlichen Arbeiten um eine Synthese der Klassentheorie (er promovierte 1952 über Karl Marx) und der „offenen Gesellschaft" des von ihm verehrten Karl Popper bemüht (im berühmt gewordenen sog. „Positivismusstreit" auf dem deutschen Soziologentag 1961 in Tübingen versuchte er vergeblich zwischen Karl Popper und Hans Albert auf der einen und den Vertretern der „Frankfurter Schule" Theodor Adorno und Jürgen Habermas auf der anderen Seite zu vermitteln), brach als einer der ersten Soziologen seiner Zeit mit der herrschenden Vorstellung, dass Gesellschaften sich vor allem durch ihr Streben nach Stabilität und Ordnung auszeichnen (gemäß der damals einflussreichen strukturell-funktionalistischen Systemtheorie von Talcott W. Parsons): „Das von der strukturell-funktionalen Theorie implizierte Modell der Gesellschaft postuliert ein relativ stabiles System von Teilen, deren Funktion in Bezug auf das System bestimmt ist. Um dynamische Probleme auf der Ebene der systematischen Soziologie zu lösen, ist es jedoch nötig, ein Modell der Gesellschaft vorauszusetzen, in dem der

Streben nach Stabilität und Ordnung

Stabilität und Ordnung der pathologische Sonderfall des sozialen Lebens

Konflikt über die Prinzipien einer je bestehenden, als heuristische Konstruktion betrachteten Struktur als Regel postuliert … wird. Gemäß diesem Modell sind nicht Konflikt und Wandel, sondern Stabilität und Ordnung der pathologische Sonderfall des sozialen Lebens" (Dahrendorf 1961, aaO., S. 81, zit. bei Lamla, aaO. S., S. 208). Der von Parsons und anderen entwickelten „Consensus-Theorie der gesellschaftlichen Integration" mit ihren Grundannahmen der Stabilität und Funktionalität, des Gleichgewichts und des Wertekonsens ihrer Mitglieder stellt Dahrendorf sein Verständnis einer „Zwangstheorie der gesellschaftlichen Integration" gegenüber, das auf auf folgenden Grundannahmen von von Konflikt und Wandel beruht:

Zwangstheorie der gesellschaftlichen Integration (nach Ralf Dahrendorf)

1. Jede Gesellschaft und jedes ihrer Elemente unterliegt zu jedem Zeitpunkt dem Wandel (Annahme der Geschichtlichkeit).

2. Jede Gesellschaft ist ein in sich widersprüchliches und explosives Gefüge von Elementen (Annahme der Explosivität).

3. Jedes Element in einer Gesellschaft leistet einen Beitrag zu ihrer Veränderung (Annahme der Dysfunktionalität oder Produktivität).

4. Jede Gesellsschaft erhält sich durch Zwang, den einige ihrer Mitglieder über andere ausüben (Annahme des Zwanges).

Quelle: Dahrendorf, Gesellschaft und Freiheit, 1961, S. 210

Abb. 7: Zwangstheorie der gesellschaftlichen Integration (nach Ralf Dahrendorf)

Klassengesellschaft historisch überholt

Obwohl Dahrendorf die Marxsche Definition der Klassengesellschaft durch die kapitalistischen Eigentumsverhältnisse und die daraus abgeleitete Begründung des Klassenkampfs historisch für überholt hält, geht er dennoch von einem theoretischen Konfliktmodell aus, wonach

1. in jedem Herrschaftsverband zwei Gruppen um die Macht kämpfen, die eine mit dem Ziel, den gesellschaftlichen Status quo zu erhalten, die andere mit einem klaren Interesse an seiner Veränderung.
2. Beide Interessengruppen organisieren sich in politischen Verbänden (Arbeitgeberverband, Parteien, Gewerkschaften) und formulieren ihre Vorstellungen, Interessen und Forderungen in politischen Programmen und Ideologien.

Konflikte zwischen Tabuisierung und Thematisierung

3. Durch ihre Programme und politischen Organisationen stehen sie im ständigen Konflikt um die Erhaltung bzw. Veränderung der gesellschaftlichen Machtverhältnisse (in Wahlen, mittels Streiks, Lohnverhandlungen, Aussperrung etc.).
4. Der Konflikt zwischen den Interessengruppen wird in diesem Modell gewissermaßen domestiziert und nach festgelegten Regeln ausgeführt – er vermeidet den revolutionären Umbruch zugunsten einer demokratisch gebändigten Reformpolitik. Und beweist somit seine demokratische Legitimität und seine Überlegenheit bei der Gestaltung des sozialen Wandels gegenüber anderen (weniger demokratischen und autoritären) Herrschaftssystemen (siehe auch Lamla, aaO., S. 213 ff.).

Der Klassenkampf wird in modernen Gesellschaften gewissermaßen „domestiziert" und mit demokratischen Abstimmungen an Stelle revolutionärer Aktionen ausgeführt. Individuelle Konkurrenz und kollektive Aktionen sind grundsätzlich gleichwertige Ausdrucksformen des Streites und miteinander konvertierbar. Die Regelung und produktive Kanalisierung von Konflikten ist in einer modernen, „offenen Gesellschaft" (nach Popper) grundsätzlich möglich, wenn diese mit einer Verfassung, die die Freiheitsrechte der Bürger schützt, mit einer liberalen Marktwirtschaft, die wirtschaftliches Wachstum mit sozialer Sicherheit verbindet und vor allem mit akzeptierten Spielregeln die Auseinandersetzungen zwischen den gesellschaftlichen Gruppen steuert. Der Staat also nicht in der Rolle des „Leviathan", wie bei Thomas Hobbes, um den „Kampf aller gegen alle" zu unterbinden, auch nicht in der Rolle des Unterdrückungsapparats der herrschenden Klasse, wie bei Karl Marx, sondern in der Rolle des Moderators und Vermittlers zwischen den widerstreitenden Interessen der gesellschaftlichen Gruppen, denen er mit seiner „gemischten Verfassung" den Weg dafür geöffnet hat, „dass der moderne soziale Konflikt mit dem Bürgerstatus, dem Wirtschaftswachstum und der Bürgergesellschaft den Rahmen geschaffen hat, innerhalb dessen sich fast alle bekannten Probleme anpacken lassen." (Dahrendorf 1994, S. 76, zitiert nach Lamla, aaO., S. 218). Der Widerspruch zur Marxschen Gesellschaftsanalyse ist ebenso wenig zu leugnen, wie die Annäherung an den Hegelschen Staatsbegriff mit seiner Symbiose von Vernunft und Wirklichkeit (siehe S. 35) zu übersehen.

Der Klassenkampf wird „domestiziert"

Regelung und Kanalisierung von Konflikten

Verfassung, liberale Marktwirtschaft, soziale Sicherheit, akzeptierte Spielregeln

5. Krisenangst und Konfliktverdrängung in der Bundesrepublik

Offene Gesellschaft – autoritäre Demokratie?

Die Brisanz der Dahrendorf'schen Thesen gegen die „Zwangstheorie der gesellschaftlichen Integration" und seine Bezugnahme auf das Gesellschaftsmodell der „offenen Gesellschaft" (1945) des in London lebenden Karl Popper erschließt sich der heutigen Leser/in nur im Rückblick auf die politische Situation zum Zeitpunkt ihrer Veröffentlichung vor mehr als 45 Jahren.

*Eiserner Vorhang
Ost-West-Konflikt
Mauerbau*

Die noch junge zweite Nachkriegsdemokratie der Bundesrepublik war geprägt von der Politik ihres ersten Bundeskanzlers Konrad Adenauer, der für seine Innen- und Außenpolitik in vier Bundestagswahlen seit 1949 die Zustimmung einer Mehrheit der Deutschen gefunden hatte. Und diese Politik war auf Stabilität und Sicherheit des westdeutschen Teilstaats unter dem Motto „Keine Experimente" ausgerichtet. 1961 war mit dem Mauerbau quer durch Deutschland einer der Höhepunkte im Ost-West-Konflikt zwischen den rivalisierenden Supermächten UdSSR und USA samt ihren in Militärblöcken zusammengeschlossenen Partner- oder Satellitenstaaten erreicht. Der seit 1945/46 bestehende „Eiserne Vorhang" war durch die Betonmauer ersetzt, der politisch, militärisch, gesellschaftlich und ökonomisch zwischen den einst verbündeten Siegermächten verbissen geführte Konflikt in eine neue Dimension gesteigert worden. In dieser Phase massivster politischer, ideologischer und militärischer Konfrontation zweier verfeindeter Bündnissysteme musste die sozialwissenschaftliche These, dass derartigen Konflikten eine „schöpferische Kraft" innewohne und sie ein „Lebenselement der Gesellschaft" seien, das diese vor Stagnation bewahre und durch sozialen Wandel zu ihrer Entwicklung beitrage, geradezu als eine unerhörte Provokation wirken.

„Keine Experimente"

Auch innen- und gesellschaftspolitisch standen die Zeichen auf Ordnung, Stabilität und Konformität. Kritik wurde als Aufsässigkeit, Protest als Gefährdung des Gemeinwesens und Opposition als Verrat diffamiert. Unterstützt wurde diese Entwicklung einer „formierten Gesellschaft" (so lautete der Slogan des langjährigen Wirtschaftsministers und kurzzeitigen Nachfolgers Adenauers als Kanzler L. Ehrhardt) im „CDU-Staat" (Schäfer/Nedelmann 1969) von einem Grundgesetz, das wie kaum eine andere demokratische Verfassung ohne jeden Optimismus in die Faszination der demokratischen Idee ist. Ohne Zuversicht in die demokratische Vernunft seiner Bürger/innen und in die Funktionsfähigkeit eines parlamentarischen Wechselspiels zwischen Regierung und Opposition, schränkte es die demokratische Substanz der Verfassung fast bis an die Grenze des Zulässigen ein. Der konservative Publizist Rüdiger Altmann bezeichnete das Grundgesetz als ein „konstruktives Misstrauensvotum gegen die Demokratie", in dem aus Angst vor einer Wiederholung des Weimarer Debakels die „Krisenangst ins Gouvernementale" umgeschlagen sei (Altmann 1960:28). Direkte, plebiszitäre Mitwirkungsrechte des Volkes (nach der Verfassung immerhin der Souverän) sind auf unbedeutende Restbestände reduziert (Neuordnung der Länder), Volksbegehren und Volksentscheide (in einigen Länderverfassungen vorgesehen) entfallen auf Bundesebene, nicht einmal den Bundespräsidenten dürfen die Bürger/innen wählen. Die innere Ordnung der Parteien ist vorgeschrieben, verfassungsfeindliche Parteien oder solche, die vom Bundesverfassungsgericht dafür gehalten werden, müssen verboten werden.

„Formierte Gesellschaft"

Krisenangst und konstruktives Misstrauensvotum

Das Parlament ist weniger Kontrollorgan der Regierung als vielmehr nach dem Selbstverständnis der jeweiligen Mehrheitsfraktion deren parlamentarische Hilfstruppe. Die Lust am parlamentarischen Streit und die Bereitschaft, notwendige Konflikte auszutragen, um das Gemeinwesen voranzubringen, sind in der westdeutschen Nachkriegsdemokratie von Anbeginn nicht sonderlich stark entwickelt. Die parlamentarische Demokratie in der Bundesrepublik ist vor allem eine (von Konrad Adenauer und Helmut Kohl geformte) Kanzlerdemokratie. Die Herrschaft dieser beiden bisher am längsten amtierenden Regierungschefs wies viele Gemeinsamkeiten auf: sie war so autoritär wie möglich, so parlamentarisch wie nötig und demokratisch lediglich in dem Sinne, dass sie die Zustimmung des Volkes in einer Reihe von Personalplebisziten suchte und fand. Auch die sozialdemokratischen Kanzler Helmut Schmidt (1974–1982) und Gerhard Schröder (1998–2005) haben mit diesem semidemokratischen Instrument der Kanzler- und Mediendemokratie regiert und unpopuläre Entscheidungen (Atomkraft, Raketenstationierung und Nachrüstung, Agenda 2010, Hartz IV-Gesetze) durchgesetzt, bis die eigene Partei ihnen die Gefolgschaft versagte und ihren Rücktritt einleitete. Welchen Weg der demokratischen Willensbildung und Entscheidungsfundung Angela Merkel als Bundeskanzlerin einer Großen Koalition (seit 2005) gehen wird, bleibt abzuwarten.

Kanzlerdemokratie

Konformitätsdruck nach innen und ideologische Geschlossenheit nach außen begleiten auch den Wandel der beiden großen „Volksparteien" zu modernen, an Machterwerb und Machterhalt orientierten Organisationszentralen bis heute. Die innerparteiliche Auseinandersetzung, Diskussion und Kritik nehmen ab, Konflikte gelten als lästig, unproduktiv und schädlich. Wer darauf besteht, gilt als „Abweichler" und wird ausgegrenzt oder durch Kooptation in die Führungselite neutralisiert. Abweichung wird sanktioniert, Anpassung prämiiert. So jedenfalls ist der Eindruck, den die großen Parteien einer kritischen Öffentlichkeit und dem wachsenden Lager der Nichtwähler bis heute bieten.

Konformitätsdruck und ideologische Geschlossenheit

„Mehr Demokratie wagen?"

Einen Bruch in dieser über die Jahrzehnte sich fortsetzenden Entwicklung schien die von der linken Studentenbewegung und der aus ihr hervorgehenden außerparlamentarischen Opposition initiierte und getragene Protestbewegung gegen den schleichenden Entdemokratisierungsprozess in Staat und Gesellschaft zu signalisieren. Dem Auftakt im sogenannten „Revolutionsjahr der Jugend" 1968 folgte der Regierungswechsel im Herbst 1969 mit dem Versprechen, die westdeutsche Nachkriegsgesellschaft in ihren erstarrten gesellschaftlichen Strukturen nicht nur zu modernisieren, sondern durch einen fundamentalen Demokratisierungsprozess auch zu erneuern. *„Mehr Demokratie wagen"*, lautete die zündende Formel in der ersten Regierungserklärung (1969) der von Willy Brandt geführten sozialliberalen Koalition. Das war ein Versprechen auf Meinungsfreiheit, demokratische Erziehung, den Abbau von Hierarchien und autoritären Strukturen, wo immer sie in der Gesellschaft noch vorzufinden waren.

Abschied von der autoritären Demokratie

Mehr Demokratie wagen

Gegen die in Politik und Öffentlichkeit jener Jahre verbreitete Auffassung einer zum Quasi-Einparteienstaat (de)"formierten Gesellschaft" wurde das dem Grundgesetz angemessene, verfassungsgemäße Verständnis individueller Freiheiten und demokratischer Konfliktregelung in vier zentralen gesellschaftlichen Bereichen gestellt:

Freiheit führt zur Vielfalt

a) Meinungsfreiheit und pluralistische Meinungsvielfalt, Interessengegensätze und die Möglichkeit offener Diskussion und Auseinandersetzung sind in demokratischen Gesellschaften unabdingbar, weil jede Freiheit zur Vielfalt führt und nur die Vielfalt die Freiheit bewahrt.

Vielfalt bewahrt die Freiheit

b) Meinungsunterschiede und Interessengegensätze, die aus der unterschiedlichen Stellung und Interessenlage der Menschen im sozialen System resultieren, dürfen nicht verdrängt, unterdrückt oder bekämpft werden, sondern müssen in einem geregelten Verfahren diskutiert, verhandelt und entschieden werden. Nicht die Ursachen von Konflikten sind das Problem (jedenfalls nicht in erster Linie), sondern die Frage, ob es gelingt, einen von allen Beteiligten akzeptierten Modus der Konfliktregelung zu finden und anzuwenden.

Modus der Konfliktregelung

c) Hierzu braucht die Gesellschaft Strukturen, Institutionen und Organisationen, die bereit und in der Lage sind, den Interessenausgleich zwischen den sozialen Schichten, ökonomischen und politischen Gruppen, weltanschaulichen Gemeinschaften etc. verbindlich herzustellen. Regierung und Opposition, Parteien, Verbände, Kirchen, Vereine, die zahlreichen Bürgerinitiativen und Selbsthilfegruppen, Recht, Bildung, Wissenschaft und Kunst, die Medien, – sie alle haben nach der Verfassung die Aufgabe und das Recht, an dem Interessenausgleich durch Meinungs- und Konsensbildung mitzuwirken. „Die Demokratie kann nur dann Dauer und Bestand gewinnen und sich entwickeln, wenn diese Vielfalt der Institutionen, Organisationen, Gruppen, Meinungen, Auffassungen einschließlich einer relativen Autonomie der Sektoren des Gesellschaftslebens erhalten und gesichert werden und ihr durch die demokratischen Spielregeln vermittelter Einfluss auf die Politik garantiert wird" (Lange 1961:133). Was für die Makroebene des Staates und der Gesellschaft gilt, ist auf der Mikroebene z.B. der Familie nicht anders. „Der Konflikt beginnt zu Hause. Wie jede andere Institution lässt sich auch die Familie als ein System der Regelung von Konflikten beschreiben" (Dahrendorf 1965:165).

Verfahren und Spielregeln

d) Schließlich sind es die für die Konfliktlösung vorgesehenen Verfahren und Spielregeln, die für eine demokratische Gesellschaftsordnung unerlässlich und charakteristisch sind. Wie offen werden Interessen, abweichende Meinungen, persönliche und politische Zielsetzungen geäußert? Wie stehen die Chancen der beteiligten Gruppen und Personen auf gleichberechtigte Einflussnahme? Werden individuelle Interessen und Rechte geachtet, sind die Chancen gleich verteilt, ist der Ausgang offen oder manipuliert? Gibt es ein faires Verfahren durch umfassende Information und sachliche Diskussion? Geht es allen Konfliktbeteiligten um eine rationale Lösung oder um die Emotionalisierung der Konflikte?

Konflikte zwischen Tabuisierung und Thematisierung

Der Weg in die „Wende" der 80er Jahre

Doch dem idealistischen Höhenflug und vermeintlichen Aufbruch in ein neues demokratisches Zeitalter folgten der Absturz und die tiefgreifende Ernüchterung auf dem Fuße. Ölschock und Energiekrise (1973), der Rücktritt des Bundeskanzlers Willy Brandt (1974), Wirtschaftskrise und erste Einschnitte in die sozialen Sicherungssysteme (1976), Terroraktionen der Rote-Armee-Fraktion und „Deutscher Herbst" (1977), Berufsverbote und andere Einschränkungen demokratisch-parlamentarischer Grundrechte, Überfall der Sowjetunion auf Afghanistan, Beginn der Nachrüstung und Massenproteste der Friedensbewegung, die dramatisch ins Bewusstsein tretende Umweltzerstörung, Wahlverluste der großen Volksparteien (insbesondere der SPD) und das neuerliche Erstarken einer aktiven, außerparlamentarischen Friedens-, Umwelt-, Frauen- und Alternativbewegung markieren die Wegphasen in den Regierungsverlust der sozialliberalen Koalition.

Absturz und Ernüchterung

Die mit diesen Entwicklungen einhergehende Konfliktmüdigkeit, Konfliktscheu und Konfliktverdrängung auch auf Seiten der progressiv-emanzipatorischen gesellschaftlichen Gruppen darf in diesem Zusammenhang nicht übersehen werden. Ursprünglich, d.h. in ihren stürmischen Anfängen Ende der 60er, Anfang der 70er Jahre waren die Manifeste und pädagogischen Konzepte durchaus (klassen)kämpferisch formuliert, scharf in der Analyse und Kritik der „repressiven Toleranz" (Marcuse) der bürgerlich-liberalen Gesellschaft mit ihren Unterdrückungsmechanismen in Familie, Schule, Betrieb, aber auch in Jugendzentren, Kindergärten etc..

Konfliktmüdigkeit, Konfliktscheu, Konfliktverdrängung

Wenige Schriften wurden neben den blauen Bänden von Karl Marx so viel gelesen und zitiert wie die kämpferische Abrechnung mit der bürgerlich-kapitalistischen Pädagogik „Gefesselte Jugend" von Ahlheim u.a. (1977), die scharfsinnige Analyse der „Sozialarbeit unter kapitalistischen Produktionsbedingungen" von Hollstein/Meinhold (1975) und die von E. Goffman mit dem soziologischen Skalpell vorgenommenen Autopsien der „totalen Institutionen" wie Gefängnisse, Psychiatrische Krankenhäuser, Kasernen, Schulen und andere Bollwerke bürgerlicher Herrschaft und Machterhaltung (1973). „Macht kaputt, was Euch kaputt macht!" oder „Wer sich nicht wehrt, lebt verkehrt!" waren die Kampfrufe jener gegen die Zustände in Staat und Gesellschaft aufbegehrenden Teile der Jugend, die über die Protestbewegung hinausstrebten, denen es weniger um Reformen im Staat als um seine Abschaffung und eine neue Gesellschaft ging. Provokation und Konflikt, revolutionäre Ungeduld und aktiver Kampf wurden zwar mehr propagiert und deklamiert als praktisch realisiert, galten aber als legitime Mittel im revolutionären Umwälzungsprozess, dessen Zeitzeugen und Kampfgefährten viele jüngere Menschen damals zu sein glaubten. In der Sozialarbeit wurden die aus den USA importierten Konzepte der aktivierenden, konfliktorientierten Gemeinwesenarbeit populär. Sozialarbeiter/innen wandten sich den unterprivilegierten Randgruppen in der Absicht zu, ihnen bei der Entwicklung eines kämpferischen Selbstbewusstseins zu assistieren, ihre Konfliktfähigkeit zu stärken und an ihrer Seite für die Verbesserung ihrer Lebensbedingungen zu

Provokation und Konflikt, revolutionäre Ungeduld, aktiver Kampf

Konfliktorientierte Gemeinwesenarbeit

kämpfen. Antikapitalistische Jugend- und Sozialarbeit wollte ihren Beitrag zur notwendigen Veränderung der Gesellschaft leisten, indem sie sich in den, wie sie meinte, revolutionären Umwälzungsprozess der Gesellschaft eingliederte und an die revolutionären Traditionen, Bilder und Mythen vergangener Zeiten wieder anknüpfte. Da war viel illusionäre Romantik mit im Spiel und eine grandiose Fehleinschätzung der tatsächlichen Lage und realen Machtverhältnisse.

Illusionäre Romantik und Fehleinschätzung

Von der „repressiven Toleranz" zur „neuen Unübersichtlichkeit"

Als die Rauchschwaden und Nebeldämpfe der Straßenkämpfe anlässlich Vietnam-Demonstrationen, Schah-Besuch, Springer-Blockaden und Häuserbesetzungen sich verzogen hatten, der vermeintlich bankrotte bürgerlich-kapitalistische Staat seine Drachenzähne und Eisenkrallen gezeigt hatte und erzwungene Ruhe wiedereingekehrt war, war auch das Ende der Konfliktpädagogik und Provokationsstrategie nicht mehr fern. Die „pädagogische Wende" der Sozialarbeit Anfang der 80er Jahre läutete einen erneuten Paradigmenwechsel in den Erziehungseinrichtungen und -berufen ein. Der nach außen getragenen Kampf- und Konfliktbereitschaft folgte der Rückzug in die neuentdeckte „Innerlichkeit". Selbsterfahrung, Selbstverwirklichung und therapeutische Konzepte füllten die durch gescheiterte Hoffnungen freigewordenen Räume in den Köpfen und Herzen der müde gewordenen Kämpfer/innen von einst, – vor allem aber im Bauch. Denn mit dem Bauch zu fühlen war nun wichtiger geworden, als mit dem Kopf zu denken. An die Stelle der Parteikader, Konfliktbewegungen und antikapitalistischen Zellen von gestern traten alternative Milieus, die in Nischen leben und überleben wollten. Der autoritären „Charaktermaske", die für die 68er-Generation das alte System verkörperte und dem „autonomen Street-fighter", der die versteinerten Verhältnisse zum Tanzen bringen wollte, folgten die Protagonisten einer „Patchwork-Identität" (Keupp), denen im Bezug auf sich selbst und die Gesellschaft, in der sie leben, die Orientierung abhanden gekommen ist. Individualisierung, Pluralisierung der Lebensstile, Wertewandel, neue Unübersichtlichkeit und Risikogesellschaft sind zu den vielzitierten Etiketten einer tiefgreifenden Umbruchsphase und Orientierungskrise geworden (Beck 1986). Wo es aber an Orientierung und klaren Perspektiven fehlt, sind auch die Missstände und die für sie verantwortlichen Ursachen nicht mehr eindeutig auszumachen. Konfliktursachen und Konfliktgegner werden unscharf, der öffentliche Streit über Grundsatzfragen der Gegenwart und Zukunft verliert an Bedeutung und wird umso kleinkarierter geführt. Die Streitkultur degeneriert zum Machtgerangel rivalisierender Interessengruppen um Wählerstimmen, Marktanteile, Auflagenstärken und Einschaltquoten. Konflikte werden wieder dysfunktional wahrgenommen, wirken abschreckend auf die potentielle Kundschaft und gefährden den Erfolg.

„Pädagogische Wende" der Sozialarbeit

Rückzug in die „Innerlichkeit"

Alternative Milieus

Neue Unübersichtlichkeit Risikogesellschaft

II. Die menschliche „Natur" im Konfliktgeschehen

Nachdem wir im ersten Kapitel Konflikte aus historisch-philosophischen und gesellschaftlich-soziologischen Perspektiven beleuchtet haben, konzentrieren wir uns nun auf einige psychologische, neurobiologische und naturalistisch-evolutionäre Sichtweisen, mit der Absicht, weitere Einblicke in das Verständnis menschlichen Verhaltens bei Konflikten zu gewinnen. Auch hierbei gehen wir selektiv vor und beziehen uns zunächst auf Erkenntnisse der Psychologie und der neueren Hirnforschung. Auf diesem Hintergrund befassen wir uns anschließend mit einigen Überlegungen der beiden Harvardprofessoren Lawrence und Nohria, zu Motivationskräften menschlichen Verhaltens, welche diese in ihrer Publikation „Driven. Was Menschen und Organisationen antreibt" vorstellen.

Erkenntnisse der Psychologie und neueren Hirnforschung

1. Menschliches Verhalten – vernunft- und/oder emotionsgesteuert?

In unserem alltäglichen Denken und Handeln neigen wir meist dazu, menschliches Verhalten einseitig, linear zu betrachten und zu erklären. Das Bedürfnis nach einfachen, mitunter einseitigen, linearen Erklärungs- und Handlungsmustern ist groß – nicht nur im Alltagsleben – manchmal auch in der Politik, der Wirtschaft und mitunter auch in der Wissenschaft. Wohl zu sehr geprägt von der abendländischen Kultur und Philosophie sind wir geneigt – trotz vielfältiger und täglicher „Gegenerfahrungen" – den Menschen als ein primär vernunftgesteuertes Wesen zu sehen.

Lineare Erklärungs- und Handlungsmuster

Entspricht diese Sicht der Realität? Verhalten wir uns nicht oft genug ziemlich „unvernünftig", widersprüchlich, emotionsgesteuert und zeigt sich dies nicht gerade auch bei Konflikten? Konflikte sind meist mit heftigen Emotionen verbunden. Daher werden wir uns zunächst mit einem psychologischen Verständnis von Emotionen etwas näher befassen.

Stellenwert und Funktion von Emotionen

Der Stellenwert von Emotionen für unsere geistigen Aktivitäten, das menschliche Zusammenleben, die Bewältigung individueller, sozialer und kultureller Lebensanforderungen und damit auch für die Wahrnehmung und den Umgang mit Konflikten, wurde von der wissenschaftlichen Psychologie in der Vergangenheit eher vernachlässigt. Meist wurde das Thema „Emotion" mit Motivation abgehandelt oder auch der akademisch weniger geschätzten Psychoanalyse und ihrer Trieblehre (Libido, Aggressionstrieb) bzw. der Verhaltensforschung (Konrad Lorenz, Eibl-Eibesfeld) überlassen.

Stellenwert von Emotionen

Emotionen geben den Beziehungen zu Menschen, zur Umwelt, zu unserer eigenen Person Qualität, bereichern sie, können jedoch ebenso belasten. Jedenfalls sorgen Emotionen dafür, dass unser Leben nicht gleichförmig, stromlinienförmig verläuft. Starke Gefühle können schnell unser inneres Gleichgewicht kippen und – je nachdem – hocherfreuliche, euphorische oder auch schlimme Auswirkungen haben, auf das eigene „Seelenleben", das Zusammenleben in Partnerschaft, Familie, in der Arbeit, in Betrieben und generell im gesellschaftlichen Leben. Je intensiver ein Gefühl daher kommt – so Goleman (1996, S. 13) –, desto bestimmender wird die „emotionale Seele", umso machtloser die rationale. Das hier angesprochene Phänomen kann vor allem bei „heißen" Konflikten eindrucksvoll beobachtet werden. In seinem populär gewordenen Buch „Emotionale Intelligenz" betont Goleman (1996: 13) die zwei Wirkrichtungen von Emotionen. Er schreibt:

Starke Gefühle können unser inneres Gleichgewicht kippen

„Vieles spricht dafür, dass ethische Grundhaltungen im Leben auf emotionalen Fähigkeiten beruhen. Das Medium der Emotionen sind Impulse, und der Kern aller Impulse ist ein Gefühl, das sich unkontrolliert in die Tat umsetzt. Wer seinen Impulsen ausgeliefert ist – wer keine Selbstbeherrschung kennt, leidet an einem moralischen Defizit: die Fähigkeit, Impulse zu unterdrücken, ist die Grundlage von Wille und Charakter. Auf der anderen Seite beruht der Altruismus auf Empathie, auf der Fähigkeit, die Gefühlsregungen anderer zu erkennen; wo das Gespür für die Not oder Verzweiflung eines anderen fehlt, gibt es keine Fürsorge. Und wenn in unserer Zeit zwei moralische Haltungen nötig sind, dann genau diese: Selbstbeherrschung und Mitgefühl."

Selbstbeherrschung und Mitgefühl

Emotionen, sind Phänomene, die immer am Einzelmenschen, am Individuum zu lokalisieren sind. Der „Ort" des Geschehens, an dem Emotionen erlebt werden, ist ein individueller, personbezogener: Angst, Freude, Lust, Trauer, Verzweiflung, Hass, Wut ... sind emotionale Phänomene, die sich am Einzelmenschen festmachen und sich auf verschiedenen Ebenen ausdrücken. Die Psychologie beschreibt Emotion „als ein komplexes Muster von Veränderungen, das physiologische Erregung, Gefühle, kognitive Prozesse und Verhaltensweisen umfasst. Diese treten als Reaktion auf eine Situation auf, die ein Individuum als persönlich bedeutsam wahrgenommen hat" (Zimbardo/Gerrig 1999, S. 359).

Emotionen sind immer am Individuum zu lokalisieren

Diese Begriffsfassung macht deutlich, dass sich Emotionen auf verschiedenen Ebenen ausdrücken und damit auch einhergehen mit körperlich-physiologischen und kognitiven Prozessen und Verhaltensweisen. Diese Ebenen sind auch am Zustandekommen (und der Bewältigung/Regulierung) von Emotionen beteiligt. Der Begriff „Emotion" lässt sich auch folgendermaßen umschreiben: „Emotionen sind körperlich-seelische Reaktionen, durch die ein Umweltereignis aufgenommen, verarbeitet, klassifiziert und interpretiert wird, wobei eine Bewertung stattfindet." (Hülshoff, 1999:14) Eine vergleichbare Sichtweise spielt auch beim dem Verständnis von Konflikten eine Rolle, das wir in Kapitel drei „Konflikte in komplexen Systemen", vorstellen werden.

Die menschliche „Natur" im Konfliktgeschehen

Emotion und Wahrnehmung

In dem soeben dargelegten Begriffsverständnis sind Wahrnehmungsvorgänge Bestandteil des emotionalen Prozesses. Wir erfahren unsere Umwelt und Vorgänge in unserem Organismus über die Sinnesorgane. Diese sind auf einen bestimmten Bereich von Umwelteinflüssen ausgerichtet, reagieren darauf und sind darauf spezialisiert entsprechende Informationen an das zentrale Nervensystem weiter zu leiten. Die Wahrnehmung beginnt mit den Sinneserfahrungen. Der für die Aufnahme und Verarbeitung von Sinnesreizen erforderliche neuronale Apparat arbeitet bei allen Individuen nach den gleichen Regeln. Daher sind die Wahrnehmungen trotz aller Subjektivität der persönlichen Erfahrung – mit der wir uns in Kapitel drei, bezogen auf das Konfliktgeschehen und dessen Wahrnehmung, noch genauer befassen werden – von Mensch zu Mensch sehr ähnlich (vgl. Birbaumer/Schmidt 2006, S. 298). Sinneserfahrungen – d.h. Informationen aus der Umwelt – müssen über weitere Prozesse ausgewertet werden. Diese Auswertung und Verarbeitung von Informationen geschieht über verschiedene Stufen des Wahrnehmungsprozesses. In unseren Sinnesorganen und den für die Verarbeitung der Sinneserfahrungen zuständigen Stationen des Nervensystems, werden die als „Reiz" wirkenden Umweltphänomene abgebildet. Diese Abbildungen sind nicht identisch mit der „Wirklichkeit" (dem Umweltphänomen), sondern stellen gewissermaßen „Entsprechungen" dar (vgl. Birbaumer/Schmidt 2006, S. 299). Ein und dieselbe „objektive" Situation kann somit zu sehr unterschiedlichen subjektiven Situationserfahrungen führen. Ereignisse und Situationen gewinnen für uns eine persönliche Bedeutung, indem wir sie auf der Grundlage unserer Erfahrungen, Einstellungen und Werte, unserer Erwartungen, Interessen und Ziele interpretieren und entschlüsseln (vgl. Zimbardo/Gerrig 1999, S. 426 ff).

Wahrnehmung beginnt mit den Sinneserfahrungen

Emotion, Motivation, Handlungen

Die Wurzeln des Begriffs „Emotion" finden sich im Lateinischen. Der Begriff steht in unmittelbarem Zusammenhang mit „movere", lateinisch für „bewegen". Das Präfix „e" bedeutet „hinwegbewegen". Dieses Verständnis weist darauf hin, dass jeder Emotion eine Tendenz zum Handeln innewohnt. Emotionen führen zu Handlungen. Emotionen liefern „Energien", die dem Handeln Richtung verleihen und den Motor des Handelns „am Laufen" halten. Darin liegt – auch evolutionsgeschichtlich gesehen – die zentrale Bedeutung von Emotionen. Emotion und Motivation hängen so gesehen unmittelbar miteinander zusammen. Darauf werden wir weiter unten nochmals zurückkommen.

Emotionen führen zu Handlungen

Charles Darwin (1809–1882) vertrat in seiner Schrift „The Expression of Emotions in Man and Animals", erschienen 1872, die Ansicht, dass sich Emotionen zusammen mit anderen bedeutsamen Aspekten menschlicher und tierischer Strukturen entwickeln. In den Emotionen sah er keine unberechenbaren persönlichen, individuellen Zustände, sondern sehr spezifische Wirkungsweisen des menschlichen Gehirns. Für ihn sind Emotionen spezialisierte erbliche Gemütszustände, die zur Bewältigung bestimmter Kategorien

Charles Darwin (1809–1882)

wiederkehrender Situationen dienen. Er formulierte damit den Anspruch auf Universalität von Emotionen, eine These, der bis in die Gegenwart vielfältigst nachgegangen wird.

In zahlreichen kulturvergleichenden Studien wurden seither die emotionalen Reaktionen Neugeborener wie auch erwachsener Menschen aus unterschiedlichen Ländern hinsichtlich bestimmter, vorgegebener, standardisierter Reizkonstellationen untersucht. Insbesondere Paul Ekman (1984; 1988.) befasste sich mit der Erforschung des mimischen Emotionsausdrucks. Mit seinen Studien bekräftigte er die These von Darwin, dass Menschen über ein universelles emotionales Ausdrucksrepertoire verfügen, das mit großer Wahrscheinlichkeit zum angeborenen Bestandteil unseres evolutionären Erbes gehört. Das genetische Erbe scheint damit den Ausdruck von Emotion in einem gewissen Ausmaß mit zu bestimmen. In der heutigen Psychologie dominiert daher die Auffassung, dass diese „universellen" Emotionen – eine andere Bezeichnung hierfür ist „primäre Emotionen" – angeborene Reaktionsmuster sind, die in vielen Kulturen in gleicher Weise ablaufen. Dazu gehören solche „universellen" Emotionen wie: Fröhlichkeit, Überraschung, Wut, Ekel, Furcht, Traurigkeit, Verachtung.

Universelle, primäre Emotionen

Adaptive Funktion von Emotionen in einem sozialen System

„die Sprache" der nonverbalen Kommunikation

Insbesondere der Ausdruck „primärer Emotionen", d.h. „die Sprache" der nonverbalen Kommunikation scheint universell zu sein. Und tatsächlich nützen wir in unserer alltäglichen Kommunikation auch nonverbale Signale, um das „Gesagte", die verbalen Kommunikationsinhalte, zu verstehen und einzuordnen. Birbaumer/Schmidt (2006, S. 691) weisen in diesem Zusammenhang auf die kommunikative Bedeutung dieser Gefühle hin, „die in der Evolution dessen inneren und äußeren Ausdruck formte". So wird vermutet, dass die „primären", „universellen" Emotionen" im Verlaufe der Evolution der höheren Primaten und der Menschen als ein Mechanismus der Informationsausgabe über zeitgleich ablaufende Motivationen entwickelt wurden (Birbaumer/Schmidt 2006, S. 290 f):

Bedeutung primärer Gefühle

Die evolutionär-kommunikative Bedeutung primärer Gefühle wird wie folgt gesehen:

❏ Ausdruck von Furcht und das Weglaufen signalisieren	– Bedrohung, Gefahr
❏ Ausdruck von Trauer nach einem Verlust signalisiert	– Isolation oder Hilfebedürfnis
❏ Ausdruck von Freude/Ekstase signalisiert	– Besitz, Erfüllung oder Erwerb eines Wunsches oder Verlangens
❏ Ausdruck von Ekel signalisiert	– Zurückweisung
❏ Ausdruck von Überraschung signalisiert	– Orientierung

Die menschliche „Natur" im Konfliktgeschehen

An dieser Stelle wollen wir folgendes festhalten:
Gefühle haben eine adaptive Bedeutung in einem sozialen System. Sie „signalisieren" wenn Prozesse „aus dem Lot" geraten sind und verweisen auch diesbezüglich auf Änderungsbedarfe. Im Analogieschluss folgt aus dieser Erkenntnis, dass infolgedessen auch „Konflikte", die in der Regel mit starken Emotionen verbunden sind, mit Blick auf das System, in dem sie auftreten, eine Signalfunktion für ein soziales System haben und auf Änderungsbedarfe hinweisen.

Gefühle „signalisieren" Änderungsbedarf

Neurobiologische Verankerung von Emotionen

Das menschliche Seelenleben, heute „Psyche" genannt, wurde in der Zeit vor Sokrates in einem unmittelbaren Zusammenhang mit materiellen Voraussetzungen des Körpers bzw. auch als mit diesem identisch angesehen. Der „Psyche" wurde in solchen Vorstellungen keine Eigengesetzlichkeit eingeräumt. Diese Sichtweise wurde im Laufe der Geschichte relativiert. Längst wissen wir, dass unser Verhalten, Denken und Fühlen nicht nur von materiell-körperlichen Vorgängen und Strukturen bestimmt, sondern auch von vielfältigen sozialen und kulturellen Einflüssen mitgesteuert wird. Die sozialwissenschaftlich ausgerichtete Erforschung hat hierzu in den letzten Jahrzehnten aufschlussreiche Erkenntnisse erzielt. Die biologischen Wurzeln des menschlichen Gefühlslebens waren dabei etwas aus dem Blickfeld geraten. In den letzten drei Jahrzehnten kann die wissenschaftliche Erforschung neurobiologischer Grundlagen psychischer Funktionen beträchtliche Fortschritte verzeichnen. Neue Methoden ermöglichen eine bessere Erforschung des Gehirns und führten zu neuen Erkenntnissen über das, was geschieht, wenn wir glücklich sind, wenn wir denken, fühlen, träumen, Angst haben, traurig oder wütend sind. Zahlreiche Ergebnisse neurobiologischer Erforschung von Emotionen verweisen auf die zentrale Bedeutung des Limbischen Systems.

Die biologischen Wurzeln des menschlichen Gefühlslebens

Bedeutung des Limbischen System für Emotionen

Von zentraler Bedeutung für das emotionale Erleben und Erinnern ist das Limbische System, eine ringförmig angeordnete Ansammlung neuronaler Strukturen unterhalb der Großhirnrinde. Das Limbische System und zwar hier vor allem der Mandelkern (Amygdala), ist das anatomische Substrat der Primäremotionen und damit die für das emotionale Erleben wohl bedeutendste neuronale Struktur. Wesentliche Erkenntnisse über seine Funktionsweise resultieren aus den Forschungen von LeDoux (1999). Das limbische System ermöglicht es uns auch zu handeln noch bevor die das Denken ermöglichenden Strukturen des Großhirns die Situation analysiert haben. Die direkte aber ungenaue Weitergabe der Information vom Thalamus an das Limbische System ermöglicht ein blitzschnelles, mitunter lebensrettendes Reagieren. So ist es im Laufe der menschlichen Entwicklungsgeschichte über viele hunderttausend Jahre offensichtlich gewesen, „sonst hätten wir diese zweite, sehr wirkungsvolle Verbindung nicht in unserem Erbe" (Hülshoff, 1999:39). Der damit verbundene Nachteil: Wir reagieren relativ stereotyp und verkennen mitunter die Situation. Solche Prozesse liegen auch „emotionalen Entgleisungen" zugrunde.

Limbisches System, Amygdala, Thalamus

Neuronale Überfälle: Emotionale Explosionen – Entgleisungen

Untersuchungen zeigen: in solchen Augenblicken erklärt ein Zentrum im limbischen Gehirn den Ausnahmezustand. Das übrige Gehirn wird unter seine Befehlsgewalt gestellt. Der Ursprung, so wird vermutet, liegt im Mandelkern (Amygdala). Eine Entgleisung geschieht überfallartig. Der Neocortex, das denkende Gehirn, hat keine Gelegenheit, sich dagegen zu entscheiden. Entgleisungen sind keine Einzelfälle, kommen nicht nur bei sog. „unbeherrschten" Menschen oder bei sog. „Triebtätern" sondern mitunter sogar mehrfach am Tage bei jedem „durchschnittlichen", „normalen" Menschen vor, z.B. bevorzugt in gewissen alltäglichen mehr oder weniger heftigen Wortwechseln mit den Menschen, mit denen wir enger zusammen leben oder arbeiten. Vorgänge dieser Art lassen sich auch bei einigen individuellen Reaktionen auf Konflikte beobachten.

Entgleisungen kommen bei jedem „normalen" Menschen vor

Menschen sind jedoch nicht hilflos und ohne Steuerungsmöglichkeiten solchen Situationen ausgesetzt. Das limbische System, ist sehr eng mit dem präfrontalen Cortex vernetzt, der wiederum für das Bewusstsein, die Sinngebung und Entscheidungsfindung eine zentrale Rolle spielt. Das jedoch sind Fähigkeiten, die charakteristisch sind für den Menschen, als ein „Vernunftswesen", das in der Lage ist, in Situationen, auch in konfliktbeladenen, einen „kühlen" Kopf zu bewahren, unterschiedliche Perspektiven in die Betrachtung des Konfliktes mit einzubinden, Folgen möglicher Handlungen und Konfliktstrategien zu bedenken, seine Emotionen zu steuern und auch umsichtig zu handeln.

„kühlen" Kopf bewahren

2. Fähigkeiten zur Selbststeuerung und Selbstkontrolle

„Was ist Aufklärung"

In seiner berühmt gewordenen Schrift „Was ist Aufklärung" hat sich Immanuel Kant kritisch gegenüber der „Expertokratie" geäußert. Kant äußerte ein großes Vertrauen in den menschlichen Verstand und die Vernunft und forderte, dass sich der Mensch endlich seines eigenen Verstandes und seiner eigenen Vernunftkräfte bedienen solle, um „mündig" zu werden. Rund 150 Jahre später setzt Sigmund Freud, der Begründer der Psychoanalyse, seine „Hoffnungen" in ein starkes „Ich", das in der Lage ist, sich sowohl gegenüber den inneren Triebkräften (dem „Es" – Libido und Aggressions–/Todestrieb) einerseits und den erlernten, im „Über-Ich" lokalisierten Normen und Erwartungen der gesellschaftlich-kulturellen Umwelt zu behaupten und seinen Handlungsspielraum zu erarbeiten. Kant und in gewisser Weise auch Freud geht es darum, dass der Mensch nicht in einem Status der Abhängigkeit von äußeren bzw. inneren Steuerungskräften verbleibt, sondern eigene Fähigkeiten und Möglichkeiten entwickelt und nutzt, die es ihm ermöglichen „sich selbst vorzustehen", sich selbst zu steuern, die eigenen Geschicke auch selbst „in die Hand" zu nehmen.

„Hoffnungen" in ein starkes „Ich" Sigmund Freud

Die menschliche „Natur" im Konfliktgeschehen

Folgt man der neurowissenschaftlichen Forschung, so werden diese Fähigkeiten ermöglicht durch neuronale Strukturen im frontalen und vor allem präfrontalen Cortex, der in der Entwicklungsgeschichte des Menschen als letzter größerer Hirnbereich entstanden ist. Neurowissenschaftliche Forschungen kommen zu der Erkenntnis, dass diese Hirnregion wichtig ist für die Kombination verschiedener neuronal angelegter Fähigkeiten. Der Stirnhirn- oder auch Frontallappen genannt, ist eng verknüpft mit dem limbischen System, kontrolliert die übrige Hirnaktivität und ist zuständig für Planung, Entscheidung und zielgerichtetes Verhalten, vermutlich auch für die Einschätzung von Ereignissen als bedrohlich oder gefährlich. Im Frontallappen bzw. Stirnhirn befindet sich auch das Zentrum für die Intuition oder für die „Ganzheit". Dieses Zentrum ermöglicht besondere Fähigkeiten und Leistungen wie (vgl. Birbaumer/Schmid 2006; Eccles 1990; Ornstein 1989; Pinker 1998):

Planung, Entscheidung und zielgerichtetes Verhalten

- die Aufmerksamkeit auf bestimmte Wahrnehmungen oder Gedanken zu lenken, andere Ereignisse, Reize zu ignorieren.
- aus Details eine sinnvolle Form zu konstruieren. Wahrnehmungen mit Bedeutung und „Sinn" zu versehen und sie zu einem einheitlichen Ganzen zu formieren.
- Selbstwahrnehmungen, im Sinne einer Beobachtung unserer eigenen Handlungen vorzunehmen.
- Schlussfolgerungen und Einschätzungen, die wir von uns selbst haben mit unseren Annahmen über unsere Wirkung auf andere zu verknüpfen.
- Zukunft vorwegzunehmen und komplexe Handlungsabläufe zu planen.
- Handlungen korrekt auszuführen, Pläne und Absichten zu realisieren.[1]

Hülshoff (1999, S. 36) beschreibt die Bedeutung dieser neuronaler Strukturen für Emotionen: Gefühle werden nicht nur subjektiv als ein eher dumpfes Gefühl wahrgenommen, sondern „ichhaft" empfunden und begrifflich benannt. Auf dieser Ebene können wir Emotionen nicht nur differenziert wahrnehmen, sondern auch anderen schildern. Es handelt sich also nicht mehr um eine rein affektive (emotionale) Leistung, sondern um eine kognitiv-affektive Fähigkeit.

affektive (emotionale) Leistung
kognitiv-affektive Fähigkeit

Unser Verhalten (in Hinblick auf unsere Gefühle) wird auf dieser Ebene differenzierter und detaillierter. Dadurch können wir nicht mehr nur basale Primäraffekte, wie z.B. Trauer, Wut, Angst erleben, sondern auch bei weitem komplexere Phänomene, wie z.B. Neid, Eifersucht, Liebe, Empathie, Enttäuschung und Hoffnung.

---

[1] Besonders die Region in Augennähe ist für das bewusste Erleben sowie die Steuerung von Emotionen unerlässlich: Hier geht es um verarbeitete Gefühle oder Sekundäraffekte. Bei Schädigungen des Frontallappens können komplexe Handlungen nicht mehr geplant, ausgeführt oder verstanden werden. Eine Einstellung auf neue Situationen ist nicht mehr möglich. Charakteristisch dafür sind auch Konzentrationsschwäche und eine Anfälligkeit für Ablenkungen sowie Veränderungen des Sozialverhaltens. Nähe und Distanz können nicht mehr angemessen eingeschätzt werden. Gesichtsausdruck, Körperhaltung, Gestik können zwar noch beschrieben werden, aber die emotionale und soziale Bedeutung wird nicht mehr situationsangemessen eingeschätzt (vgl. Hülshoff 1999, S. 37, s.a. Birbaumer/Schmidt 2006).

Steuerung unserer emotionalen Reaktionen

Des Weiteren ermöglicht uns diese neuronale Struktur die Steuerung unserer emotionalen Reaktionen. Dementsprechend können wir z.B. auch in (sozialen) Konfliktsituationen gewissermaßen eine Art von „Kosten-Nutzen-Analyse" durchführen und „wägen" ab: Wann wir beschwichtigen, wann wir um Sympathie werben, wann wir intrigieren, drohen, jammern, physisch oder mit Worten zu- oder zurückschlagen, Schuldgefühle oder auch Mitgefühl provozieren, Mut, Mitgefühl, Einsatzbereitschaft, Interesse vortäuschen usw. Solche Prozesse sind meist nicht-bewusst, können aber durchaus auch bewusst und willentlich vorgenommen werden.

Menschliche „Vernunft" eng mit Gefühlen vernetzt

Am Ende dieses Abschnitts können wir demnach festhalten, dass die menschliche „Vernunft" eng mit Gefühlen vernetzt ist. Lawrence und Nohria (2002, S. 86) gehen in ihrer Feststellung noch etwas weiter und vertreten die Position, dass „ … die Vernunft … eng verknüpft (ist) mit Gefühlen, die von elementaren Trieben und Instinkten erzeugt werden. Sehr häufig spiegeln sich in unseren Entscheidungen sowohl Vernunft als auch Gefühl wieder und nicht nur das eine oder das andere."

Auf dem Hintergrund der bisherigen Ausführungen zum Verständnis der Emotionen in der aktuellen Psychologie, der neurobiologischen Verankerung von Emotionen und ihrer Steuerungsmöglichkeiten, gehen wir nun auf einige Überlegungen von Paul R. Lawrence, (emeritierter Professor für Organisationsverhalten der Harvard Business School) und Nitin Nohria (Professor für Business Administration und Organisationsverhalten, ebenfalls an der Harvard Business School) ein, die interessante Perspektiven – auch für das Verständnis von Konflikten und des Konfliktgeschehens in Organisationen aufzeigen.

3. Motivationskräfte menschlichen Verhaltens

Um es vorweg zu nehmen: Lawrence und Nohria. befassen sich nicht explizit mit dem Thema Konflikte. Ihre theoretischen Überlegungen werfen jedoch auch für das Verständnis von Konflikten in sozialen Systemen (Organisationen) interessante und diskutable Perspektiven auf. Beide stehen sie in der Tradition der Harvard Business School, die seit ihren Anfängen in den zwanziger Jahren des vorigen Jahrhunderts einen multidisziplinären Ansatz in der Erforschung des menschlichen Verhaltens verfolgt und zwar mit dem Ziel, eine umfassende Verhaltenstheorie zu konzipieren, die sich auf Organisationsprobleme anwenden und in die Management-Praxis umsetzen lässt.

Tradition der Harvard Business School

Die menschliche „Natur" im Konfliktgeschehen

Bemühungen zur Zusammenführung evolutionsbiologischer Befunde und sozialwissenschaftlicher Erkenntnisse

Lawrence und Nohria knüpfen in ihrer Publikation „Driven. Was Menschen und Organisationen treibt", an diese Tradition an und möchten über die Zusammenführung evolutionsbiologischer Befunde und damit vereinbarer sozialwissenschaftlicher Erkenntnisse ein theoretisches Fundament legen für ein einheitliches Verständnis der menschlichen Natur, von dem ausgehend ein umfassendes Modell zum Verständnis menschlichen Verhaltens entwickelt werden kann (vgl. Lawrence/Nohria 2002, S. 36). Sie fassen zunächst Erkenntnisse über die Evolution des Menschen sowie die Funktionsweise des menschlichen Geistes von primär biologisch orientierten Wissenschaften zusammen. Anschließend konzentrieren sich dann darauf – fachübergreifend – weitere Erkenntnisse zu ermitteln, die mit Ergebnissen und theoretischen Betrachtungsweisen biologisch orientierter Disziplinen vereinbar sind. Sie streben damit an, „die Kluft zwischen den neuesten evolutionsbiologischen Befunden und jüngsten sozialwissenschaftlichen Erkenntnissen über das menschliche Verhalten zu überwinden" (ebd., S. 35 f).

Die Kluft zwischen evolutionsbiologischen Befunden und sozialwissenschaftlichen Erkenntnissen überwinden

Ihre Annahmen und Argumentationslinien lassen sich folgendermaßen – knapp – skizzieren:

- Der Mensch verfügt über das komplexeste Nervensystem. Daher scheint auch plausibel, dass er auch Triebkräfte von äußerster Komplexität entwickelt hat.
- Gestützt auf eine Fülle von Belegen unterscheiden Lawrence und Nohria vier angeborene Trieb- bzw. Motivationskräfte, Erwerbstrieb, Bindungstrieb, Lerntrieb, Verteidigungstrieb und führen dazu aus: „Wir kamen zu dem Schluss, dass alle Menschen das tiefe Bedürfnis haben, Gegenstände und Erfahrungen zu sammeln, die ihre Stellung im Verhältnis zu anderen verbessern. Mit anderen Worten: Sie sind tatsächlich zum Teil durch Eigeninteresse motiviert, wie es von der Nationalökonomie definiert wird. Aber sie zeichnen sich noch durch drei weitere Antriebskräfte aus: Sie wollen langfristige Beziehungen eingehen, die sich durch gegenseitiges Interesse und Engagement auszeichnen; sie wollen lernen, die Welt und sich selbst besser verstehen; und sie wollen sich selbst, ihre Nächsten, ihre Überzeugungen und ihre Ressourcen vor Schaden bewahren" (Lawrence/Nohria 2002, S. 29).
- Diese vier Triebe werden als das spezifisch Menschliche angesehen, „sie machen uns zu komplexen Wesen mit komplexen Motiven und Entscheidungen" (ebd., S. 16). Die Existenz dieser Anlagen steht nicht im Widerspruch zu der Überzeugung, dass Menschen ein Leben lang lernen (vgl. ebd., S. 62).

Erwerbstrieb, Bindungstrieb, Lerntrieb, Verteidigungstrieb

- Diese Triebe bzw. Motivationskräfte haben sich im Laufe der Evolution entwickelt. Sie erzeugen affektive Signale, die wiederum den Entscheidungsprozess aktivieren und lenken. Lawrence und Nohria (2002, S. 68 f) beziehen sich hier auf Damasio (1997; 2002): „Wenn eine neue Wahrnehmung durch das limbische System geleitet wird, wird sie je nachdem, wie wichtig sie für elementare menschliche Triebe ist, auf bestimmte Weise kodiert. Diese Kodierung, Damasios ‚Marker', wird an den präfrontalen Cortex gesendet, wo sie bewertet und zusammen mit relevanten Langzeiterinnerungen und Fähigkeitsmodulen bearbeitet werden kann. Es entstehen Vorstellungsbilder von möglichen Handlungsreaktionen; diese können beliebig oft für eine genaue Beurteilung nach elementaren Triebkriterien zum limbischen System und wieder zurück geschoben werden. Der präfrontale Cortex trifft dann eine bewusste Entscheidung, die durch die motorischen Zentren des Gehirns umgesetzt wird" (ebd., S. 69).

Vorstellungsbilder von Handlungsreaktionen

- Lawrence und Nohria sind davon überzeugt, dass es sich bei den von ihnen beschriebenen vier Motivationskräften um sog. Primärtriebe handel, d.h. dass jeder Trieb insofern unabhängig von den jeweils anderen ist, als die Befriedigung eines Bedürfnisses nicht gleichzeitig die anderen drei ebenfalls zufrieden stellt (vgl. ebd., S. 71). Sich berufend auf Wilson (1998) und Pinker (1998) sind Lawrence und Nohria, abweichend von der seit Darwin vorherrschenden Annahme, der Auffassung, dass diese Primärtriebe relativ jungen genetischen Veränderungen unterworfen waren. „Diese genetisch bedingte Rekonfiguration führte ironischerweise dazu, dass die weitere Entwicklung des Menschen in erster Linie durch kulturelle und weniger durch genetische Veränderungen bestimmt wurde" (ebd., S.72).

Primärtriebe

Bevor wir auf die auf die von Lawrence und Nohria unterschiedenen zentralen Triebkräfte menschlichen Verhaltens etwas näher eingehen, soll zunächst, Bezug nehmend auf einschlägige Definitionen der Biologischen Psychologie, das Verständnis von „Trieben" und „Motivationskräften" dargelegt werden, von dem wir hier ausgehen.

Zum Verständnis von „Trieben" und „Motivationskräften"

Motivation eine elementare Kraft

Motivation wird definiert als eine elementare Kraft, die in alle unsere Handlungen eingeht. Motivation – von lat. movere, bewegen – ist die allgemeine Bezeichnung für alle Prozesse, die körperliche und psychische Vorgänge auslösen, steuern oder aufrechterhalten (vgl. Birbaumer/Schmid 2006). Grundsätzlich wird zwischen inneren (intrinsischen) und äußeren (extrinsischen) Quellen der Motivation unterschieden. Zu den inneren Motivationsquellen gehören Triebe, Instinkte, aber auch persönliche Lernerfahrungen. Hinsichtlich der Triebe wird eine weitere Unterscheidung zwischen homöostatischen und nichthomöostatischen Trieben vorgenommen (vgl. Birbaumer/Schmidt 2006, S. 641 ff.):

Die menschliche „Natur" im Konfliktgeschehen

- Homöostatische Triebe sind weniger von Umgebungsbedingungen und der Lerngeschichte des Individuums abhängig, hängen eher von Abweichungen der körperinternen Homöostase ab, weisen stabile Sollwerte auf, deren Unter- oder Überschreitung zu einer stereotypen Sequenz von Verhaltensweisen führt bis der Sollwert wieder hergestellt ist. (z.B. Temperaturerhaltung, Hunger, Durst, Schlaf).
- Nichthomöostatische Triebe haben variablere Sollwerte und variablere Deprivationszeiten, die mitbestimmt werden von Lernprozessen und anderen Umgebungsvariationen (wie Verfügbarkeit, Anreize). Dazu gehören: Sexualität, Explorationstrieb, Bindungsbedürfnis und grundsätzlich die „Emotionen".

Homöostatische Triebe

Nichthomöostatische Triebe

Homöostatische und nichthomöostatische Triebe liefern die Energie für das Verhalten. Positive und negative Verstärkung lenkt das Verhalten in eine bestimmte Richtung. Die von Lawrence und Nohria beschriebenen „Triebe" lassen sich – bezogen auf das soeben dargelegte Verständnis von „Trieben" im Rahmen der Biologischen Psychologie, demnach der Kategorie „nicht-homöostatische Triebe" zuordnen. Im folgenden werden wir nun die von Lawrence und Nohria beschriebenen Motivationskräfte kurz vorstellen und auf einige weitere einschlägige Forschungsergebnisse verweisen.

Antriebskraft: Erwerbstrieb, Besitzgier, Sicherheitsstreben

Im Mainstream der Wirtschaftswissenschaften dominiert nach wie vor das Modell vom egoistischen, rational handelnden Menschen, dem „Homo oeconomicus", der stets seine eigenen Vorteile im Blick hat. Entsprechende Vorstellungen haben wir im ersten Kapitel dargelegt. Im Menschenbild der neoklassischen Wirtschaftstheorie, das am Ende des 20. Jhdt. und zu Beginn des 21. Jhdt. neu belebt wurde, gestützt auf die von Adam Smith entworfenen Grundlagen der Nationalökonomie, wird der Mensch als Wesen gesehen, das in egoistischer Weise nach der Maximierung seines Eigeninteresses strebt. Dementsprechend basiert der Gesellschaftsvertrag auf Prinzipien der Arbeitsteilung und des wirtschaftlichen Handelns, durch den jeder Mensch seine Situation verbessern kann, indem er Waren und Dienstleistungen austauscht. Auch Thomas Hobbes, legte – wie im ersten Kapitel gezeigt – die menschliche Natur als „Krieg aller gegen alle" aus. Wer überleben und sich erfolgreich behaupten will, muss besser sein als die anderen.

„Homo oeconomicus"

Maximierung seines Eigeninteresses

„Krieg aller gegen alle"

Kennzeichnend für diese Antriebskraft sind nach Auffassung von Lawrence und Nohria (2002, S. 87) der unstillbare Drang immer mehr Dinge zu erwerben und zwar mit der Konsequenz, dass am Ende „... die meisten Menschen genauso glücklich oder unglücklich (sind) wie vorher. Der Erwerbstrieb, ihr Verlangen nach mehr, meldet sich unverändert zurück" (ebd., S. 88). „Der Erwerbstrieb ist nicht nur spontan und angeboren – er ist auch unersättlich" (ebd., S. 87). Die Antriebskraft „Erwerben" kann auch zur Kooperation führen. Lawrence/Nohria verweisen hier wieder auf eine bereits von Adam Smith propagierte These, „dass der egoistische Drang, das individuelle Wohlergehen zu steigern, nicht

Der Erwerbstrieb ist unersättlich

automatisch zum Krieg aller gegen alle führen muss, und zwar wegen der Vorteile, die sich für alle Beteiligten aus einer sozialen Arbeitsteilung ergeben können…" (ebd. S. 93 f). Ehrgeiz, Neid, Konkurrenz und Wettbewerb, Kooperation sind – so Lawrence und Nohria – Ausdruckweisen dieser Antriebskraft, die positive wie negative Auswirkungen haben können. Aggressives Verhalten sehen die Autoren in diesem Zusammenhang nicht als Ausdruck eines angeborenen Aggressionstriebes sondern als eines von mehreren Mitteln, „die der Mensch einsetzt, um seinen Erwerbstrieb zu befriedigen" (ebd., S. 92 f).

Auf eher negative Folgen der Motivationskraft „Erwerben" blickend äußern Lawrence/Nohria (2002, S. 87) die Vermutung: „Das Bedürfnis nach spontaner Befriedigung oder sofortigem Erwerb könnte ein Grund für das kurzfristige Denken sein, unter dem so viele Manager zu leiden scheinen. Es gibt zahllose Beispiele dafür, dass Manager sich für sofortigen Gewinn entschieden haben, anstatt eine Strategie zu wählen, die langfristig weit größere Gewinne bringen könnte. Dies ist zum Beispiel für den Bereich des Organisationswandels belegt. Die meisten Manager neigen zu kurzfristigen Maßnahmen, um die Unternehmensleistung zu verbessern, zum Beispiel durch Stellenabbau oder den Verkauf von Firmen, während sie vor langfristigen adaptiven Maßnahmen, etwa Investitionen in einen Wandel der Firmenkultur eher zurückschrecken." Möglicherweise können auch die jüngst publik gewordenen spektakulären Verfehlungen renommierter Vertreter des Managements und ihrer Mitspieler (Korruptionsskandale, „Lustreisen", Steuerhinterziehungen in großem Ausmaß …) hier eingeordnet werden. Angesichts solcher, sich scheinbar oder tatsächlich häufender Vorkommnisse, ist auch die in dem Musical „Tanz der Vampire" (Regie Roman Polanski) von dem Grafen von Krolock, am Ende des Songs „Die unstillbare Gier" zum Ausdruck gebrachte Prognose sehr bedenkenswert:

„Manche glauben an die Menschheit und manche an Geld und Ruhm. Manche glauben an Kunst und Wissenschaft, an Liebe und an Heldentum. Viele glauben an Götter verschiedenster Art, an Wunder und Zeichen, an Himmel und Hölle, an Sünde und Tugend und an Bibel und Brevier. Doch die wahre Macht, die uns regiert, ist die schändliche, unendliche, verzehrende, zerstörende und ewig unstillbare Gier"; und so Graf von Krolock weiter: „Euch Sterblichen von morgen prophezeih ich heut und hier: bevor noch das nächste Jahrtausend beginnt. Ist der einzige Gott, dem jeder dient, die unstillbare Gier." [2]

Das „nächste Jahrtausend" hat inzwischen begonnen. Die Beispiele, wie mit unmoralischen, auch illegalen Mitteln nach eigenem Vorteil gestrebt wird, sind unüberschaubar. Dennoch gibt es auch zahlreiche Abweichungen von dem „Eigennutz-Modell". Viele Beispiele aus dem Alltag, wie auch experimentelle Belege aus einschlägiger wissenschaftlicher Forschung lenken den Blick auch auf Verhaltensweisen, die einer zielstrebigen Verfolgung des Eigennutzes zuwiderlaufen und darauf hinweisen, dass die Antriebskraft „Erwerben" keinesfalls alle menschlichen Verhaltensweisen erklären kann.

---

2 © Edition Butterfly & Polygram Songs 1997

Die menschliche „Natur" im Konfliktgeschehen

Antriebskraft: Bedürfnis nach Bindung und sozialem Kontakt

Auch Adam Smith sah in dem Bedürfnis nach Bindung eine wichtige Triebfeder menschlichen Verhaltens und setzte sich in seinen Werken mit angeborenen sozialen Neigungen und moralischen Prinzipien auseinander. Der Bindungstrieb wird üblicherweise assoziiert mit Begriffen wie Liebe, Fürsorge, Vertrauen, Empathie, Mitgefühl, Zugehörigkeit, Freundschaft, Fairness, Loyalität, Respekt, Partnerschaft oder Verbundenheit. Diese Antriebskraft – so Lawrence und Nohria (2002, S. 100) – veranlasst Menschen zu Kooperation und „hat das Potenzial zu einem Spiel, bei dem es nur Gewinner gibt".

Bedürfnis nach Bindung, sozialen Neigungen und moralischen Prinzipien

Die Eigenständigkeit, Intensität und Funktion eines Bindungstriebes wurde über zahlreiche Forschungsarbeiten im Rahmen der Biologie, der Evolutionsbiologie insbesondere jedoch den Sozialwissenschaften und hier wiederum vor allem der Psychologie erforscht und nachgewiesen. Während Vertreter/innen biologischer Disziplinen meist davon ausgehen, dass soziale Bindung durch Evolution entstanden sein könnte, wird in der Soziologie und Psychologie soziale Bindung und soziales Verhalten meist auf Gefühle zurückgeführt, die wesentlich von Lernprozessen beeinflusst wurden. Von den zahlreichen Ergebnissen aus einschlägigen Studien, auf die sich Lawrence und Nohria (2002, S. 109 f) in diesem Zusammenhang beziehen, werden wir hier lediglich ein paar zentrale Erkenntnisse festhalten:

Soziale Bindung durch Evolution und Lernprozesse

- Menschen haben das angeborene Bedürfnis, soziale Kontakte zu knüpfen und sich in gegenseitigen, fürsorglichen Beziehungen zu engagieren. Dieses Bedürfnis wird nur befriedigt, wenn die Bindung auf Gegenseitigkeit beruht (vgl. ebd., S. 98).
- Unter Bezugnahme auf den Biologen Robert Triver heben Lawrence und Nohria (ebd., S. 106 f.) hervor, dass sich aus dem Bindungstrieb eine Reihe menschlicher Gefühle, wie z.B. die „Sympathie" ableiten lassen: „Er signalisiert die Bereitschaft, einer anderen Person eine Gefälligkeit zu erweisen, wenn diese ihrerseits bereit erscheint, diese Gefälligkeit irgendwann zu erwidern. Wut und Ärger schützen die Person, die sich durch ihre Freundlichkeit verletzlich macht, vor Ausbeutung. Dankbarkeit bestimmt das Bedürfnis, die erhaltende Hilfe in gleicher Weise zurückzugeben. Hingegen wird ein Betrüger, der in Gefahr ist, aufzufliegen, möglicherweise von Schuldgefühlen geplagt. Wenn dieser Betrüger tatsächlich öffentlich seiner Missetat überführt wird, ist Scham das vorherrschende Gefühl" (ebd., S. 106 f).
- Das Bedürfnis nach zwischenmenschlicher Bindung zählt wohl zu den besonders weitreichenden und integrativen Konstrukten, die derzeit für ein Verständnis der menschlichen Natur zur Verfügung stehen (ebd., S. 103 f). Diese Art von Bindung wird üblicherweise in der wissenschaftlichen Literatur bezeichnet als „reziproker Altruismus oder langfristiger Vertrag" (ebd., S. 106).

„reziproker Altruismus oder langfristiger Vertrag"

Von Interesse – insbesondere mit Blick auf den letzt genannten Aspekt – sind in diesem Zusammenhang auch Forschungen von Ernst Fehr, Professor für Mikroökonomik und experimentelle Wirtschaftsforschung und Leiter des Instituts für Empirische Wirtschaftsforschung in Zürich. Er sieht in der Spieltheorie, einer mathematischen Disziplin, eine optimale Möglichkeit alltägliche Konflikte möglichst objektiv zu simulieren, um die Wirkungen des Verhaltens von Menschen auf deren Gegenüber zu erforschen.[3] Fehr und sein interdisziplinäres Team, kommen im Rahmen eines Sonderforschungsprojektes über „Altruismus versus Egoismus" u.a. zu folgenden Ergebnissen, die einen Eindruck vermitteln in das Verhalten von Menschen, die sich im Dilemma zwischen Eigennutz und Gerechtigkeitswunsch befinden (vgl. Fehr/Schmidt 2001; Fehr/Klein/Schmidt 2001, 2004):

„Altruismus versus Egoismus"

❒ Das Gerechtigkeitsempfinden hat mit Vergleichen zu tun. Menschen überprüfen, ob sie gleich gut sind, und wenn jemand mehr bekommt, ohne, dass sie es – subjektiv gesehen – verdient haben. Das wird als ungerecht empfunden.
❒ Dieses Gerechtigkeitsempfinden ist jedoch meist „eigennützig verzerrt". In der Regel halten wir uns selbst für kooperativer, großzügiger, loyaler oder fairer als die anderen. Daher wählen wir auch als Maßstab für Gleichheit den für uns Vorteilhaftesten.
❒ Stehen wir auf der Gewinnerseite, so verschiebt sich die Wahrnehmung: Wir urteilen dann weniger streng über Ungleichbehandlung und versuchen unverdiente Vorteile moralisch zu rechtfertigen.
❒ Während die meisten Menschen einerseits den guten Willen eines anderen belohnen, zahlen sie ihm andererseits die als unfair empfundenen Absichten heim – auch wenn dies ihrem wirtschaftlichen bzw. sonstigen Eigeninteresse zuwiderläuft.

„Aug um Aug, Zahn um Zahn"

„gemeinsam in den Abgrund"

Werden die Normen der Zusammenarbeit missachtet, so wird der andere bestraft und zwar durchaus auch auf eigene Kosten. Selbst unter Fremden, die sich nie wieder begegnen, gilt also die alttestamentarische Regel: „Aug um Aug, Zahn um Zahn" bzw. „Wie Du mir, so ich Dir" (tit for tat) und zwar „im Guten wie im Schlechten". Dieses Muster spiegelt sich auch in der von dem bekannten Schweizer Konfliktforscher Glasl (2002) beschriebenen Verlaufsstruktur der Konflikteskalation, die in seinem Modell mit der Stufe „gemeinsam in den Abgrund" endet.

---

3 Interessant sind in diesem Zusammenhang die Ergebnisse des vielfach beschriebenen und immer wieder in Varianten durchgeführten klassischen Experiments, des „Ultimatum-Spiel". Bei diesem Spiel muss, um z.B. die in Aussicht gestellten 100 Euro zu erhalten, mit einem zweiten Spieler geteilt werden. Der zweite Spieler muss das Angebot annehmen. Eine knappe Mehrheit teilt „fair", d.h. 50 EUR (vgl. Possemeyer 2007; vgl. auch Lawrence/Nohria 2002, S. 94). In einer Experimentvariante befiehlt z.B. ein Computer nur 20 Prozent von dem Budget abzugeben. In diesem Falle lehnt jeder fünfte Mit-Spieler diesen Betrag ab. Fehr bezeichnet diese Reaktion als „Ungleichheitsaversion" und wertet sie als Beleg für „das menschliche Grundbedürfnis nach Gleichbehandlung" (Possemeyer 2007, S. 51). Fehr: „Wenn wir einem Spieler ein unfaires Motiv zuschreiben, bestrafen wir ihn besonders hart" (ebd.). Vergleichbar ist dies mit der Rechtssprechung, in der das Strafmaß für einen Täter nicht allein von dem von ihm angerichteten Schaden abhängt („objektiver Sachverhalt"), sondern auch von seinem Tatvorsatz." (dem „subjektiven Sachverhalt").

Die menschliche „Natur" im Konfliktgeschehen

Nerdinger (2007) beschreibt in einem Artikel „Wenn Ungerechtigkeit teuer wird – kontraproduktives Verhalten im Unternehmen" einige Strategien, wie z.B. Stehlen, Sabotieren, Schlendrian, die sich ebenfalls hier einordnen lassen. Andererseits lässt der „Sinn für Fairness und Gerechtigkeit" den Menschen auch mit Fremden – ohne persönlichen Nutzen – kooperieren und umgekehrt. Fehr spricht daher vom „*Homo reciprocans*", ein Mensch, der weder völlig egoistisch noch völlig altruistisch ist, sondern sein eigenes Verhalten von dem anderer abhängig macht.

„Sinn für Fairness und Gerechtigkeit"

Eine Minderheit von „Egoisten" reicht aus, um die Gerechtigkeitsmotivation einer Mehrheit und damit eine solidarische Gemeinschaft zu zerstören. Die Empirie zeigt, dass im Regelfall eine eigennützige Minderheit gegeben ist. Ohne ein regulierendes „Strafsytem" – so die Argumentation von Lawrence/Nohria (2002) in diesem Zusammenhang – wäre eine auf Kooperation angewiesene Gesellschaft daher zum Scheitern verurteilt. „Strafe macht – in der Regel – Egoismus teuer", so dass auch die eher auf Eigennutz ausgerichteten Personen und Gruppen am Ende lieber auf Kooperationskurs gehen. Daria Knoch, Hirnforscherin und Mitarbeiterin von Fehr, weist in diesem Zusammenhang darauf hin, dass die menschliche Fähigkeit das eigennützige Interesse zurückzustellen, ein „Meilenstein zivilisierten Lebens" ist. Ohne diese „Meilensteine zivilisierten Leben", ohne Kooperation auch fremder Menschen, ohne Gegenseitigkeit und Ausgleich würde kein Gemeinwesen, keine Gesellschaft, keine Weltgesellschaft, keine Organisation funktionieren (vgl. Possemeyer 2007).

„Strafe macht Egoismus teuer"

Mit Blick auf das Verhältnis von Erwerben und Bindung vertreten die Lawrence/Nohria nun folgende Auffassung:

Verhältnis von Erwerben und Bindung

- Jede menschliche Beziehung beinhaltet sowohl Konkurrenz- wie auch Kooperationselemente. Eine soziale Beziehung kann zu einem bestimmten Zeitpunkt primär oder ausschließlich vom Wettbewerb und bei anderer Gelegenheit vom Kooperationsprinzip beherrscht sein. Das gilt auch für eine gesamte Kultur und umfassendere Zeiträume (ebd. S. 111 f.). Erwerbs- und Bindungstrieb können positiv zusammenwirkungen oder auch konflikthaft konkurrieren.
- Beide Autoren verweisen in diesem Zusammenhang auch auf den philosophischen Ansatz von Isaiah Berlin, der die Auffassung vertritt, dass der Mensch „schon aufgrund seiner Natur gezwungen (sei), zwischen häufig unvereinbaren und unversöhnlichen Zielen zu wählen" (2002, S. 113).
- Faires Teilen, faires Spiel, faires Urteilen hängen vermutlich mit Wunsch nach gegenseitiger Bindung zusammen bzw. erwachsen daraus. „Alle drei Prinzipien sind sowohl in einem gesellschaftlichen als auch evolutionären Sinne vernünftig, indem sie Konflikte reduzieren und Kooperation fördern" (ebd., S. 116).

☐ Von hier gibt es nur einen kleinen Schritt – so die Autoren – „zu der praktischen Regel, dass das Geheimnis erfolgreicher Bindung darin besteht, die andere Person überwiegend so zu behandeln, wie sie behandelt werden möchte. ... Ausgehend von dieser Grundregel entwickeln die Menschen vermutlich weitere elementare Regeln ... Diese moralischen Prinzipien werden in irgendeiner Form von allen großen Religionen gelehrt" (ebd.).[4]

Befürfnis nach zwischenmenschlicher Bindung

Menschen scheinen diesen Bindungstrieb auch auf ihre Mitgliedschaft in Gruppen und Organisationen zu übertragen. Deutlich wird dies u.a. darin, dass Menschen, Mitarbeiter/innen oftmals zusätzliche Anstrengungen und Mühe aufwenden, um zum Erfolg ihrer Organisation beizutragen und zwar mehr als mit Kontrolle und Zwang zu erreichen wäre (ebd. S. 121).

Als Fazit kann dementsprechend festgehalten werden: Das mit der Antriebskraft „Erwerben" zum Ausdruck gebrachte und verfolgte Eigeninteresse stellt zwar eine starke Triebfeder dar, erklärt aber nicht das gesamte menschliche Verhaltensspektrum. Mit in Rechnung gestellt werden muss auch das Bedürfnis nach zwischenmenschlicher Bindung.

Der Lerntrieb

Unter dem „Lerntrieb" verstehen Lawrence/Nohria einen angeborenen Drang die Neugier zu befriedigen, zu erkennen, zu begreifen und zu verstehen und mit Hilfe eines Reflexionsprozesses zu Deutungen oder Repräsentationen der Umwelt und seiner eigenen Person zu gelangen. Dieser „Lerntrieb" äußert sich in Wissbegier, Forschungsdrang oder Neugier und veranlasst Menschen, ihre Umwelt und sich selbst zu erforschen „und einen laufenden inneren und äußeren Dialog über erklärende Ideen und Theorien aufrechtzuerhalten. Menschen zerbrechen sich den Kopf über Ursachen und Wirkungen. Sie wollen wissen, wie die Welt funktioniert. Dieser Trieb wird befriedigt, wenn wir das Gefühl haben, einen Zusammenhang verstanden zu haben, wenn wir den Eindruck gewinnen, dass alles einen Sinn ergibt" (Lawrence/Nohria 2002, S. 129).

Wissbegier, Forschungsdrang oder Neugier

---

[4] „Diese allumfassende Güte (gegenseitige Fürsorge) nährt und steuert jede menschliche Moralität. Hilfe für Bedürftige würde nie als Pflicht internalisiert werden, ginge sie nicht mit dem Zusammengehörigkeitsgefühl einher, das die Menschen dazu veranlasst, sich füreinander zu interessieren. Moralische Empfindungen kamen zuerst; moralische Prinzipien folgten erst später" (Frans de Wall, zit. in Lawrence/Nohria 2002, S. 117). Nach Auffassung von Lawrence/Nohria löste diese Betrachtungsweise die Sorge der Philosophen um einen „naturalistischen Fehlschluss auf, d.h. „die logische Unmöglichkeit, ein SOLLTE (z.B. ein moralisches Prinzip) aus einem IST (dem Bindungstrieb) abzuleiten. ..." (ebd.).
Lawrence/Nohria (2002, S. 118) fahren in diesem Zusammenhang fort: „Diese Sichtweise von Moral geht auch über die herrschende Meinung hinaus, dass Wissenschaft nichts mit Moral, Ethik und Wertvorstellungen zu tun habe – oder zumindest nichts zu tun haben sollte. Sie stellt klar, dass wir dringend eine wissenschaftliche Methode für ein besseres Verständnis von Normen und Wertvorstellungen brauchen, weil diese zu den zentralen und allgegenwärtigen Elementen des menschlichen Lebens gehören."

Die menschliche „Natur" im Konfliktgeschehen

Auch für diese Annahme haben Kognitions-, Entwicklungs- und Evolutionspsychologie zahlreiche Belege erbracht, auch wenn diese nicht auf eine einzelne Motivationskraft, mit den Worten der Autoren, dem „Lerntrieb", zugeordnet wurden. Es ist unbestreitbar, dass Menschen das Bedürfnis haben, „sich einen Reim auf die Welt zu machen", nach Sinn suchen bzw. auf „Sinnbildung" angelegt sind und widersprüchliche, diskrepante Erfahrungen aufzuklären, oder – wie es der Sozialpsychologe Festinger (1957) beschreibt – „kognitive Dissonanzen" zu reduzieren.

Kognitions-, Entwicklungs- und Evolutionspsychologie

Lernen ist nicht nur auf Individuen beschränkt. Auch Organisationen können lernen. „Wenn neue Mitglieder in eine Organisation eintreten, werden sie nach und nach sozialisiert und mit dem kollektiven Wissen des bestehenden Betriebs vertraut gemacht. Ebenso bringen neue Mitglieder ihr Wissen, ihre Werte und Kompetenzen in eine Organisation ein, bereichern ihrerseits den Wissenspool um neue Informationen, wenn sie andere von der Nützlichkeit ihrer Sichtweisen überzeugen. Die Vorstellungsmuster in den Köpfen der Organisationsmitglieder und die bestehenden Bindungsbeziehungen sind die Hauptursachen für den Zusammenhalt wie für die Trägheit, die man in Organisationen findet. Die Mitglieder führen laufend Gespräche über die Merkmale ihrer Organisation und über die Qualität der Strategien, die einer erfolgreichen Anpassung an die Umwelt dienen sollen" (Lawrence/Nohria 2002, S. 141). Entsprechend umfangreich, anschaulich und praxisnah ist die Fülle menschlicher Bedürfnisse und Motive, vielfach postuliert und beschrieben von Psychologen wie White (Streben nach Kompetenz), Maslow (persönliches Wachstum), McClelland (Leistungsmotiv), Herzberg (intrinsische Belohnungen, die mit vielen Formen des Arbeitens verbunden sind) usw. Strukturelle Rahmenbedingungen und Organisationskultur können solche Bestrebungen zulassen, fordern, fördern und im Dienst der Organisation zielführend nutzen, oder ihnen auch entgegen wirken

Auch Organisationen können lernen

- durch überregulierte Konkurrenzsysteme,
- wenn Misstrauen grassiert,
- wenn die Furcht vor „Abstaubern" und „Glücksrittern" erfahrungsbegründet vorherrscht,
- wenn eigene (Lern-) Leistungen von anderen Organisationsmitgliedern zu deren Renommee, Prestigegewinn, Karrieresprung instrumentalisiert werden.

Allein diese Beispiele verweisen auf ein beträchtliches Konfliktpotenzial im binnenorganisatorischen Kontext.

Motivkraft Verteidigung

Flucht- und Angriffsreflexe Verteidigungsbetrieb

Flucht- und Angriffsreflexe gehören zur „natürlichen" Ausstattung des Menschen, die in evolutionsgeschichtlich früh ausgebildeten Strukturen des menschlichen Gehirns fest verankertet ist. Sie sind die Grundlage dessen, was Lawrence/Nohria (2002, S. 152 ff) als Verteidigungstrieb beschreiben. Die Antriebskraft „Verteidigung" wird aktiviert, wenn

- ❏ das eigene Leben, die körperliche Unversehrtheit in Gefahr sind,
- ❏ materieller oder immaterieller Besitzt gefährdet ist,
- ❏ persönliche Beziehungen, soziale Bindungen gefährdet sind,
- ❏ das eigene Bild von sich selbst bzw. auch eigene Weltanschauungen und Überzeugungen bedroht werden.

Abwehrmechanismen

Abwehrmechanismen wie Verleugnung, Rationalisierung, Rückzug, Angriff, Gegenangriff, Passivität, Ignoranz und Hilflosgkeit – alles auch Varianten individueller Reaktionen auf Konflikte – können als Ausdrucksformen dieser Motivationskraft angesehen werden. Die hervorgerufenen Abwehrreaktionen hängen von der subjektiv wahrgenommenen Schwere der Bedrohung und den befürchteten Folgen ab. Sie können emotionale Reaktionen unterschiedlicher Intensität hervorrufen: Vorsicht, Angst, Trauer, Widerstand gegen Zumutungen und Veränderungen oder auch Furcht, Entsetzen, Verzweiflung, Panik, Depression. Vergleichbare Abwehrreaktionen sind auch auf kollekiver und organisatorischer Ebene zu beobachten. „Abwehrrekationen gegen leichte Bedrohungen äußern sich unter Umständen als Rivalität innerhalb der Gruppe, in Form von Wortgefechten und Intrigen. Abwehrreaktionen gegenüber stärkeren Bedrohungen können in heftige Konflikte ausarten. Auf noch höheren Ebenen lassen Organisationen oder Staaten die Situation mitunter auch so weit eskalieren, dass es zu echten Kriegen kommt" (Lawrence/Nohria 2002, S. 154). Der Verteidigungstrieb ist für sich gesehen weder positiv noch negativ. Seine Funktionalität hängt, wie dies auch in systemischen Theorien betont wird, vom Kontext ab. Er kann vernichtend, auch selbstvernichtend wirken, dient jedoch auch dem Schutz gegen als schädlich und bedrohlich wahrgenommene – antizipierte wie passierte – Ereignisse, Vorkommnisse, Veränderungen.

Vorsicht, Angst, Trauer, Widerstand, Furcht, Entsetzen, Verzweiflung, Panik, Depression

Auch diese Tendenz, mit anderen Worten, diese Motivationskraft, dürfte über sujektive Wahrnehmungs- und Bewertungsprozesse, wie wir sie in Kapitel drei ausführlicher beschreiben, einen wesentlichen Anteil an der Entstehung von Konflikten und am Konfliktverlauf haben.

4. Fazit: Die Balance von Motivationskräften durch Organisationsgestaltung ermöglichen

Die gerade dargelegten Erkenntnisse über die menschlichen Antriebskräfte können bei der Betrachtung von Konflikten in Teams, in Organisationen wie auch im gesellschaftlichen Zusammenleben nicht unberücksichtigt bleiben. Meist neigen Organisationen wie auch Individuen zur Überbetonung eines einzelnen Antriebs. Ein nach wie vor gerne hervorgehobenes Beispiel ist die für das Industriezeitalter charakteristische tayloristische Produktionsweise, deren Wirkungen das folgende Zitat nochmals eindrucksvoll beschreibt:

„Das Fließband förderte den Gehorsam, aber zweifellos nicht die Verbundenheit zwischen Unternehmensführung und Belegschaft. Loyalität wurde praktisch auf beiden Seiten zu einem Fremdwort. In den dreißiger Jahren erklärte ein Arbeiter gegenüber Edmund Wilson: ‚Du kriegst deinen Lohn bei Ford, aber du verkaufst deine Seele – du schuftest den ganzen Tag wie ein Sklave, und wenn du rauskommst, bist du zu kaputt, um noch irgendwas zu machen … Wer bei Ford arbeitet, gibt seinen Verstand und seine Freiheit am Werkstor ab'" (Lawrence/Nohria 2002, S. 253).

„Du kriegst deinen Lohn und verkaufst deine Seele"

Die Ausgleichs- und Gegenstrategien Betroffener – Abwehrhaltung, unterfordertes Denkvermögen, Dienst nach Vorschrift, Tricks, Krankheit, hohe Fehlerquoten – wurden vielfach hinsichtlich ihrer individuellen und organisationsspezifischen Folgewirkungen erforscht und beschrieben. Lawrence/Nohria zufolge kann man ganze Organisationen danach charakterisieren, wieviel Wert sie auf die Bereiche Erwerb und Lernen, Bindung und Verteidigung legen und wie erfolgreich sie zwischen diesen die Balance halten. Auf den US-amerikanischen Herstellungssektor blickend sind sie (2002, S. 265 f) der Meinung, im Verlaufe der letzten Jahrzehnte folgende, sich ungleichmäßig vollziehende und z.T noch nicht abgeschlossene Veränderungen beobachten zu können, in denen sich neue Regeln manifestieren, die nach Auffassung der beiden Harvardprofessoren auf ein zunehmend ausgeglicheneres Verhältnis zwischen den von ihnen beschriebenen Motivationskräften hinweisen:

Ausgleichs- und Gegenstrategien

- ❐ „Gestalte Routinejobs abwechslungsreicher und übertrage den Mitarbeitern mehr Entscheidungsbefugnisse, damit sie Probleme eigenverantwortlich lösen können. Sorge dafür, dass alle Beschäftigten bis zu einem gewissen Grad als ‚Kopfarbeiter' tätig sein können, die ständig dazulernen und neue Ideen entwickeln, um die Leistung zu verbessern.
- ❐ Zentralisiere Entscheidungen über Unternehmensziele nach gründlicher Diskussion; delegiere Entscheidungen über Mittel und Methoden an alle Teile der Organisation.
- ❐ Flache die Führungshierarchie ab und verringere die Macht- und Statusunterschiede zwischen oben und unten, um den Fluss guter Ideen zu verbessern. …" (ebd.)

Mitarbeiter als Kopfarbeiter

Delegation

Flache Hierarchien

Dennoch neigen Organisationen dazu, besonders viel Gewicht auf die Befriedigung einer Motivationskraft zu legen, woraus – so die Vermutung – mächtige Impulse für eine energieraubende und -bindende Konfliktentwicklung resultieren können. Wäre das Streben nach Erwerb die einzige Motivationskraft, so würde diese wohl – wie vielfach beschrieben – zu einem unvermeidlichen „Kampf aller gegen alle" führen. Auch mit Blick auf das Handeln in Organisationen würden Opportunismus, egoistisches, von eigennützlichen Bestrebungen geprägtes Verhalten und entsprechende Machtspiele dominieren. „Mit anderen Worten: Man würde diese Energie wahrscheinlich nicht erfolgreich für die Ziele des Gesamtunternehmens nutzen können" (ebd., S. 245 f).

Opportunismus, egoistisches Verhalten, Machtspiele

Andererseits ist auch ersichtlich geworden, dass das „Heil" weder gesucht noch gefunden werden kann in dem alleinigen Streben nach Bindung. Die Überbetonung von Bindungsbedürfnissen führt „mit der Zeit zu einem spannungsfreien Beziehungsgeflecht: Alle kümmern sich bei der Arbeit in unausgesprochenem Einverständnis um ihr gegenseitiges Wohl, anstatt sich auf ihre Arbeitsleistung zu konzentrieren und damit den Erwerbstrieb zu befriedigen" (ebd.).

Überbetonung von Bindungsbedürfnissen

Die Autoren entwickeln auf diesem Hintergrund folgende Hypothesen:

Motivationskräfte

❐ Die Trieb- bzw Motivationskräfte, Erwerbstrieb, Bindungstrieb, Lerntrieb, Verteidigungstrieb, sind für das Wesen des Menschen und sein Verständnis von zentraler Bedeutung und spielen bei allen Entscheidungen und – wir fügen hinzu – auch beim Verständnis von Konflikten eine zentrale Rolle.

❐ Personen, die Möglichkeiten gefunden bzw. Strategien entwickelt haben die genannten Grundtriebe zu befriedigen, führen „ein ausgefüllteres Leben …, als Menschen, die sich auf Kosten der übrigen Antriebskräfte auf ein oder zwei Bedürfnisse konzentrieren" (ebd. S. 23).

Bedürfnisbefriedigung

❐ Menschen suchen nach Möglichkeiten, alle vier Bedürfnisse zu befriedigen, „weil diese Antriebe aus dem gemeinsamen evolutionären Erbe unserer Spezies resultieren" (ebd., S. 15).

❐ Angesichts der gravierenden Veränderungen, einhergehend mit dem sozialen Wandel, mit der Globalisierung und ihren Folgen und grundsätzlich dem Wandel vom Industriezeitalter in ein Informationszeitalter vertreten Lawrecne und Nohria die Auffassung, dass die Bewältigung der mit diesem Wandel verbundenen Anforderungen und Aufgaben davon abhängt, „inwieweit die neuen gesellschaftlichen Institutionen auf einem tragfähigen Verständnis der menschlichen Natur gründen" (ebd. S. 26).

Die menschliche „Natur" im Konfliktgeschehen

Lawrence und Nohria stützen ihre Überlegungen und ihren Ansatz auf eine Fülle von Belegen und wollen ihre Theorie als komplexen Satz von Hypothesen betrachtet wissen, die einer weiteren Überprüfung bedürfen (vgl. ebd., S. 39). Sie fordern daher als Konsequenz ihrer Überlegungen die Beachtung einer einfachen, wenn auch nicht einfach umzusetzenden Gestaltungsregel, die darin mündet, dass in allen Bereichen einer Organisation und auf allen Ebenen, ja selbst zwischen Organisation und ihren relevanten Umwelten so gehandelt werden soll, dass eine Balance dieser vier Motivationskräfte ermöglicht wird. Diese einfache Gestaltungsregel ist nach Auffassung der Autoren (2002, S. 244) das fundamentale und wichtigste Prinzip, an dem sich die Aktivitäten des Managements und der Organisationsveränderung bzw. -entwicklung im gesamten Gestaltungsprozess ausrichten sollte. Das Gleichgewicht der von Lawrence und Nohria im Detail und unter breiter und differenzierter Bezugnahme auf die Ergebnisse zahlreicher empirische Studien beschriebenen Antriebskräfte (2002, S. 246 und 249 f.) muss in allen wichtigen Beziehungen im Unternehmen hergestellt werden und zwar:

Balance dieser vier Motivationskräfte

- innerhalb jeder Arbeitsgruppe,
- zwischen Arbeitsgruppen, die wechselseitig voneinander abhängig sind,
- zwischen allen größeren Gruppen wie Abteilungen, Organisationsbereiche,
- zwischen allen Mitarbeitern und dem Gesamtunternehmen,
- in der Gestaltung der Beziehungen zu den Kunden, Zulieferern, Investoren, staatlichen Institutionen usw.

Führungskräfte können hier auf verschiedenen Steuerungsebenen und mit Hilfe vielfach zur Verfügung stehender Instrumente dieses Gleichgewicht fördern. Unter besonderer Beachtung von Aufgaben des Konfliktmanagements werden wir dazu in Kapitel fünf einige Hinweise geben.

III. Konflikte in komplexen Systemen

Das Phänomen „Konflikt" hat viele Facetten und kann dementsprechend auch aus unterschiedlichen theoretischen Perpektiven beleuchtet werden. Jede Theorie folgt ihrer eigenen Logik, sie beinhaltet Deutungs-/Erklärungsmöglichkeiten für das Zustandekommen von Konflikten, gibt Suchrichtungen vor für die Analyse des Konfliktgeschehens und legt gegebenenfalls auch Strategien nahe, die bei der Konfliktregulierung bzw. -lösung zu beachten wären. Eine übergreifende, allgemein gültige Theorie, die alle Facetten von Konflikten erfassen würde, bzw. einen solchen Anspruch nachvollziehbar erheben könnte, gibt es derzeit nicht und wird es nach unserer Einschätzung auch zukünftig nicht geben. Was aber dann? Wie sollen wir mit Konflikten umgehen? Wie sie vermeiden oder lösen? Das Fehlen einer allgemeinverbindlichen Konflikttheorie entpflichtet uns keinenfalls, sich mit unterschiedlichen Betrachtungsweisen auseinander zu setzen und diese mit Blick auf das praktische Handeln in die Lösungssuche und Entscheidungsfindung mit einzubinden.

Keine umfassende Konflikt-Theorie

Eine allgemein gültige Theorie, gibt es derzeit nicht

Konflikte in komplexen Systemen wie Organisationen es sind, werden aus unterschiedlichen Quellen gespeist: von Personen als Mitglieder einer Organisation, ihren unterschiedlichen Biografien, Lerngeschichten und anderweitigen Lebenskontexten, von Organisationsstrukturen, -kulturen und -dynamiken und in jüngster Zeit vor allem aus einer Veränderungsdynamik im Umfeld von Organisationen, die von einer historisch neuen Qualität sind und neue Aufgaben und Herausforderungen mit sich bringen.

Konflikte in komplexen Systemen

1. Beschleunigte Veränderungsdynamik im Umfeld von Unternehmen/Organisationen und neue Konfliktfelder

„Wandel ist kein Übergangstadium auf dem Weg zu einem (neuen oder alten) Gleichgewicht. Auf Wandel folgt Wandel." Boos/Heitger/Hummer (2004, S. 13) von denen dieses Zitat stammt, möchten mit ihrer Aussage deutlich machen, „dass noch kein Ende der Veränderungsdynamik in Sicht ist, und sich die Frage aufdrängt, wie die Menschen, die Institutionen und Organisationen das aushalten sollen bzw. können und welche Mechanismen, Einrichtungen, Werkzeuge oder Einstellungen es ermöglichen könnten, mit diesem Strom und dieser Intensität an Veränderungen fertig zu werden?" (ebd.). Doppler (2006, S. 28), Management- und Organisationsberater, charakterisiert diese Situation im Umfeld von Organisationen als einen „permanenten Ausnahmezustand". Charakteristisch für Unternehmen der Privatwirtschaft, insbesondere im letzten Jahrzehnt, sind die wachsende Bedeutung der Finanzmärkte und deren Einfluss auf die Entwicklung von Unternehmen. Bei börsennotierten Unternehmen entfaltete das Konzept des Shareholder-Value seine deutlich konflikträchtige Wirksamkeit. Für das Topmanagement dieser Unternehmen kamen damit neue, gegenwärtig sehr dominante Bezugsgruppen (der Aktienbesitzer, Finanzinvestoren und Börsenspezialisten) ins Spiel.

Wandel ist kein Übergangstadium

Kein Ende der Veränderungsdynamik in Sicht

Widersprüchliche Anforderungen und Erwartungen

Das Management wird mit unterschiedlichsten, widersprüchlichen Interessen konfrontiert und muss sich auseinandersetzen mit den Ansprüchen des Marktes, mit Ansprüchen von Seiten der Finanzinvestoren und mit den Erwartungen der Mitarbeiter/innen. Die hieraus resultierenden und artikulierten Anforderungen und Erwartungen stehen in einem offensichtlichen Spannungsverhältnis und erhöhen den Druck auf und damit auch das Konfliktpotenzial in den Unternehmen. Unternehmen machen Gewinne, investieren in Wachstum, rationalisieren gleichzeitig und entlassen Mitarbeiter/innen. Dies wird auch an einigen Beispielen aus jüngster Zeit deutlich: Nokia – Verlagerung des Produktionsstandortes nach Rumänien, Siemens, BMW, Henkel – durchaus prosperierende Unternehmen – geben im Februar 2008 bekannt, Tausende von Mitarbeiter/innen entlassen zu wollen. Diese Beispiele (die sich fast täglich um neue ergänzen ließen) scheinen zu bestätigen, dass die Erwartungen der Eigentümer (shareholder) und des Kapitalmarktes in den meisten Fällen nicht stabilisierend auf Entscheidungen des Managements wirken, sondern häufig neue Widersprüche hervorbringen (vgl. Boos/Heitger/Hummer 2004, S. 20). Es genügt eben nicht mehr – und das zeigen auch die erwähnten Beispiele – ein gut geführtes und im Wettbewerb richtig positioniertes Unternehmen zu leiten.

Druck auf Nokia – Siemens, BMW, Henkel –

Auch die Entwicklungen im Bereich sozialer Organisationen und Dienste zeigen, dass die externe und binnenorganisatorische Veränderungsgeschwindigkeit zunehmend auseinanderlaufen und der „Fit der Organisation mit ihrer Umwelt leicht misslingen kann" (Boos/Heitger/Hummer 2004, S. 14). Zwar zeigen die Veränderungsdynamik und die Veränderungsnotwendigkeiten bei Unternehmen und Organisationen der Sozialwirtschaft andere Schwerpunkte und Ausrichtungen, die jedoch keinesfalls weniger konfliktbehaftet sind. Auch hier treffen wir auf auseinanderdriftende Ansprüche, Erwartungen, Werthaltungen, Interessen und Zielvorstellungen. Erforderliche Neuorientierungen, Anpassungen, Veränderungen werden oftmals begleitet von Glaubwürdigkeits- und Legitimationsdefiziten oder stellen sich auch als Folge von Veränderungen ein. Veränderungsnotwendigkeiten und -vorhaben in der Organisation zu kommunizieren wird zunehmend schwieriger (vgl. Wöhrle 2002). Zu widersprüchlich ist häufig die Ausgangslage und zu widersprüchlich sind – wie die bisherigen Ausführungen zeigen – auch die Anforderungen an Organisationen. Veränderungen werden außerdem meist als Zumutungen erlebt, die zunächst abgewehrt werden. Charakteristisch für den Menschen ist das Bedürfnis nach Klarheit, Ordnung und Sicherheit. Wenn Rahmenbedingungen sich drastisch ändern kann, auf eigene (Lebens-) Erfahrungen nur noch begrenzt zurückgegriffen werden, so Doppler (2006, S. 29).

Veränderungen werden als Zumutungen erlebt

Hohe Anforderungen an Kommunikations- und Konfliktlösekompetenzen

An dieser Stelle können folgende Schlussfolgerungen festgehalten werden:
In den bisherigen Ausführungen wurde mehrfach dargelegt, dass es keine konfliktfreien Räume gibt. Konflikte sind mit den skizzierten Entwicklungen und Umbrüchen notwendigerweise verbunden und auch nicht vermeidbar. Menschen in Führungsverantwortung und mit Aufgaben des „Führens", muss es klar sein, dass es immer wieder unterschiedliche und auch teilweise völlig gegenläufige Interessen geben wird. Die Bereitschaft und die Fähigkeit zur Kommunikation und zur konstruktiven Konfliktlösung werden zu immer wichtigeren Kompetenzen insbesondere für solche Personen, die in einem sozialen System, einem Team, einer Einrichtung, einer Organisation, Führungsverantwortung haben und Aufgaben des „Führens" wahrnehmen.

Bereitschaft und Fähigkeit zur konstruktiven Konfliktlösung

2. Konflikte in Organisationen aus Sicht des Systemansatzes

Eine anregende, nützliche Sichtweise zur Untersuchung, Klärung und Bearbeitung von Konflikten, vor allem auch mit Blick auf das Wechselspiel von Individuen, Organisationsstrukturen und -dynamiken, bietet aus unserer Sicht nach wie vor der systemtheoretische Ansatz oder die Systemtheorie. Einige uns hier wesentlich erscheinende Betrachtungsweisen werden wir im folgenden kurz skizzieren.

In den 90er Jahren des letzten Jahrhunderts formierte sich unter dem Einfluss der Systemtheorien, ein neues Verständnis von Organisation. Der Systemansatz hat unterschiedliche Wurzeln (Bateson 1983, Maturana und Varela 1982, Boscolo u.a. 1988, Luhmann 1984/2004, Glasersfeld 1996/1998, von Foerster 1985/1987, Simon 2006) und ist kein geschlossenes, einheitliches sondern ein offenes Theoriegebäude. Der Systemansatz bündelt eine Reihe unterschiedlicher neuerer und wieder entdeckter Betrachtungsweisen und kann auf Individuen wie auch auf Organisationen angewendet werden. Er kann praktisch sehr hilfreich sein, wenn er als Denkansatz verstanden und entsprechend gehandhabt wird.

Der Systemansatz ein offenes Theoriegebäude

Systemische Theorien, insbesondere in ihrer Erweiterung zum systemisch – (gemäßigt) konstruktivistischen Ansatz sind heute ein zentrales Orientierungs- und Handlungsmodell der Organisationsberatung und der Organisationveränderung geworden (vgl. Beck 2006). Sie geben in diesem Rahmen auch wertvolle Hinweise für das Konfliktverständnis und Möglichkeiten der Konfliktbearbeitung.

Zu unterscheiden sind zwei zentrale, voneinander unabhängige Perspektiven (vgl. Schmid 1993:21), nämlich die:

- systemische Perspektive
- wirklichkeitskonstruktive Perspektive

Die systemische Perspektive

Üblicherweise wird ein System als eine Anzahl von Elementen beschrieben, die miteinander in Beziehung stehen. Von „sozialen Systemen" spricht man, sofern diese Elemente Menschen sind. So lassen sich Organisationen (Familien, Behörden, Parteien, Unternehmen) beispielsweise als „soziale Systeme" begreifen (Miller 1978). Dem systemischen Ansatz liegt die Annahme zugrunde, dass die Elemente eines Systems miteinander vernetzt sind und sich wechselseitig beeinflussen. Man spricht in diesem Zusammenhang auch von einem *Prinzip kausaler Zirkularität.* Darunter zu verstehen ist die wechselseitige Beeinflussung von Systemelementen. Allgemein-abstrakt gesprochen, bedeutet dies: Systemelement A beeinflusst Systemelement B und Systemelement B beeinflusst wiederum Systemelement A. Das Prinzip kausaler Zirkularität bezieht sich somit auf Wirkungszusammenhänge.

Prinzip kausaler Zirkularität

Organisation in / aus systemischer Sicht

Von zentraler Bedeutung sind aus dieser Sicht vor allem die Beziehungen zwischen den Systemelementen. Möchten wir z.B. eine Organisation, aus systemischer Sicht untersuchen, so genügt es nicht, diese Organisation in ihre jeweiligen Elemente zu zerlegen und diese einzeln zu studieren.

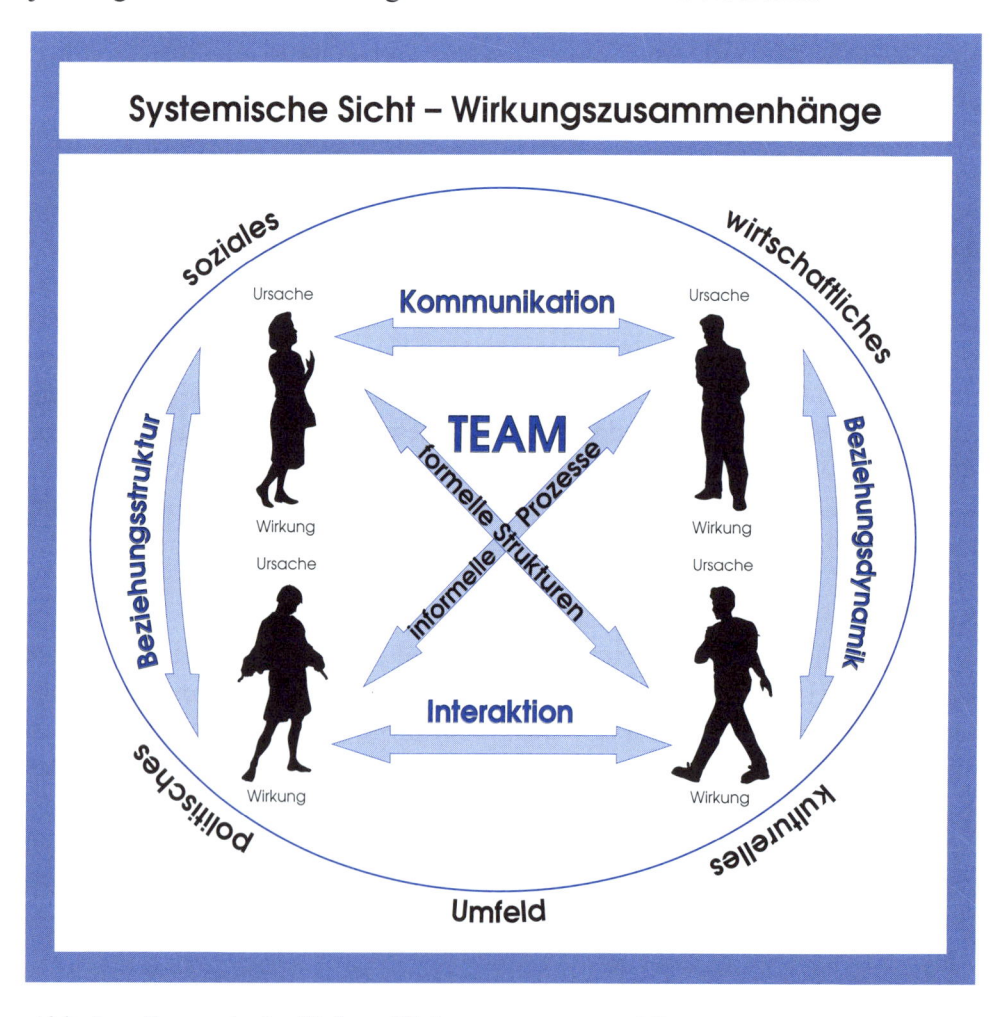

Abb. 8: Systemische Sicht – Wirkungszusammenhänge

Wir müssen uns insbesondere auf die Beziehung zwischen den Elementen konzentrieren. „Definiert man beispielsweise die Organisationsmitglieder als Elemente einer Organisation, so kommt es für das Verständnis vor allem darauf an, in welchen Beziehungen sie zueinander stehen. Von Interesse sind hier also Beziehungsstruktur und Beziehungsdynamik" (Brunner 1993:20).

Unter *Beziehungsstruktur* versteht man/frau bestimmte Muster, die sich im Verlaufe der Zeit zwischen den Mitgliedern eines Systems eingespielt haben bzw. auch durch institutionalisierte Regelungen und Normen eines Systems vorgegeben sind. Mit Blick auf eine Organisation können das z.B. die von formellen und informellen Positionen einer Organisation abhängigen Beziehungs- und Kommunikationsmuster zwischen Vorgesetzten und Mitarbeiter/innen sein. Zu solchen Kommunikationsmustern können auch die eingeschliffenen Muster der Konfliktbewältigung gehören (vgl. unten S. 100 ff.).

Beziehungsstruktur

Der Begriff *Beziehungsdynamik* bezieht sich auf die Prozesse wechselseitiger Beeinflussung wie sie z.B. zwischen den Mitgliedern eines sozialen Systems vorkommen. Diese Prozesse führen zur Etablierung von Beziehungsstrukturen, die ihrerseits wiederum die beziehungsdynamischen Abläufe steuern.

Beziehungsdynamik

Die linear-kausale Sichtweise

Das systemische Verständnis hebt sich von der in vielen Organisationen noch weit verbreiteten linearen Sicht- und Interpretationsweise ab. Aufgrund unserer tief in Traditionen verwurzelten Gewohnheit neigen wir dazu, auch Konfliktereignisse linear – additiv, auf bestimmte mehr oder weniger abgrenzbare, zusammenwirkende Ursachen zurückzuführen. Insbesondere neigen wir dazu, bestimmten Personen die „Schuld" an zwischenmenschlichen Problemen „in die Schuhe zu schieben". Hinzu gesellt sich das verständliche menschliche Bedürfnis, verwickelte Situationen durch einfache, scheinbar plausible Erklärungen wieder „in den Griff" zu kriegen.

Lineare Sicht = Vereinfachung

Dafür ein Beispiel: in der Abteilung Pflegekinderwesen des Jugendamts einer Großstadt kommt es öfter zu Auseinandersetzungen zwischen der Referatsleiterin Frau Huber und einem ihrer Mitarbeiter, Herrn Obermayer. Herr Obermayer hat dafür folgende Erklärung: seine Vorgesetzte, Frau Huber, ist in seinen Augen „hochneurotisch" (Ursache 1) und daher „kommunikationsunfähig" (Wirkung 1). Weil sie jedoch kommunikationsunfähig ist, kann sie mit ihm nicht zusammenarbeiten (Wirkung 1 wird nun zur Ursache 2).

Linear – Kausale Sicht

Ursache — Frau Huber ist kommunikationsunfähig

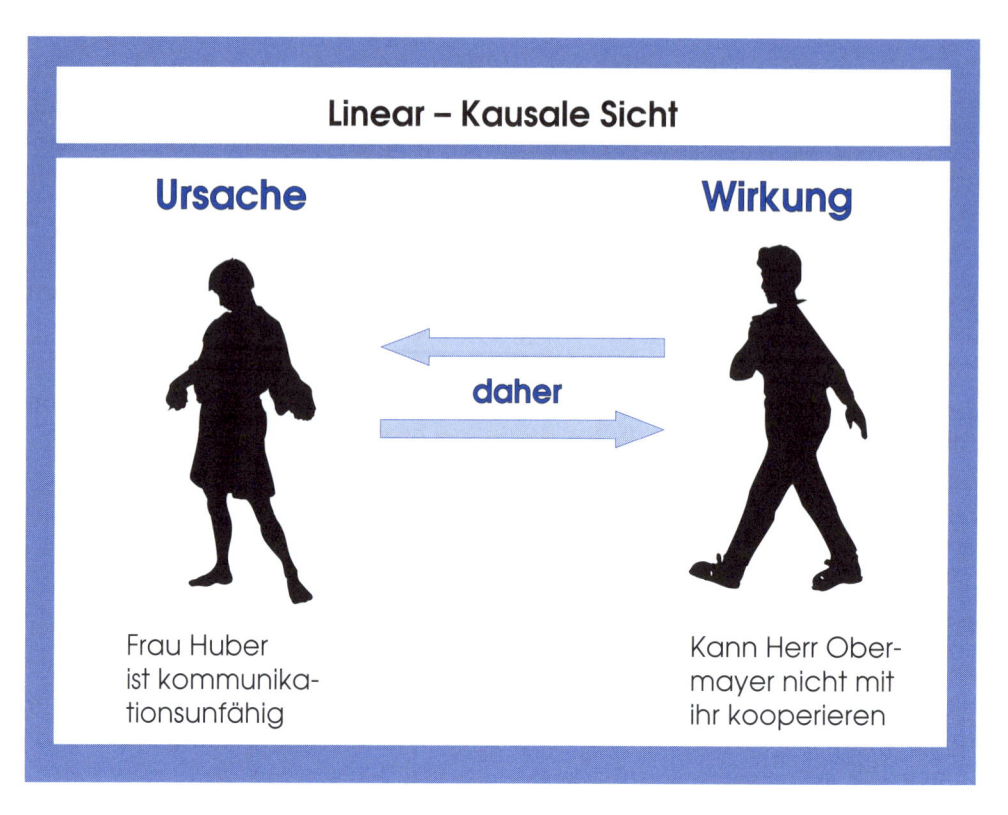

daher

Wirkung — Kann Herr Obermayer nicht mit ihr kooperieren

Abb. 9: Linear – kausale Sicht

Individualisierung

Personalisierung von Konfliktursachen

Die lineare Sicht ist in unserem Denken und Empfinden eng verbunden mit einer Individualisierung und Personalisierung von Konfliktursachen. Dies zeigt auch das Beispiel. „Das Entstehen und die prägende Dynamik von Konflikten wird in einem hohen Maße an Personen und ‚persönlichen' Merkmalen wie Einstellungen, Gefühlen, Werten charakterlicher Disposition etc, festgemacht" (Schmitz/Weyrer 1995:123). Dies ist besonders dann der Fall, wenn der Konflikt eskaliert und die Konfliktdynamik dichter wird. Andererseits ist zu bedenken, dass Konflikte oft erst dann erkannt bzw. sichtbar werden, wenn es zu einer Auseinandersetzung, zu einem Streit mit einer anderen Person kommt und die Emotionen kräftig aufgeputscht werden: „Wenn Frau X nur die Augenbrauen hochzieht, da fange ich schon an zu kochen".

Deeskalation des Konfliktverlaufes

Konfliktmanagement aus linearer, personalisierter Sicht konzentriert sich folgerichtig zunächst auf eine Deeskalation des Konfliktverlaufes („sich erst mal beruhigen"), um dann auf die Suche nach und die Aufarbeitung von personenbezogenen Konfliktursachen zu gehen (zurückliegende Kränkungen, Verletzungen, charakteristische Eigenschaften, Einstellungen, Werte usw.) (vgl. ebd.). Erfahrungsgemäß ist eine solche eingeengte, reduzierte Sichtweise und ein entsprechender Umgang mit Konflikten oft nicht lösungsdienlich.

Im Unterschied zur linear-kausalen Sicht des Herrn Obermayer im obigen Beispiel basiert das systemische Erklärungsmodell auf der Hypothese: „Jedes Phänomen gewinnt seine Bedeutung im Kontext". So werden sog. „Problempersonen" als Mitglieder eines Systems und damit als „Symptomträger" eines System-Problems gesehen. Das heißt, sie sind Akteur/innen, deren Verhalten nicht ausschließlich von ihren individuellen Persönlichkeitsstrukturen – ihren Werten, Interessen, Gefühlen, ihren „Charaktereigenschaften" usw. – her determiniert ist, sondern auch vom äußeren Kontext gesteuert wird, – von den Merkmalen des Systems, z.B. der Kultur, den Normen und Regeln einer Organisation, den hierarchischen Positionen und den damit verbundenen Erwartungen. Das Verhalten der Vorgesetzten Frau Huber, im o. g. Beispiel, kann durchaus auch eine angemessene Reaktion auf die in der Organisation geltenden, von ihr wahrgenommenen und interpretierten Normen und Erwartungen sein (z.B. dass Vorgesetzte ihre Mitarbeiter/innen effektiv kontrollieren, nicht mit ihnen zeitaufwendig kommunizieren). Das ihr zugeschriebene Problem der „Kommunikationsunfähigkeit" ist demnach auch von ihren Beziehungen im für sie relevanten System (Abteilung/Organisation) her zu erfassen.

„Problempersonen" als „Symptomträger"

Im Mittelpunkt der systemischen Betrachtung stehen demnach die Interaktionen, die Verbindungen, Vernetzungen, Relationen zwischen Systemelementen. „Es gibt keineswegs mehr eine Ursache für ein Ereignis, sondern die Verflechtung unterschiedlicher Einflüsse machen den Anlass aus und sind auch gleichzeitig wiederum Anlass für irgendetwas" (Kommescher/Witschi 1992:24). Das Erleben, Denken und Handeln von Organisationsmitgliedern ist aus systemischer Sicht kein primär „individuelles" Produkt. Innerpsychische Prozesse und individuelles Verhalten sind eingelassen und durchdrungen von organisationsstrukturellen und organisationskulturellen Gegebenheiten.

Vernetzungen zwischen Systemelementen

Innerpsychische Prozesse und organisationskulturelle Gegebenheiten

Betrachtet man sie als soziale Systeme, haben Organisationen, Unternehmen und Einrichtungen eine Tradition (manchmal auch Traditionen) und als solche ein Eigenleben. Deutlich wird dies darin, dass Menschen in Unternehmen/Einrichtungen mitunter in hohem Maße austauschbar sind, ohne dass sich das System verändert. Hier wirken die Erwartungen, die Regeln, die Normen, die Hierarchie, das Machtgefüge, welche formell festgelegt sind und/oder sich auch informell eingespielt haben. Sie formen die Handlungszusammenhänge. Diese Beobachtungen führten dazu, dass in den letzten zwei Jahrzehnten die klassische betriebswirtschaftliche Sicht von Unternehmen durch Konzepte der Unternehmenskultur bzw. allgemeiner, der *Organisationskultur,* ergänzt wurden (vgl. Ulrich 1984/1987, Schuh 1989, Ulrich/Probst 1991, Ullrich o.J.).

Unternehmenskultur bzw. Organisationskultur

Es geht hier gewissermaßen um den „Geist des Hauses", der in spürbarer Weise die Kommunikation unter den Mitgliedern einer Organisation (zwischen Mitarbeiter/innen, Vorgesetzten, Top-Management) steuert. Steuern meint jedoch nicht determinieren. Welche konkreten Einflüsse externe Steuergrößen haben, hängt wiederum von der Wahrnehmung und der Auslegung durch die Organisationsmitglieder ab.

Damit sind wir bei jener zweiten Perspektive angelangt, die für unser Verständnis von Konflikt von ebenso zentraler Bedeutung ist wie die systemische.

Die wirklichkeitskonstruktive Perspektive

„Vincent lief es kalt über den Rücken. Als die beiden Männer eintraten, saß Christine im Korbstuhl und nährte das Kind. Hermann spielte am Ofen. Tersteeg sah sie lange fassungslos an. Schließlich sagte er auf englisch: ‚Was haben die Frau und das Kind hier zu tun?' ‚Es ist Christine, meine Frau. Das Kind ist unser Kind.' ‚So hast du sie also tatsächlich geheiratet!' ‚Soweit Sie an Formalitäten denken, nein.' ‚Wie kannst du dir eine Frau nehmen... und noch dazu mit Kindern, die...' ‚Es ist nichts Ungewöhnliches, dass Männer heiraten, nicht wahr?' ‚Aber du hast kein Geld. Du wirst von deinem Bruder erhalten.' ‚Keineswegs! Theo zahlt mir ein Gehalt als Vorschuss. Alles, was ich schaffe, gehört ihm. Er wird sein Geld eines Tages zurückerhalten.' ‚Bist du wahnsinnig geworden, Vincent? Das sind Ausgeburten einer kranken Phantasie.' ‚Menschliches Verhalten, Mijnheer, ist dem Zeichnen zu vergleichen. Die Perspektive ändert sich nach dem Standpunkt, den man wählt; sie hängt nicht vom Objekt ab, sondern vom Standort des Beschauers'" (Stone 1976:213).

Sich marktschreierisch im Gewande des *„radikalen Konstruktivismus"* präsentierend (vgl. Schmidt 1987), ist die konstruktivistische Sicht, wie auch das Zitat nahelegt, nun wirklich alles andere als „neu".

„Wirklichkeits-vorstellungen"

Dieser Perspektive liegt die Annahme zugrunde, dass „Wirklichkeiten" durch die „Wirklichkeitsvorstellungen" von Menschen konstruiert, geschaffen werden. An die Stelle einer objektiv erfassbaren Wahrheit tritt die Perspektive des Beobachters. Dieser „erschafft" sich seine Wirklichkeit: Die konstruktivistische Erkenntnistheorie geht von der Prämisse aus, „dass wir nie mit der Wirklichkeit an sich umgehen, sondern stets mit unserer eigenen ‚Erfahrungswirklichkeit'" (Bardmann/Kersting/Vogel 1992:11). Das heißt aber mit den Bildern und Konstruktionen von Wirklichkeit in unseren Köpfen. Die Art und Weise, wie jemand denkt, fühlt und handelt im Hinblick auf bestimmte Ereignisse, Anforderungen, Vorkommnisse in seinem Umfeld, hängt nicht nur von äußeren Kontextgegebenheiten (Vorschriften, Dienstplänen ab, sondern auch von seinem aktiv-passiv gebildeten *persönlichen Bezugsrahmen* (frame of references). Gemeint ist damit die Summe aller von einem Menschen im Verlaufe seines Lebens entwickelten und in einer Situation (noch) relevanten Denk-, Gefühls-, Einstellungs-, Willens-, Handlungs- und Reaktionsmuster. Sie bilden die biographisch erworbenen Filter, auf deren Hintergrund „äußere Realität" wahrgenommen, bewertet und verarbeitet wird. Wir sprechen in diesem Zusammenhang von internalen „Prozessen", die – selbstreferenziell – auf die evolutionsbiologisch wie biografisch-lerngeschichtlich erworbenen Denk-, Erfahrungs-, Interpretations- und Bewertungsmuster hin ausgerichtet werden. Im vorausgehenden Kapitel haben wir uns mit zentralen Antriebskräften menschlichen Verhaltens befasst, die, wie vermutet und wofür einige Belege sprechen, über Prozesse der Wahrnehmung und Bewertung des Wahrgenommenen das menschliche Verhalten mit steuern. Wir dürfen vermuten,

„Erfahrungs-wirklichkeit"

Persönlicher Bezugsrahmen

dass die sog. *„frames of references"* nicht nur lerngeschichtlich und darüber kultur- und milieuspezifisch beeinflusst werden, sondern eben auch ihre evolutionsbiologischen Wurzeln haben.

Die „äußere" Wirklichkeit wird demnach nicht schlicht abgebildet, sondern entsteht im Auge der Betrachter/in. Sie wird intern rekonstruiert bzw. auch mitunter sehr eigenwillig aufgebaut, „konstruiert". Dementsprechend sagt Watzlawick (1977: 96): „Wir haben es nie mit der Wirklichkeit schlechthin zu tun, sondern immer nur mit Bildern der Wirklichkeit, also mit Deutungen. Die Zahl der jeweils möglichen Deutungen ist groß, subjektiv aber durch das Weltbild der Betreffenden meist auf eine einzige scheinbar mögliche, vernünftige und erlaubte begrenzt. Aufgrund dieser einen Deutung gibt es meist auch nur eine scheinbar mögliche, vernünftige und erlaubte Lösung …".

Das Auge der BetrachterIn

Im konstruktivistischen Verständnis ist Wahrnehmung ein wirklichkeitserzeugender Vorgang. Diese Wirklichkeitskonstruktion beruht darauf, dass wir im Prozess des Wahrnehmens unsere persönlichen Bezugsrahmen, die uns zur Verfügung stehenden Sichtweisen und Bewertungsmaßstäbe anwenden und dadurch erst Ereignisse identifizieren und bewerten. Durch eine positive oder negative Bestätigung der aktivierten persönlichen Bezugsrahmen wird der nächste Zyklus eingeleitet und durchlaufen. „Eine ‚geschlossene' Wahrnehmung wird die Möglichkeit einer vielfältigen Zuschreibung negieren und im Zyklus der sich selbst bestätigenden, aber immer gleichbleibenden Zuschreibung bleiben – mit all den daraus resultierenden Einschränkungen für ein flexibles, variantenreiches Handeln" (Schmitz/Weyrer 1995:126).

Wahrnehmung ein wirklichkeitserzeugender Vorgang

Im Unterschied zum „radikalen Konstruktivismus" (z.B. v. Foerster 1987; Schmidt 1987), halten die gemäßigt konstruktivistischen Ansätze an dem o.g. Ausgangspunkt der systemischen Perspektive fest: die einzelne Person wird als Mitglied eines System gesehen und „ihre" Probleme, ihr Verhalten werden von den Systembeziehungen her ausgelegt. Allerdings richtet sich nun die Aufmerksamkeit auf die Person. Die zentrale Frage lautet: Wie ist das Wirklichkeitsverständnis der Person bzw. auch der anderen Beteiligten? Infolgedessen geht es darum, die Wirklichkeitsvorstellungen der Menschen mit Blick auf ihr Umfeld, ihre Beziehungssysteme, ihre Organisation zu explorieren bzw. zu rekonstruieren (Schmid 1993:21). Die Aufmerksamkeit verschiebt sich also von den Inter-Aktionen, den Relationen, zurück auf die Aktionen, die aus dem Wirklichkeitsverständnis, den Wirklichkeitskonstruktionen eines Systemmitglieds hervorgehen. Dies führt bildlich gesprochen zu einer Großeinstellung des Fokus auf den Einzelnen im System. Sein persönlicher Bezugsrahmen (frame of reference) konstruiert die Wirklichkeitsvorstellung z.B. seines Teams, wird zur Lupe, mit der er seine Kolleg/innen wahrnimmt und einschätzt.

Radikaler vs. gemäßigten Konstruktivismus

Die jeweils „gewählte" Perspektive einer Person (Beobachters) macht den Unterschied (so Bateson 1983). Zu fragen ist daher, welcher Unterschied, d.h. welche „Leitdifferenz" eine Person gewählt hat, um die „Welt" zu strukturieren." Unterschiede im Blickwinkel haben jedoch nicht nur Personen bzw. Individuen sondern auch soziale Systeme. Organisationen können als „soziale Systeme" betrachtet werden.

Organisationen als „soziale Systeme"

Die wirklichkeitskonstruktive Sicht

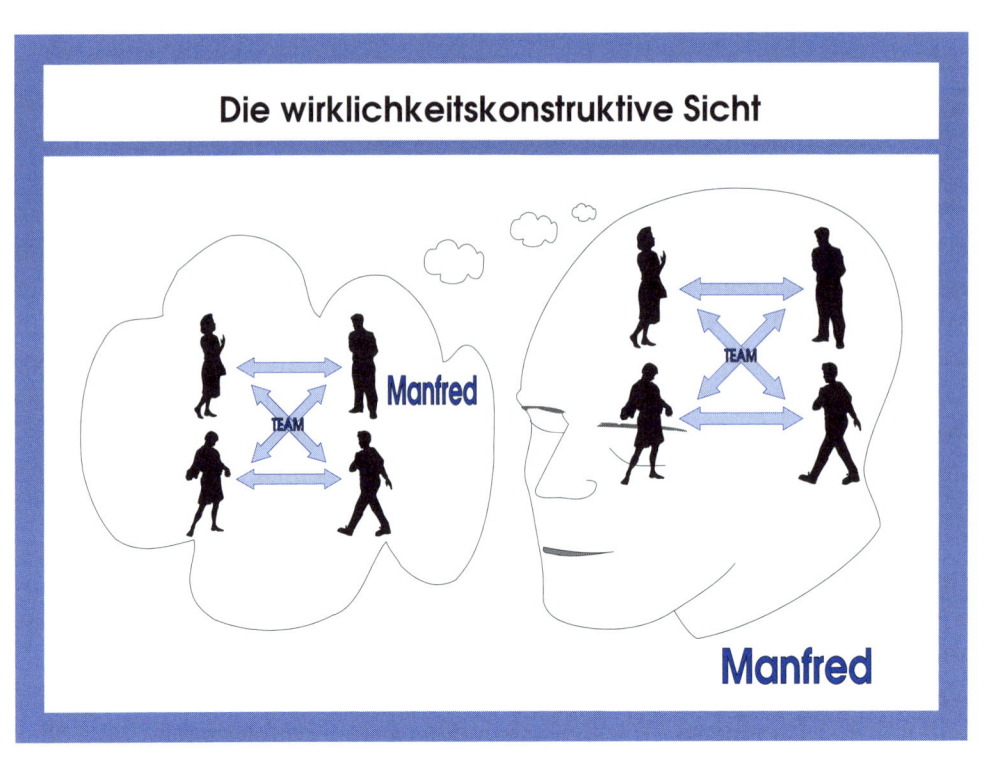

Abb. 10: Die wirklichkeitskonstruktive Sicht

Das systemische Verständnis von Organisationen

Für das systemische Verständnis von Organisationen sind folgende Merkmale kennzeichnend:

Das systemische Verständnis von Organisationen

Organisationen sind
- lebendige Ganzheiten, deren Elemente in Wechselbeziehung zueinander stehen;
- Teil einer vernetzten, dynamischen Wirklichkeit und stehen gleichzeitig in vielfältigen, zirkulären Austauschbeziehungen mit anderen Systemen ihrer Umwelt, deren innere Zustände und Verhaltensweisen ebenfalls das Ergebnis zirkulärer Prozesse sind;
- nicht offene, sondern operativ geschlossene, dynamische Gebilde, die sich unentwegt selbst reproduzieren (Baecker 2003, S. 38);
- werden primär über Kommunikation gesteuert;
- soziale Systeme, „deren wesentliche kommunikative Handlungen aus Entscheidungen bestehen, die aneinander anknüpfen". Organisationen reproduzieren sich über Entscheidungen. Die Art und Weise, wie sie das tun, ist sie unverwechselbar. Jede Organisation „spielt" eine „eigene Melodie" (Bodos 1991, S. 120, zit. S. 38). Das Muster kann auch darin bestehen, sich zu entscheiden, dass man sich nicht entscheidet.

Abb. 11: Systemisches Verständnis von Organisationen

Konflikte in komplexen Systemen

Eine wichtige Rolle beim Verständnis von Organisationen, als nicht offene, operativ geschlossene, jedoch dynamische Gebilde, spielt das von den Biologen Maturana und Varela (1987) entwickelte und dem Soziologen Luhmann in die Sozialwissenschaften übernommene Konzept der „Autopoiesis". Autopoiesis meint „selber machen". Das bedeutet mit Blick auf Organisationen als soziale Systeme, dass diese sich ständig selbst reproduzieren. Sie koppeln sich in gewisser Weise von der Umwelt ab. Dafür steht die Bezeichung „operative Geschlossenheit" Im autopietischen Prozess achtet das System insbesondere auf die „interne Anschlussfähigkeit". Es ist vergleichsweise immun gegen Anregungen von außen. Soziale Systeme sind zwar mit ihren Umwelten verkoppelt, nehmen die Information von außen jedoch nur selektiv auf.

Konzept der „Autopoiesis"

„operative Geschlossenheit"
„interne Anschlussfähigkeit"

Unterschiedliche Logiken und Leitdifferenzen

Der Systemansatz geht desweiteren davon aus, dass unterschiedliche soziale Systeme unterschiedliche Logiken oder Leitdifferenzen aufweisen. „Die Wissenschaft z.B. unterscheidet nach dem Kriterium ‚richtig/falsch', die Justiz nach ‚Recht/Unrecht'. … kennt man die Leitdifferenz eines Beobachters, weiß man, was er sehen wird, und vermutlich auch, was sein ‚blinder Fleck' ist. Jede Perspektive ist berechtigt, und jede Perspektive kann hinterfragt werden, da kein Beobachtungsstandpunkt von vornherein gesetzt ist." (Boos/Heitger/Hummer 2004, S. 37). Dies ist insbsondere mit Blick auf unterschiedliche Interessenskonstellationen, wie sie bei sozialen Konflikten gegeben sind wichtig. Um zu tragfähigen Konfliktlösungen zu kommen ist hier das Aushandeln der unterschiedlichen Standpunkte erforderlich, es sei denn, dass der Anspruch auf „Alleingültigkeit" erhoben und per Machtstrategie durchgesetzt wird.

Unterschiedliche Logiken

Unterschiedliche Interessenskonstellationen

System-Umwelt-Differenz

System-Umwelt-Differenz

Eine für die neuere Systemtheorie wichtige Unterscheidung ist die eine System-Umwelt-Differenz, die folgendermaßen charakterisiert werden kann (vgl. Luhmann 1984):

- Jedes soziale System ist Beobachter seiner Umwelt und trifft eine Unterscheidung zwischen sich und seiner Umwelt.
- Es wird unterschieden zwischen einer für das System relevanten und nicht relevanten Umwelt.
- Die Umwelt ist immer komplexer als das System. Das ist mit der Bezeichnung „Komplexitätsgefälle" gemeint.
- Soziale Systeme müssen sich schützen vor zuviel Komplexität. Sie sind daher nicht offen und benötigen „Sinn", um zu überleben und um sich fortentwickeln zu können. Der Sinn hilft sozialen Systemen auch sich von der Umwelt zu unterscheiden bzw. sich zu ihr erfolgreich in Beziehung zu setzen.
- „Sinn" steuert das System auf allgemeiner Ebene und ist deswegen auch von zentraler Bedeutung und unverzichtbar. Eine Veränderung und Weiterentwicklung ist ohne Arbeit am Sinn nicht möglich. „Sinn" wird jedoch durch Kommunikation gebildet und verändert.

Die Konsequenzen, die sich aus dem Systemansatz für das Verständnis von Konflikten und Konfliktdynamik und Konfliktlösungen ergeben werden wir nun etwas detaillierter darlegen.

Konflikte in Organisationen – eine komplexe „Wirklichkeitskonstruktion"

Subsysteme als potentielle Konfliktquellen

Jede Organisation beruht auf mehr oder weniger fixierten, „objektiv" vorgegebenen Rahmenbedingungen, wie z.B. hierarchischen Strukturen, Regelungen der Arbeitsabläufe, Dienstplänen und vielem anderen mehr. All dies birgt erfahrungsgemäß eine Menge von Konfliktpotenzial. Allerdings sind nicht dieser „äußere" Kontext, die ihm zugehörigen Sachverhalte, nicht die „äußere Wirklichkeit" als solche schon maßgebend, ob es in einer Organisation, in einer Einrichtung zu Konflikten kommt. Folgen wir der konstruktivistischen Sicht, so ist die Wahrnehmung, die Einschätzung und Bewertung der Situation durch die Beteiligten von ausschlaggebender Bedeutung. Der Weg zum Konflikt führt immer „über die Köpfe und Herzen" der an ihm Beteiligten, bzw. (in der Sprache der Hirnforschung ausgedrückt) über „das limbische System" und den „präfrontalen Cortex". Die verschiedenen Subsysteme einer Organisation, wie auch die Veränderungen in ihrem Umfeld bergen jedoch zahlreiche potentielle Konfliktquellen. Die Frage ist, was bewusst/unbewusst jeweils mit Blick auf das Umfeld (die Organisation, Subsysteme, organisationsexterne Einflüsse) als bedrohlich, belastend, herausfordernd usw. wahrgenommen wird.

Konflikte in komplexen Systemen

Wesenselemente und Subsysteme einer Organisation

Element	Umschreibung	Subsystem
1. Identität	Die gesellschaftliche Aufgabe der Organisation, Mission, Sinn und Zweck; Leitbild, Fernziel, Philosophie, Grundwerte, Image nach innen und außen, historisches Selbstverständnis der Organisation	GEISTIG-KULTURELLES SUBSYSTEM
2. Policy, Strategie	Langfristige Programme der Organisation, Unternehmenspolitik, Leitsätze, Strategie und längerfristige Konzepte, Pläne	
3. Struktur	Aufbauprinzipien der Organisation, Führungshierarchie, Linien- und Stabsstellen, zentrale und dezentrale Stellen, formales Layout	POLITISCH-SOZIALES SUBSYSTEM
4. Menschen, Gruppen, Klima	Wissen und Können der Mitarbeiter, Haltungen und Einstellungen, Beziehungen, Führungsstile, informelle Zusammenhänge und Gruppierungen, Rollen, Macht und Konflikte, Betriebsklima	
5. Einzelfunktionen, Organe	Aufgaben, Kompetenzen und Verantwortung, Aufgabeninhalte der einzelnen Funktionen, Gremien, Kommissionen, Projektgruppen, Spezialisten, Koordination	
6. Prozesse, Abläufe	primäre Arbeitsprozesse, sekundäre und tertiäre Prozesse: Informationsprozesse, Entscheidungsprozesse, Planungs- und Steuerungsprozesse	TECHNISCH-INSTRUMENTELLES SUBSYSTEM
7. Physische Mittel	Instrumente, Maschinen, Geräte, Material, Möbel, Transportmittel, Gebäude, Räume, finanzielle Mittel	

Quelle: Glasl (1990: 116)

Abb. 12: Wesenselemente und Subsysteme einer Organisation

Will man die Konfliktträchtigkeit einer Organisation bzw. auch ihrer Subsysteme erfassen, so genügt es nicht, dies ausschließlich aus einer distanzierten, objektivierten Sicht heraus vorzunehmen, sondern es wird auch darauf ankommen, die subjektiven Sichten der Organisationsmitglieder einzuholen und zur Kenntnis zu nehmen.

„Organisationsanalyse" aus subjektiver Sicht

Erst eine „Organisationsanalyse" aus subjektiver Sicht lässt die Konfliktpotenziale einer Organisation sichtbar werden. Durch sie wird deutlich, welche Sachverhalte, Abläufe, Regeln, Erwartungen, Beziehungen von den Beteiligten aus ihrer jeweiligen Position heraus als problematisch, schwierig, hinderlich wahrgenommen und bewertet werden. Systemische und wirklichkeitskonstruktive Dimensionen spielen dabei eng zusammen.

Deshalb lassen sich Konfliktereignisse auch vom sonstigen aktuellen Geschehen im näheren und weiteren Umfeld einer Person nur schwer abgrenzen. Sie können durch bevorstehende, im Gang befindliche oder auch bereits abgelaufene Veränderungen ausgelöst oder veranlasst werden, wie z.B.:

- Ein neuer, „forsch" auftretender, sich „dominant" verhaltender Kollege kommt in das Team.
- Das Budget wurde gekürzt, man/frau muss mit weniger Geld die gleichen Aufgaben wie bisher erfüllen.
- Im bevorstehenden Jahr sollen neue Aufgaben hinzukommen, auf die man/frau nur ungenügend vorbereitet ist.
- Eine neue Führungskraft „irritiert" mit ihrem „ungewöhnlichen" Führungsverhalten.
- Durch Umstrukturierungen ändern sich Aufgaben, Statussymbole werden entzogen, drohen Verlust des bisherigen Arbeitsplatzes und beruflicher Abstieg.

Komplexe Wirklichkeitskonstruktion

„Konfliktgewebe"

In der Regel haben Konflikte sowohl einen objektiven, äußeren Aspekt (ein Geschehen im Umfeld der Betroffenen) wie einen subjektiven, psychischen Aspekt (Wahrnehmung, Bewertung durch die Person, emotionale Betroffenheit). Wir können sie daher als eine *komplexe Wirklichkeitskonstruktion* beschreiben, an der die in den Konflikt einbezogenen Menschen auf verschiedenen Ebenen (Mikro-, Meso-, Makroebene) mitwirken. Je mehr Personen und Ebenen in dem Konflikt aktiv sind, desto komplizierter sind die Verhältnisse, desto komplexer das „Konfliktgewebe".

Konflikte in komplexen Systemen

Konfliktrahmen und Komplexität

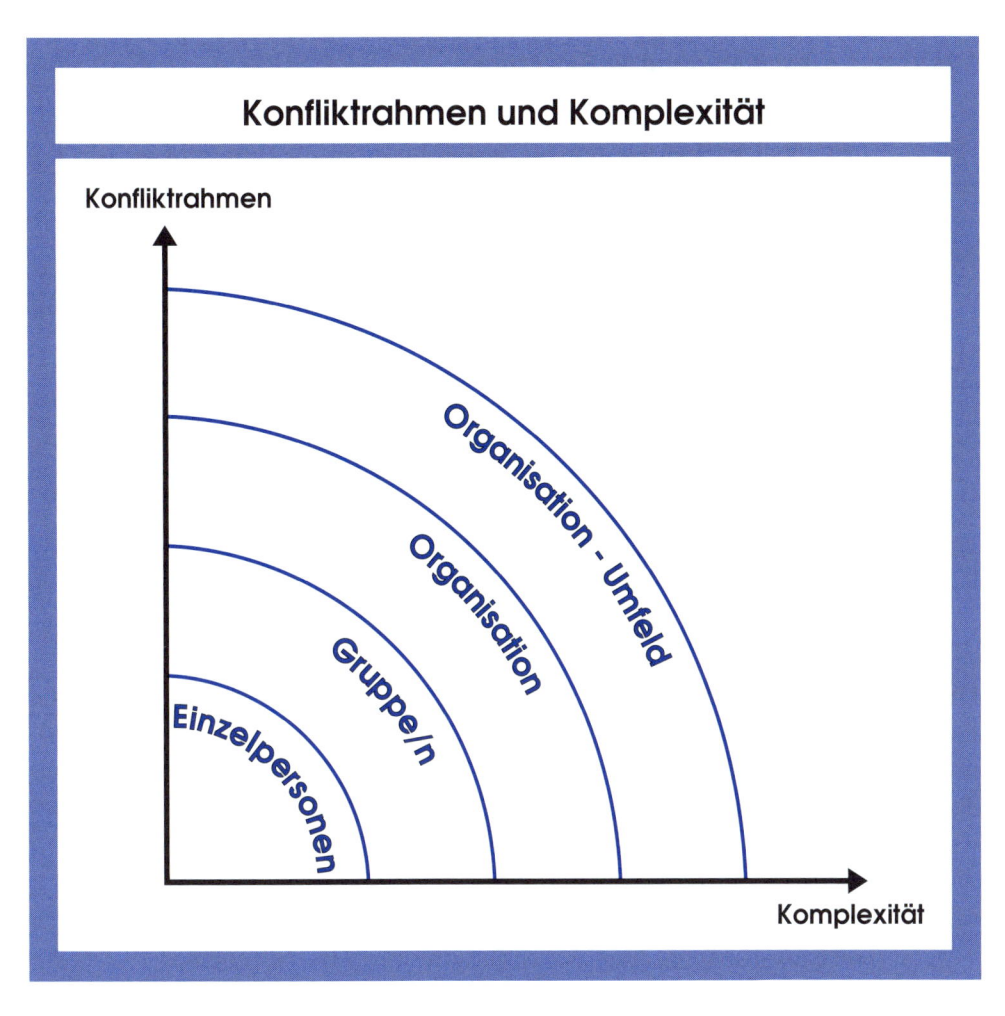

- Einzelpersonen
- Gruppe/n
- Organisation
- Organisation - Umfeld

Abb. 13: Konfliktrahmen und Komplexität

3. Subjektive Profilierung von Konflikten

Die Rahmenbedingungen einer Organisation oder Veränderungen in der Organisation – in den letzten Jahren vielfach auch veranlasst durch Entwicklungen im Umfeld der Organisation – sind in vielen Fällen „Auslöser" von Konfliktereignissen. Gehen wir von der wirklichkeitskonstruktiven Sicht aus, so wird über Dynamik und Brisanz eines Konfliktes allerdings auf der subjektiven Ebene der Konfliktwahrnehmung, -bewertung und -verarbeitung entschieden. Wir nennen dies die *subjektive Profilierung* eines Konfliktes. Diese beinhaltet

Subjektive Ebene der Konfliktwahrnehmung

- die individuelle Einschätzung und Bewertung einer Situation als subjektiv „bedeutsam"
- und legt zudem bestimmte Reaktionsweisen der an dem Konflikt beteiligten Personen und Stellen nahe.

Subjektive Einschätzung und Bewertung

Konflikt als kritisches Lebensereignis

Ein Konfliktereignis lässt sich sozialwissenschaftlich als eine Unterkategorie sog. „kritischer Lebensereignisse" beschreiben und kann definiert werden (Faltermeier 1987:35 ff):

- als eine Veränderung in der Lebenswelt einer Person, die wiederum eine Veränderung ihres bisherigen Lebensmusters, ihrer Lebenspraxis impliziert;
- als eine punktuelle, raumzeitliche Verdichtung im lebensweltlich-lebensgeschichtlichen Geschehen einer Person. Sie ist abrupt und damit zeitlich lokalisierbar und datierbar;
- als Ereignis, das für die betroffene Person subjektiv bedeutsam ist, in das sie sich stark involviert fühlt, und das deshalb auch eine starke emotionale Beteiligung hervorruft.

Konzept der kognitiven Bewertung

Dieses „Konzept der kognitiven Bewertung" wurde von dem amerikanischen Psychologen Lazarus und seinen Mitarbeitern (vgl. Lazarus/Folkman 1984) in ihren Forschungen zur Bewältigung kritischer Lebensereignisse entwickelt, von Faltermeier (1987) aufgegriffen und erweitert. Die subjektive Bewertung

- stellt demnach eine komplexe, kognitive und gefühlsmäßige Anteile umfassende Einschätzung der Situation durch Betroffene dar;
- umfasst zugleich eine Einschätzung der für die Bewältigung verfügbaren Ressourcen und
- kann bereits eine Form der Bewältigung der Situation, des Problems oder Konflikts sein.

Frame of reference

Entscheidend ist demnach, wie die beteiligten Personen Veränderungen in ihrem Umfeld aufgrund ihrer vorausgegangenen Erfahrungen, ihrer Denkmuster, Wertnormen, Interessen und Ziele (d.h. ihres *persönlichen Bezugsrahmens/frame of reference*) wahrnehmen, deuten, bewerten, verarbeiten und zu welchen Schlüssen sie kommen. So bewertet z.B. die Mitarbeiterin einer Einrichtung die Zielvorgaben des neuen Vorgesetzen als „überfordernd"; Arbeitsregelungen werden als „bürokratisch", „starre" Dienstpläne als einengend und mit den persönlichen Zeitplänen unvereinbar erlebt. Nicht allein die „äußere" Wirklichkeit als solche, d.h. als „objektive", „wirkliche", „wahre" Wirklichkeit spielt die maßgebende Rolle. Von zentraler Bedeutung ist, wie Personen diese Wirklichkeit wahrnehmen, deuten, bewerten (siehe die in Anführungszeichen gesetzten Begriffe). Desweiteren kommt es darauf an, wie sie diese Bewertungen verarbeiten, zu welchen Schlüssen sie kommen, auch darüber, wie es sein sollte, ob sie etwas verändern kann und will, mit welchem Aufwand, mit welchen Risiken und Folgen.

Ein Ereignis kann eingeschätzt werden als

- ❏ irrelevant
- ❏ positiv: herausfordernd
- ❏ negativ: bedrohlich, belastend.
- ❏ Die Einschätzung „negativ/bedrohlich" kann sich wiederum auf folgendes beziehen:
  - Schädigung/Verlust – ein eingetretenes oder zu erwartendes Ereignis (z.B. Versetzung);
  - Bedrohung – bei Ereignissen, die antizipierbar sind und eintreten könnten (z.B. Entlassung);
  - Herausforderung: „damit werde ich schon fertig".

Allgemein gesehen geht es bei Konflikten um Konfliktinhalte materieller und ideeller Art:

Konfliktinhalte

- ❏ *materiell:* Geld, Besitz, Statussymbole, wie Personal- und Raumausstattung, Dienstwagen;
- ❏ *immateriell/ideell:* Zeit, Prestige, Verantwortung, Einfluss, Werte, Wertschätzung.

Ein Konflikt ist Ausdruck einer Veränderung im Lebensumfeld einer Person/Gruppe, die wiederum eine Veränderung des bisherigen Lebensmusters impliziert. Mit Blick auf die genannten Konfliktinhalte kann das bedeuten: eine Situation, Veränderungen, Vorgänge, Sachverhalte im Umfeld einer Person sind nur dann konfliktträchtig, wenn diese sie angesichts ihrer Bedürfnisse, Ziele und Erwartungshaltungen als bedrohlich/herausfordernd hinsichtlich des eigenen Wohlbefindens, der eigenen Interessenverfolgung und angestrebter Zielrealisierungen wahrnimmt.

Einschätzung von Ressourcen zur Konfliktbewältigung

Unter Ressourcen verstehen wir ein Potenzial von Möglichkeiten, auf die eine Person bei dem Versuch, aus ihrem Umfeld bzw. entsprechenden Veränderungen resultierende Belastungen/Herausforderungen zu bewältigen, zurückgreifen kann. Ob ein Ereignis, ein Vorgang oder ein (angekündigtes) Vorhaben als konfliktträchtig gesehen und bewertet wird, hängt auch davon ab, ob und wie die für die Bewältigung der spezifischen externen und/oder internen Anforderungen zur Verfügung stehenden Ressourcen wahrgenommen und hinsichtlich ihrer Tauglichkeit eingeschätzt werden. Die Person überlegt sich, fragt sich, überprüft, was sie tun kann, welche Mittel und Möglichkeiten sie hat, Belastungen zu bewältigen und ihr Wohlbefinden, ihre Interessen zu sichern oder auch wiederherzustellen. Dies schließt die Suche nach und die Bewertung persönlicher, sozialer, kultureller und materieller Ressourcen mit ein.

Welche Ressourcen sind verfügbar?

Eine angekündigte oder befürchtete Enlassung (Verlust des Arbeitsplatzes) wird wohl weniger bedrohlich wahrgenommen, wenn bereits ein „attraktives" neues Stellenangebot vorliegt oder die Arbeitsmarktlage sowie einschlägig relevante eigene Fähigkeiten als positiv eingeschätzt werden.

Unterschieden werden im allgemeinen persönliche, materielle, soziale und ideell-kulturelle Ressourcen:

❏ ***Persönliche Ressourcen***

Resultat von Lernerfahrungen

In der Person liegende, relativ stabile Potenziale, die in Konfliktsituationen aktualisiert und verfügbar gemacht werden können. Personale Ressourcen können als Resultat vorausgegangener Lernerfahrungen betrachtet werden. Sie haben nicht nur einen individuell-biographischen Hintergrund, sondern u.a. auch einen bildungs-, schicht, -geschlechts-, und migrationsspezifischen, wie vorliegende Untersuchungen zeigen (vgl. Faltermeier 1987:120).

Selbstkonzept und Selbstwertgefühl

Menaghan (1983) unterscheidet zwischen Einstellungen zur „eigenen Person" und denen „über die Welt". Zu ersteren gehören bevorzugt solche über die eigene Identität, wie z.B. Selbstkonzept und Selbstwertgefühl. Beides beeinflusst das Bewältigungsverhalten und hat, im Falle eines positiven Selbstkonzeptes und Selbstwertgefühls eine emotional anregende, stressreduzierende Wirkung. In gleicher Weise wirken offensichtlich (interne) Kontrollüberzeugungen, bei denen eine Person der Meinung ist, dass sie eher die Kontrolle über ihre Umwelt hat, exakter die Konfliktsituation zu ihren Gunsten steuern kann: „Ich bin durchaus in der Lage, das zu schaffen." „Das krieg ich in den Griff."

Soziale und kommunikative Kompetenzen

Eine wichtige Rolle als personale Ressource spielen auch die Bewältigungskompetenzen, d.h. die Fähigkeiten zu einem konkret erforderlichen und adäquaten Handeln. Hierzu gehören sowohl soziale und kommunikative Kompetenzen, wie auch Problemlösungsfähigkeiten und das erforderliche, einschlägige Wissen (vgl. auch Faltermeier 1987: 122 f.). Weiß ich aus eigener Erfahrung, dass ich in vergleichbaren Situationen dank eigener Fähigkeiten, Fertigkeiten und Kenntnissen den Konflikt bewältigen konnte, werde ich offensiver und zuversichtlicher in ähnliche Auseinandersetzungen gehen.

Konflikte in komplexen Systemen

❐ *Materielle Ressourcen*
Gemeint sind die weiter unten (S. 128) erwähnten, in den sog. „Issue-Konflikten" begrenzten Mittel und knappen Güter wie Geld, Werkzeuge, Ausrüstung, qualitative Arbeitsbedingungen, Raum- und Personalausstattung, ökonomische Ressourcen, ausreichendes Budget, Verfügbarkeit von Sachmitteln, Marketing, Verkauf, Absatz etc.

Mittel, Güter, Arbeitsbedingungen

❐ *Soziale Ressourcen*
Der Begriff „soziale Ressourcen" bezieht sich auf ein „soziales Netzwerk", d.h. auf die sozialen Beziehungen, in die eine Person eingebunden ist und darauf, ob und inwieweit diese für das individuelle Problemlösungsverhalten mobilisiert werden können. Konkreter gefasst geht es darum, inwieweit Personen aus dem sozialen Netzwerk tatsächlich Hilfe und Unterstützung leisten. Diese Unterstützung kann in verschiedenen Formen realisiert werden (vgl. House 1981): als direkte Hilfeleistung, Beratung und Information, emotionale Unterstützung, Zuwendung und klärendes Feedback, die einer Person eine adäquate Einschätzung von sich erlauben, etc.

Beratung, Information, Zuwendung

❐ *Ideell-kulturelle Ressourcen*
Verbindliche, von einem Konsens getragene Regeln, Normen und Werte in einer Organisation, auf die man/frau sich beziehen können, institutionalisierte Verfahrensweisen, deren man/frau sich bedienen, auf die sie zurückgreifen können und auch sollen. Kommt eine Person oder Partei zu dem Ergebnis, dass die ihr zur Verfügung stehenden und von ihr wahrgenommenen Ressourcen nicht ausreichen, um mit den spezifischen externen und/oder internen Anforderungen fertig zu werden, so beeinflusst dies ihr Konflikterleben und steuert die individuellen, unmittelbaren, oft unwillkürlich reflexhaft erfolgenden Reaktionen. In diesem Fall kommt es zu einem wahrgenommenen/erlebten Zustand relativen Ungleichgewichts in dem bisher aufgebauten „Passungsgefüge zwischen Person und Umwelt", der eine Neuorganisation in dem Person-Umwelt-System erfordert (Filipp 1981).

Regeln, Normen und Werte

Individuelle Reaktionen der Konfliktbewältigung als „anerkennenswerte Sicherheits- bzw. Selbstschutzhandlungen"

Zu den verbreiteten individuellen Reaktionen, die auf die Konfliktwahrnehmung folgen und die bereits Formen der Konfliktbewältigung sein können, gehören

Kopf in den Sand

❏ *Ignorieren*
Man/frau schaut willkürlich/unwillkürlich weg, übersieht den Konflikt, betreibt „Vogel-Strauß-Politik", d.h. steckt den Kopf in den Sand und wartet, bis sich die Wolken verzogen haben, in der Hoffnung, von möglichen Wolkenbrüchen verschont zu bleiben. Die Psychoanalyse charakterisiert dieses Verhalten als Konfliktabwehr und spricht von „Verdrängung". Die Zeit löst keine Konflikte, sondern lässt sie weiterschwelen oder verschärft sie!

Verständnis/Verzicht

❏ *Tolerieren*
Man/frau zeigt Verständnis für konträre, strittige Positionen und verzichtet darauf, eigene Interessen einzubringen. Mittelfristig gesehen gerät man/frau auf diese Weise leicht in eine Verliererposition.

Ohnmachtsgefühle

❏ *Resignieren*
Verzicht auf Handeln, auf eigene Initiative, man/frau fühlt sich ohnmächtig, ist niedergeschlagen. Dem Konflikt wird ausgewichen, indem man/frau der Gegner/in aus dem Wege geht, sich kampflos ergibt, in eine Schein- und Traumwelt, oder in Müdigkeit, Krankheit, Abhängigkeit, Genuss- und Spielsucht flüchtet.

Rückfall/Rückschritt

❏ *Regredieren*
Rückfall in Verhaltensweisen, die in früheren Lebensabschnitten erworben wurden bzw. für diese „typisch" waren und sich dort für die eigene psychische Existenzsicherung und/oder für die Durchsetzung des eigenen Willens als erfolgreich erwiesen haben (z.B. das „Weinen" der Klischeesekretärin – Kindchenverhalten der Frau – „polterndes", „lautstarkes" Auftreten des Vorgesetzten – ein richtiger, drauflosgehender Junge – die Suche nach Leidenspartner/innen nach dem Motto „geteiltes Leid ist halbes Leid").

Kognitive Ebene

❏ *Rationalisieren*
Suche nach vermeintlich „vernünftigen" Gründen, die aber häufig nicht zu den Konfliktursachen vorstoßen. Ursachenforschung und Klärung der Konfliktgründe werden einseitig auf der kognitiven Ebene vorgenommen und blenden dadurch häufig wichtige Aspekte in den Konfliktzusammenhängen aus.

Konflikte nutzen

❏ *Instrumentalisieren/Aktivieren*
Den Konflikt für die eigenen Ziele/Zwecke/Interessen einseitig nutzen/verschärfen (z.B. wer sonst nicht viel zu sagen hat, macht auf sich aufmerksam, indem er/sie kräftig schürt, intrigiert.) Konflikte haben nicht nur negative Aspekte und Dimensionen, nicht selten lassen sie sich auch für den eigenen Karrierefortschritt nutzen.

Diese meist spontan und unwillkürlich ablaufenden Reaktionen führen auf Dauer nicht zu einer tragfähigen Konfliktlösung. Sie dienen bestenfalls einer häufig nur vorübergehenden Bewältigung/Regulation der negativen Emotionen (Angst, Wut, Verzweiflung, Enttäuschung) bzw. einer einseitigen Interessendurchsetzung.

Keine tragfähige Lösung

Häufig anzutreffende Gründe für das skizzierte Flucht- oder Konfliktvermeidungsverhalten sind:

- vorangegangene verlorene Kämpfe,
- scheinbar übermächtige Gegner, z.B. Vorgesetzte,
- persönliche Abneigung gegen Konflikte.

Noch eher selten sind Bewältigungsreaktionen wie:

- Gezielte Suche nach Informationen über die Konfliktsituation.
- Verhandlungsangebote auf der Basis unterschiedlicher Interessen.
- Es wäre nun aber verfehlt, solche individuellen Reaktionen in psychologisierender Manier ausschließlich den übersituativen, internalisierten und relativ stabilen Verhaltenstendenzen der jeweiligen Person/Konfliktpartei zuzuschreiben. Warum?

4. Einfluss der Organisationskultur auf die Konfliktentstehung und Konfliktsteuerung

Aus systemischer Sicht lassen sich auch größere Organisationen als Beziehungssysteme verstehen, in denen die Mitarbeiter/innen bewusst und unbewusst ihr Erleben, ihre Bewertungen und ihr Verhalten auf die von ihnen wahrgenommenen Regeln und Normen der Organisation/des Unternehmens hin ausrichten. Je nachdem wie sie diese Regeln und Normen wahrnehmen und interpretieren, wird das Spektrum ihres Erlebens, Handelns und Verhaltens auf bestimmte Teilbereiche in ihrem Denken und Fühlen eingeengt. Im Glashaus wirft man keine Steine, im Hause des Henkers spricht frau nicht vom Strick; bürokratisch geführte Betriebe hindern die Mitarbeiter/innen an ihrer Selbstentfaltung, sich selbstregulierende Teams haben häufig Entscheidungs-, Leitungs- und Führungsprobleme. Diese Rahmenbedingungen und Beziehungssysteme spielen sowohl bei den oben beschriebenen Prozessen der subjektiven Einschätzung einer potentiell konflikthaften Situation eine Rolle, steuern aber auch die „Wahl" der Reaktionen auf den Konflikt und damit auch die Formen der Konfliktbewältigung auf sozial-interaktionaler Ebene.

Organisationen als Beziehungssysteme

Entscheidungs-, Leitungs- und Führungsprobleme

„Wahl" der Reaktionen, Formen der Konfliktbewältigung

Jede Organisation, jedes Unternehmen setzt aufgrund seiner internen und externen Regeln und Normen Signale für seine Mitarbeiter/innen:

- Welche Streitpunkte, Kontroversen, dürfen wie angesprochen, sichtbar gemacht werden?
- Welchen Preis werde ich dafür bezahlen müssen? Was habe ich zu erwarten?
- Was bin ich bereit, dafür zu investieren/riskieren (an Zeit, Geld, Ansehen)?
- Bin ich überhaupt in der Lage, das anzupacken? Traue ich mir das zu? Kann ich das?
- Wo halte ich mich besser zurück? Was sollte ich zu meinem eigenen Vorteil ignorieren?

Organisationskultur

Eine besondere Bedeutung kommt in diesem Zusammenhang der *Organisationskultur* zu. Vielen klassischen Organisationstheorien (vgl. Weber 1972) liegt ein mechanistisch-technokratisch-bürokratisches Verständnis zu- grunde, das Menschen als bloße Rollen- und Funktionsträger bzw. -Erfüller innerhalb linearer Kausalketten sieht. In der von uns bevorzugten Betrachtungsweise geht es vor allem darum, die Organisationsmitglieder als Menschen, Mitarbeiter/innen und Akteur/innen zu sehen, die nicht nur von etablierten, institutionalisierten Regeln, Strukturen und Kulturen der Organisation her beeinflusst werden, sondern sich auch ihrerseits mit der Organisation/dem Unternehmen gestaltend auseinandersetzen und sich dazu bewusst/wie unbewusst positionieren.

Organisationen als ‚Lebenswelten'

Dies verdeutlicht insbesondere der von amerikanischen Unternehmensberatern nach Westeuropa importierte und dort in den letzten zwei Jahrzehnten verstärkt aufgenommene Begriff der *Organisationskultur.* Dieser Begriff zielt auf eine Vorstellung von Organisation „als ein gemeinschaftlich hervorgebrachtes Sinnsystem. ... So gesehen, lassen sich Organisationen als ‚Lebenswelten' verstehen, in denen sich Menschen mit Hilfe der Sprache und anderer Symbolsysteme über die Bedeutung ihrer Arbeit verständigen" (Brunner 1993:23).

Kulturkern

Eine Vielzahl von Publikationen haben sich in der zurückliegenden Zeit mit dem Phänomen „*Organisationskultur*" befasst. Ein Konsens besteht in der Annahme eines „*Kulturkerns*", der sich aus einem Bündel zentraler Glaubensvorstellungen und Werte (basic assumptions and values) zusammensetzt. Dieses Glaubens- und Wertsystem ist den Mitgliedern einer Organisation nur teilweise bewusst. Es hat die Funktion einer Linse, „die Wahrnehmungen filtert, Interpretationen, Verhalten und Handlungen der Organisationsmitglieder steuert und diese im nachhinein rechtfertigt" (Sackmann 1983:396).

"Die gemeinsamen Erfahrungen, die die Organisationsmitglieder im Laufe der Zeit mit dieser Realitätsebene machen, werden symbolisch verdichtet, institutionalisiert und an neue Mitglieder weitergegeben. Diese ‚Wahrheit' der Organisation schlägt sich auf der Ebene der Symbolsysteme in Gestalt von Mythen, Legenden, Ritualen, Feiern usw. nieder. Diese Ebene hat die Funktion eines Erfahrungsspeichers und eines kollektiven Gedächtnisses, das die Mitglieder an den Grundbestand an Werten, Normen und Regeln erinnert. Das macht die Maximen der Organisation für jedermann erkennbar. Je homogener die Organisationskultur ist, desto leichter fällt den Organisationsmitgliedern die Orientierung – sorgt sie doch für Komplexitätsreduktion, Stabilität und Orientierung, damit für Sicherheit und Verlässlichkeit. Mit anderen Worten: die Organisationskultur repräsentiert als Symbolsystem eine vereinfachte, aber konsensuelle Sichtweise dessen, was an der jeweiligen Organisation wichtig ist, wie sie am besten funktioniert und in Zukunft sein soll" (Brunner 1993 : 23 f). Der konservative, systemerhaltende Charakter der Organisationskultur kommt in diesem Zitat zum Ausdruck. Gefahr besteht dann, wenn sie so rigide und undurchlässig wird, dass sie vor den Anforderungen und Herausforderungen der Umwelt hermetisch abschirmt und auf Veränderungsimpulse nicht mehr flexibel reagiert wird.

Symbolsysteme

Komplexitätsreduktion, Stabilität, Orientierung

Die Art und Weise, wie explizite, veröffentlichte und implizite Botschaften einer Organisation, aber auch die eines Teams, einer Arbeitsgruppe von den betroffenen Personen und Parteien „interpretiert" werden, steuert demnach die

- individuellen Reaktionen, die auf die Konfliktwahrnehmung folgen und damit auch die
- „Wahl" der Konfliktbewältigungsstrategie auf sozialer Ebene, d.h. die Interaktionen zwischen den Konfliktparteien

Organisation und individuelle Reaktion

Wie kommt nun das Zusammenwirken von *„Kontextbotschaften"* der Organisation mit den individuellen Reaktionsweisen zustande? Wie lassen sich solche Vermittlungsprozesse und Vorgänge beschreiben und erklären?

Kontextbotschaften

Wir können davon ausgehen, dass Menschen je nach Kontext und Lebensphase auf unterschiedliche Erfahrungen, Schichten und Elemente ihrer *frames of references* zurückgreifen und diese aktualisieren. Sie tun dies, um sich Sinn, Orientierung und Möglichkeiten zur Komplexitätsreduktion zu geben und um damit auch schneller handlungsfähig zu sein. Hinzu kommen im Verlaufe der beruflichen Sozialisation erworbene und verinnerlichte Berufsrollenerwartungen. Aus der Sicht unterschiedlicher Professionskulturen – wie z.B. der Sozialarbeit, der Medizin, der Psychologie, der Verwaltung, des Rechts ect. – wird die Welt in einem jeweils anderen Lichte gesehen. „Unterschiedliche Professionen haben ihre eigenen Wirklichkeiten. Sie haben ihre eigenen Selbststeuerungs- und Beziehungslogiken, verschiedene ethische Gesichts-

Unterschiedliche Professionskulturen

punkte, verschiedene Horizonte, auf die sie sich in ihrem Selbstverständnis beziehen, und verschiedene Umwelten, in denen sie sich bewegen. Sie haben jeweils ihre Entscheidungskriterien, nach denen sie ihr Handeln ausrichten und bewerten" (Schmid 1993:21). Professionen legen bestimmte Reaktionen auf Konflikte nahe. Hinzu kommt, dass auch die Welt der Professionen hierarchisch geordnet ist. Die Wahrnehmung dieser Professionshierarchie in Einrichtungen hat ebenfalls Konsequenzen für Konfliktverläufe und Konfliktlösungen. Es gibt unterschiedliche Konfliktverläufe und dennoch wieder identische Konfliktmuster, je nachdem, ob es sich Auseinandersetzungen zwischen Sozialpädagog/innen und Psycholog/innen in Beratungsstellen, zwischen Sozialpädagogen und Juristen/Verwaltungsfachleuten in Behörden oder zwischen Sozialarbeiter/innen und Mediziner/innen in Kliniken handelt.

Konsequenzen für Konfliktverläufe

Anerkennenswerte Sicherheitshandlungen

Das Leben und Praktizieren des Konfliktes hat somit durchaus auch eine sinnvolle, nützliche und schützende Bedeutung. Diese muss gewürdigt und wertgeschätzt werden. Gerade die häufig als negativ angesehenen Reaktionen auf die Konfliktwahrnehmung dürfen daher nicht ausschließlich als Defizit gesehen werden. Sondern: Es sind oft anerkennenswerte Sicherheitshandlungen in einem Kontext, von dem man/frau annehmen kann, dass solche Handlungen „schützen", „absichern" und damit subjektiv einen Sinn machen (Schmidt 1994a:1). Aus dieser Sicht können sie, trotz oftmals unerwünschter Effekte durchaus als kompetentes Ressourcenverhalten verstanden werden. Sie stellen Anpassungsleistungen, Lösungsversuche dar im Hinblick auf die von den Beteiligten als relevant angesehenen „Spielregeln" des Systems.

Das Konfliktbewältigungsverhalten erweist sich bei einer differenzierten Untersuchung der internalen und interaktionellen Systemzusammenhänge (vgl. Kapitel V) meist als Ausdruck eines Optimierungsversuches, „bei dem konflikthaft aufeinander treffende Teilwertsysteme", die sich widersprechen „auf einen noch am ehesten möglichen gemeinsamen Nenner gebracht werden sollen" (Schmidt 1994a:2).

Konflikttrainings sind keine Lösung

Konflikttrainings, die vor allem darauf abzielen, unerwünschte Verhaltensweisen durch effektivere zu ersetzen, deren schützende Funktion aber nicht sehen, unterliegen der Gefahr zu scheitern, ins Leere zu laufen. In vielen Fällen geht es nicht nur um mangelnde Kompetenzen, Kenntnisse und Fähigkeiten. Angemessenere Verhaltensweisen sind oft im Repertoire der Beteiligten enthalten, werden aber aus den genannten Gründen (Furcht vor unangenehmen Konsequenzen, negativen Sanktionen) nicht genutzt.

Individuelle Konfliktreaktionen als Ausdruck aktiver Beziehungsgestaltung

Die „Wahl" der individuellen Reaktion auf eine Konfliktsituation lässt sich als Intervention in die Beziehung zur eigenen Person und zu den anderen Beziehungspartner/innen beschreiben. Das bedeutet nicht, dass die Beteiligten bzw. der/die Problemträger die dadurch hervorgerufenen Auswirkungen intendieren bzw. gewollt herbeiführen möchten. Mit Blick auf die von Erickson entwickelte Hypnotherapie können diese Zusammenhänge als Trancephänomene auf psychischer Ebene interpretiert werden, die durch autosuggestive Probleminduktionprozesse (Selbstinduktion, Selbsthypnose) zustandekommen (vgl. Erickson/Rossi 1991, Araoz 1989). Auswirkungen solcher Trancephänomene als Folge kritischer Konflikterlebnisse und autosuggestiver Konfliktverarbeitung erstrecken sich

Trancephänomene

- auf die eigene Person, das Selbstbild
- auf die anderen Konfliktparteien und Beziehungspartner/innen
- auf die Beziehung zu anderen Systemelementen.

Auswirkungen auf die eigene Person, das Selbstbild

In Konflikten nimmt jeder/jede sich selbst in einer bestimmten Art und Weise wahr und definiert sich in einem bestimmten „Beziehungsalter" (vgl. o. „Regression"). Davon ausgehend wird auch definiert, was ich kann/nicht kann, was ich von anderen erwarten kann/nicht erwarten darf, was andere von mir erwarten können/nicht erwarten können. Inwieweit ich für mich verantwortlich bin/nicht verantwortlich bin. Wieviel Raum/Rechte ich für das Einbringen, die Einforderung eigener Belange, Bedürfnisse, Interessen habe/nicht habe. Ähnlich wird auch die Beziehung zum eigenen Organismus definiert. Ich bin der „Lastesel, der den ganzen Arbeitsschrott tragen muss;" oder das „anfällige, kränkliche Pflänzchen, das einen Anspruch darauf hat, geschont zu werden", usw. Oft wird auch in einer Art „Konzeptwechsel" zwischen Abwertung und Aufwertung gependelt, was häufig zu einer Stabilisierung der Konfliktreaktionen beiträgt.

Beziehungsalter

Konzeptwechsel

Von besonderer Bedeutung sind auch die inneren Bilder/Filme, die Selbstgespräche, die „unwillkürlichen Tonbandschleifen" und „inneren Stimmen". Sie enthalten Aussagen impliziter und expliziter Art über das eigene Selbstbild sowie darüber, wie jemand glaubt, dass andere ihn sehen.

Selbstgespräche, Tonbandschleifen

Auswirkungen auf die anderen Konfliktparteien und Beziehungspartner/innen

Definitionsangebote Ihnen werden Definitionsangebote gemacht, wie sie mich sehen und behandeln sollen (als kräftiges Zugpferd, einsamer Held, verfolgte Unschuld, verkanntes Genie, enttäuschter Wohltäter, Schilfrohr im Wind etc.). Die Definitionsangebote sind meist ambivalent und enthalten oft widersprüchliche Einladungen (Schmidt 1994b:2).

Ähnlich werden auch die Beziehungskonstellationen zur anderen Konfliktpartei und zu den anderen Beziehungspartner/innen (Klient/innen, Kolleg/innen, Vorgesetzten) gestaltet, ob gewollt oder nicht. „Z.B. bewirkt es, wenn ein Interaktionspartner sich altersregressiv erlebt und verhält, meist massive Einschränkungen seiner Erwachsenenkompetenzen für die Zeit seiner Regression; dies ruft aber meist andere auf, sich um so konzentrierter auf ihre Erwachsenenressourcen zu besinnen und diese zu leben (Komplementärbeziehung). Die ‚Insuffizienz' auf der Erwachsenenebene des einen Interaktionspartners bewirkt dabei oft eine Stärkung und Stützung des anderen Komplementärpartners" (Schmidt 1994a:10).

Dies ist die Basis für die im nächsten Kapitel noch näher zu beschreibenden interaktionalen Muster im Umgang mit Konflikten.

Auswirkungen auf die Beziehung zu anderen Systemelementen der Organisation

Organisationsziele werden brüchig Auch der eigene Blick auf und die Einstellung zur Organisation können sich verändern. Organisationsziele, an die man/frau geglaubt und unkritisch akzeptiert hat, erscheinen in einem anderen Licht, werden brüchig und problematisch; offizielle Hierarchen konkurrieren mit inoffiziellen Entscheider/innen, Dienstpläne werden mit anderen Augen gesehen, vertraute Gewohnheiten und individuelle Ansprüche werden neu definiert, der „ganze Betrieb" erscheint in einem völlig neuen Licht.

5. Eingespielte/eingeschliffene Muster im Umgang mit Konflikten auf interaktionaler Ebene

Testen und festlegen wer mehr Macht besitzt

Macht lässt sich beschreiben als die Fähigkeit, jemanden zu zwingen, etwas zu tun, was er/sie eigentlich gar nicht will (Ury/Brett/Goldberg 1991:24). Machtausübung führt stets dazu, der anderen Seite Kosten anzudrohen bzw. aufzuerlegen. Sicherlich können auch auf diese Weise Konflikte beigelegt werden. Die unterlegene, abhängige Partei gibt nach, zieht sich zurück.

Konflikte in komplexen Systemen

Machtorientierte Konfliktstrategien

- verhandeln aus einer Position der Stärke,
- kämpfen um die Vorrangstellung,
- treffen Entscheidungen ohne Absprache,
- halten wichtige Informationen zurück.

Machtorientierte Konfliktstrategien

Reaktionen der Gegenpartei auf Machtausübung sind vor allem:

- sich zurückziehen (z.B. krank werden),
- resignieren (innerlich emigrieren),
- Widerstand zeigen (z.B. Dienst nach Vorschrift),
- kämpfen/protestieren.

Reaktionen auf Machtausübung

Konfliktstrategien dieser Art werden als *Gewinner-Verlierer-Strategie* bezeichnet.

Die Gewinner-Verlierer-Strategie

- Die Gewinner-Verlierer-Strategie geht davon aus, dass jede Partei nur soviel gewinnen kann, wie die andere Partei verliert.
- Jeder Gewinn der einen Partei führt unweigerlich zu einem Verlust für die andere Partei.
- Diese Strategie wird auch Nullsummenspiel genannt, weil die Summe aus Gewinn und Verlust immer gleich Null ist.
- Als Beispiel sind das Durchsetzen der eigenen Interessen (Machtanwendung) und das Glätten der Gegensätze zu erwähnen.
- Bei der Machtanwendung setzt eine Partei auf Kosten der anderen ihren Standpunkt durch.
- Oft ist eine derartige Situation durch Konkurrenzdenken charakterisiert.
- Die Machtanwendung ist nur dann vertretbar, wenn die Konfliktbewältigung in kürzester Frist erfolgen muss.
- Beim Glätten spielt man die Differenzen und Gegensätze herunter und hebt die positiven Seiten bzw. die übereinstimmenden Punkte hervor.

Abb. 14: Gewinner – Verlierer – Strategie

Abwehrreaktionen der Gegenseite

Konfliktlösungen durch Machtanwendung erzielen meist nur kurzfristige Erfolge/Gewinne und sind mit hohen Kosten verbunden. Im Wiederholungsfall provozieren sie Abwehrreaktionen auf der Gegenseite und machen „früher oder später auch die Gewinner zu Verlierern" (Brommer 1994:214). „Außerdem gilt es zu berücksichtigen, dass die Abwehrreaktionen der Verlierer unnötig viel Kraft und Energie kosten, um sie zu überbrücken. Diese Energie könnte viel sinnvoller und produktiver in konstruktive, langfristige Konflikt-Lösungen investiert werden." (ebd.)

Dafür ein Beispiel: eine Sozialpädagogin ist in einer Beratungsstelle der Diakonie beschäftigt und lebt unverheiratet mit ihrem Partner zusammen, – aus Sicht des Arbeitgebers „in wilder Ehe". Zur Lösung des Problems stehen ihm – aus Sicht der Machtposition – zwei Wege offen:

a) der Arbeitgeber droht Kündigung an – die Sozialpädagogin heiratet.

„Waffenstillstand" oder „kalter Konflikt"

b) der Arbeitgeber weiß, dass er angesichts des Arbeitsmarkts die Stelle nicht rasch qualifiziert besetzen kann. Der Beratungsbedarf ist hoch und die Sozialpädagogin leistet gute Arbeit. Also verzichtet er auf Kündigung, flüchtet in eine Art „Waffenstillstand" oder „kalten Konflikt" (vergl. S. 132).

Grad der Abhängigkeit

Die Kosten dieser beiden Machtstrategien sind hinsichtlich der investierten Zeit, Nerven und Motivation aller Beteiligten schwer zu kalkulieren, aber vermutlich recht hoch. Weigert sich die Sozialpädagogin und wird gekündigt, so muss der Arbeitgeber Zeit und Geld in die Neubesetzung der Stelle und die Einarbeitung der Nachfolgerin investieren. Dabei hat er keinerlei Garantie, eine gleich qualifizierte Mitarbeiterin zu gewinnen. Setzt sich die Sozialpädagogin durch und verzichtet der Arbeitgeber auf die Kündigung, führt aber den „kalten Konflikt" fort, so wird vermutlich die Arbeitsmotivation der Mitarbeiterin sinken, Krankheiten und Fehlzeiten nehmen zu etc. Auch diese Nichtlösung des Konflikts verursacht erhebliche Kosten – für beide Seiten.

In Beziehungen, die von gegenseitiger Abhängigkeit geprägt sind (z.B. Mitarbeiter/in – Einrichtungs- oder Unternehmensleitung) setzt sich die unter den konkreten Rahmenbedingungen am wenigsten von der anderen Seite abhängige Partei durch. Glaubt die Sozialpädagogin, aufgrund der für sie günstigen Arbeitsmarktverhältnisse schnell wieder eine adäquate Position zu finden, wird sie vermutlich nicht nachgeben.

Fehleinschätzung der Machtverhältnisse

Nicht immer ist im voraus klar ersichtlich, wer die stärkere Partei ist, da Stärke oft auch ein Resultat der individuellen Wahrnehmung ist. Häufig kommt es auch zur Fehleinschätzung der wirklichen Machtverhältnisse. „Die beteiligten Konfliktparteien können bei der Einschätzung ihres Gegners unter Umständen die Tatsache außer acht lassen, dass dieser in dem Kampf ein größeres Maß an Mitteln einsetzt als erwartet. Dies ist vor allem dann der Fall, wenn er fürchtet, dass Veränderungen bestehender Machtverhältnisse den Ausgang zukünftiger Konflikte beeinflussen werden" (Ury/Brett/Goldberg 1991:25).

Konflikte in komplexen Systemen

In vielen Fällen setzen Entscheidungen aus der Machtposition einen potentiell zerstörerischen Machtkampf voraus. In der Regel gibt es deswegen bei einer Konfliktbewältigung auf der Basis von Machtausübung – mittel- und langfristig – auch keine wirklichen Sieger, sondern nur Verlierer auf beiden Seiten.

> **Die Verlierer-Verlierer-Strategie**
> - Diese Strategie bringt beiden Parteien einen Verlust ein. Weder die eine noch die andere Partei erreicht genau das, was sie erreichen wollte.
> - Beide Parteien müssen sich mit einem Teil des Gewollten begnügen.
> - Zur Verlierer-Verlierer-Strategie sind vor allem der Rückzug und der Kompromiss zu zählen.
> - Beim Rückzug wird einer potentiellen oder tatsächlichen Meinungsverschiedenheit ausgewichen.
> - Einen Kompromiss schließen bedeutet, zu einer Übereinkunft, einem Vergleich zu kommen, bei dem jeder Beteiligte Zugeständnisse macht.

Abb. 15: Verlierer – Verlierer – Strategie

Bestimmen wer im Recht ist

Konflikte können auch dadurch gelöst oder bewältigt werden, dass überprüft und entschieden wird, welche der Konfliktparteien „recht" hat. Maßstab hierfür sind kontextabhängige, objektiv vorgegebene Normen und Regelungen, die z.B. in Verträgen, Unternehmensleitlinien und/oder Gesetzen festgelegt sind, oder bei denen es sich um gesellschaftlich akzeptierte Verhaltensnormen handelt.

Verträge, Unternehmensleitlinien, Gesetze

Mit Blick auf das individuelle Verhalten sind Normen – im Unterschied zu Interessen und Werten – zunächst einmal externe Steuerungsgrößen. Unmittelbar relevant sind sie lediglich dann, wenn sie auf individueller Akzeptanz beruhen und somit auch als verbindliche Handlungsmaßstäbe in Anspruch genommen werden. Dies ist unter den heutigen pluralistischen Bedingungen nicht ohne weiteres voraussetzbar.

Auch hierfür zwei Beispiele aus der Praxis:
a) Der langjährigen Leiterin einer Familienberatungsstelle wird nach ihrer Scheidung von ihrem kirchlichen Arbeitgeber mit Verweis auf die Unauflösbarkeit der Ehe nahegelegt, ihre Stelle aufzugeben.
b) Der Sozialarbeiter eines Jugendamts, zugleich Praktikant/in-Anleiter, bekommt von seinem Vorgesetzten mitgeteilt, dass die Praktikant/in die nächsten drei Monate aufgrund akuten Bedarfs in der Asylarbeit eingesetzt wird. Der Sozialarbeiter wird im Vorfeld der Entscheidung nicht gefragt. Er ist empört, dass über ihn hinweg verfügt wird und beruft sich auf den gültigen Praktikant/in-Vertrag, um den Konflikt in seinem Sinne zu lösen.

Widersprüchliche Normen

In diesen Beispielen, wie auch generell, wenn es um eine Konfliktbewältigung auf der Basis von Rechtspositionen geht, tritt häufig die Schwierigkeit auf, dass sich unterschiedliche und manchmal widersprüchliche Normen heranziehen lassen, die oft auch noch individuell unterschiedlich wahrgenommen und ausgelegt werden. Bekanntlich sind selbst gesetzlich formulierte bzw. vertraglich festgehaltene Rechte nicht immer eindeutig. Häufig kann erst über eine neutrale dritte Partei im Rahmen einer Konfliktverhandlung, eines Schlichtungsverfahrens oder gar eines gerichtlichen Verfahrens (z.B. in Form eines Arbeitsprozesses) der Streitfall entschieden werden.

Schlichtungsverfahren

Schiedsgerichte, Schlichtungsstellen, Gerichte

Wenn Auseinandersetzungen zu keinem Ergebnis führen und die Konfliktparteien nicht in der Lage sind, den Konflikt selbst zu lösen, wird er oft an eine neutrale Partei zur Schlichtung delegiert. Die Schlichterrolle kann von einem gemeinsamen Vorgesetzten übernommen werden. In manchen Fällen werden aber auch spezielle Gremien (Schiedsgerichte/Schlichtungsstellen/Gerichte) oder externe Berater/innen und Expert/innen als Schiedsrichter/innen herangezogen. Zur Delegation der Konfliktlösung an Dritte kommt es vor allem bei festgefahrenen Konfliktsituationen und Konflikteskalationen. Erfahrungsgemäß gib es bei der Delegation keine „absolute" Sieger/in, sondern, gemessen an den maximalen Konfliktzielen der Beteiligten, nur Verlierer/innen. Lösungswege dieser Art sind oft langwierig, kompliziert und teuer. Sie hinterlassen nicht selten „Flurschäden", deren Behebung wiederum Kosten verursacht.

Unverbindliche Problemlösungen anstreben

Symbolische Problemlösungen

Hierbei beziehen wir uns auf die in der Politik, in vielen Unternehmen, Einrichtungen und Verwaltungen mit hohem Zeitaufwand betriebenen Verfahren vordergründiger, *symbolischer* Problemlösungen. Gemeint sind die zahlreichen, unter Zeitdruck und der Last der Alltagsgeschäfte, immer mehr auch unter zunehmendem Ressourcendruck und Wettbewerb vorgenommenen, perspektivlosen, über den Tag nicht hinausgehenden Beschwichtigungen und Problemverschiebungen. Um nicht wirkliche Veränderungen in Strukturen, Konzepten und Zielsetzungen vornehmen zu müssen, werden die alten Probleme und Themen ständig neu diskutiert. Häufig stehen ungelöste oder nicht lösbare Machtkonflikte hinter dieser Strategie.

Problemverschiebungen

Konfliktverschiebungsstrategien

„Konfliktverschiebungsstrategien" dieser Art sind aber auch charakteristisch für viele Non-Profit-Unternehmen und soziale Einrichtungen. Vom Selbstverständnis und ihren ideologischen Leitbildern sind sie in der Regel auf hohe Werte verpflichtet: „z.B. Gemeinwohl, Altruismus, Solidarität, Mitbestimmung, Gleichheit. Von persönlichem Prestige, Profilierung und Machtgewinn – und gar noch auf Kosten anderer – ist als Zielsetzung nicht die Rede. Schon gar nicht vom Ausgrenzen eigener Leute. Wohin also mit diesen Themen…? Natürlich ab in den informellen Bereich" (Doppler 1992:134).

Auch Führungskräfte reagieren zu oft auf solche Appelle und „verzichten" darauf, ihre Leitungsaufgaben wahrzunehmen, weil in der Organisation/dem Unternehmen „alle gleich" sind. Innere Konflikte, resultierend aus divergierenden Anforderungen – einerseits „zu leiten", andererseits die Mitarbeiter/innen („hier sind alle gleich") mitentscheiden zu lassen – werden oft durch „Verzicht auf Führung" gelöst. Da aber auf Führung nicht verzichtet werden kann, induziert diese Haltung nicht selten Folgekonflikte auf sozialer Ebene. Anstehende Entscheidungen werden im Team zeitaufwendig, wiederkäuend durchdiskutiert, vertagt, oder kaum getroffen wieder in Frage gestellt. Man tritt auf der Stelle und dreht sich im Kreise von wiederkehrenden Dauerdiskussionen. Die Arbeit wird ineffektiv und ineffizient. Neue Konflikte als Folge der alten, ungelösten, stellen sich ein. Wer kennt nicht diese Situation?

Verzicht auf Führung

Wiederkehrende Dauerdiskussionen

Konflikte aussitzen und sich durchwursteln

Hier sind sich die Beteiligten einig, dass sie mit dem ungelösten Konflikt besser leben können als mit einer riskanten, komplizierten Konfliktlösung mit ungewissem Ausgang. („Reform ist nötig, nur ändern soll sich nichts"). Die gefundenen internen Arrangements, Abgrenzungen und Besitzstände werden den Veränderungsprozessen mit unsicheren Zukunftsperspektiven vorgezogen. Mit anderen Worten: die Vorteile/Vorzüge der herrschenden Situation überwiegen und neutralisieren den Willen zur Veränderung. Es herrscht eine Jammer- und Klagekultur ohne Veränderungswillen!

Jammer- und Klagekultur ohne Veränderungswillen

Eine solche treffen wir – wenn auch nicht ausschließlich – so doch signifikant häufig in sozialen Einrichtungen und hier wiederum vor allem in solchen mit traditionell karitativer Prägung an: „Abstrakte Werthaltung, die Forderung, immer nur das übergreifende Gesamt im Auge zu haben, führen leicht zu einer permanenten Überforderung des einzelnen und verbannen alles Menschlich-allzu-Menschliche in den informellen Untergrund – ganz nach dem Motto, ‚dass (offiziell) nicht sein kann, was nicht sein darf'" (Doppler 1992:134f). Davon betroffen sind in zahlreichen Non-Profit-Organisationen eben auch Konflikte.

Ausgleich von Interessen

Diese Konfliktbewältigungsstrategie zielt auf multilaterale Interessenberücksichtigung. Interessen stehen in engem Zusammenhang mit Überzeugungen, Werten, Bedürfnissen, Wünschen, Sorgen und Ängsten der Menschen und sind eingebunden in die Motivationsstruktur des Individuums. Sie sind Teil des persönlichen Bezugsrahmens (frame of reference). Interessen wirken als innere Steuergröße und stehen gewissermaßen „hinter" individuellen Zielen und Verhaltensweisen, die konkreter fassbar sind.

MANAGEMENT

Konflikte in komplexen Systemen

Kontextbezogenes, interessengeleitetes Handeln

Aber auch Interessen sind keine rein individuellen, situationsunabhängigen Produkte. Systemisch gesehen sind sie eingelassen und bezogen auf einen äußeren Kontext: die Arbeitsbeziehung mit Kolleg/innen, zum Vorgesetzen, im Team oder auch in einer Organisation (Einrichtung, Unternehmen). So gesehen ist menschliches Handeln kontextbezogen interessengeleitet. Individuelle Interessen und Interessenzusammenhänge werden auch von den wahrgenommenen äußeren Rahmenbedingungen, Erwartungen, Regeln, Normen, Hierarchien und Handlungsspielräumen geprägt, die formell festgelegt sind und/oder sich informell eingespielt haben. Die einzelne Person als Mitglied unterschiedlicher Systeme – auch am Arbeitsplatz – entwickelt und verfolgt von ihren unterschiedlichen Systembeziehungen her auch unterschiedliche Interessen, die sich durchaus widersprechen können.

Kompromiss-und Konsenssuche

Varianten einer interessengeleiteten Konfliktlösung sind z.B. Kompromiss- und Konsenssuche.

Kompromiss

Nachteile für beide Seiten

Beim Kompromiss (z.B. in Tarifkonflikten) einigt man sich darauf, dass jede Partei Zugeständnisse macht, bis eine gemeinsame Basis gefunden ist. Häufig wird der Kompromiss vor der Schlichtungsstelle angestrebt, wenn die Gegner gleich stark sind. Es darf aber nicht übersehen werden, dass in diesem Falle jede Partei Nachteile hinnehmen muss, und dass eventuell eine Seite wieder angreifen wird, sobald sie eine neue Gewinnchance sieht.

Konsens

Konstruktive Konfliktbearbeitung

Als die beste Lösung für alle am Konflikt beteiligten Seiten kann ohne Zweifel der Konsens angesehen werden, bei dem nicht die Lösung mit dem Brecheisen herbeigeführt wird, sondern eine gemeinsame, konstruktive Konfliktbearbeitung unter Berücksichtigung der unterschiedlichen Interessen im Vordergrund steht. Bei dieser Methode werden die positiven Auswirkungen, die ein Konflikt haben kann, voll genutzt. Die widersprechenden Interessen, Meinungen oder Streitpunkte werden diskutiert, gegeneinander abgewogen und zu einem besseren Ganzen weiterentwickelt. Diese Methode führt am

Dauerhafte Konfliktlösung

ehesten zu einer dauerhaften Konfliktlösung, weil die gemeinsam erarbeitete Lösung in der Regel von allen Beteiligten akzeptiert und unterstützt wird.

Geeignete und übliche Verfahren der Konfliktbewältigung, die darauf abzielen, unterschiedliche Interessen wahrzunehmen und auszugleichen sind:

- Verhandeln mit dem Ziel, eine Vereinbarung zu erreichen;
- Schlichtung durch einen Dritten (z.B. „neutraler" Vorgesetzter oder Berater/in), der moderierend/koordinierend die Streitparteien in die Erarbeitung der Lösung einbezieht.

„win-win"-Situation

Hier geht es darum, durch gezieltes, wechselseitiges Arrangieren eine „win-win"-Situation (Jedermann/frau-gewinnt-Situation) zu ermöglichen.

Die Gewinner-Gewinner-Strategie

- In der Gegenüberstellung wird der Konflikt direkt angegangen.
- Die unterschiedlichen Interessen und widersprechenden Meinungen werden diskutiert, gegeneinander abgewogen und neu formuliert.
- Kooperativ wird eine Problemlösung angestrebt, die für alle Beteiligten annehmbar ist.
- Man spricht deshalb auch von einer konstruktiven Konfliktlösung.

Abb. 16: Die Gewinner – Gewinner – Strategie

Interessen, Macht, Recht

In der Realität sind Konfliktverhandlungen selten einer isolierten Kategorie von Interessen, Macht oder Recht zurechenbar, sondern oft eine Mischung aus allen diesen Faktoren. Ein Interessenausgleich kann oft nur unter Berücksichtigung der Rechts- und Machtpositionen der jeweiligen Parteien stattfinden (Ury/Brett/Goldberg 1991: 26). Eine auf Rechts- oder Machtpositionen beruhende Konfliktlösung kann allen Konfliktbeteiligten helfen, die realistischen Rahmenbedingungen sichtbar zu machen und zu akzeptieren, die den Verhandlungsspielraum festlegen, in dem eine Lösung gefunden werden muss. Wichtig ist es, die Auswirkungen, Folgen und damit auch „Kosten" der angestrebten Konfliktlösungsstrategien zu verdeutlichen, um auf dieser Basis zu einem tragfähigen Ergebnis zu kommen.

„Hypnotische Fixierungen" als Basis von Konfliktbewältigungsstrategien

Was sind die Basisprozesse, die in einem Beziehungssystem, in einer Organisation zum Einschleifen der beschriebenen unterschiedlichen Muster der Konfliktbewältigung führen?

Fokussierung von Aufmerksamkeit

Zunächst kann davon ausgegangen werden, dass sowohl die Interaktionen mit Beziehungspartner/innen (z.B. Arbeitskolleg/innen, Vorgesetzen), aber auch die mit der eigenen Person, ein Ausdruck der „*Fokussierung von Aufmerksamkeit*" sind. Gemeint sind damit jene innerpsychischen Vorgänge, durch die Wahrnehmung, Denken, Fühlen und Verhalten der Menschen in selektiver Weise ausgerichtet werden, und die ihrerseits wiederum eine bestimmte Ausrichtung bewirken. Diese Fokussierung zeigt Analogien zu dem, was im therapeutischen Kontext als Hypnose geschieht. Unter Hypnose wird dabei (mit Bezug auf Erickson) eine zielgerichtete Ausrichtung/Fokussierung der Aufmerksamkeit auf der Ebene willkürlicher/bewusster Wahrnehmung, vor allem aber auf der Ebene des unwillkürlichen/unbewussten Verhaltens verstanden (Schmidt 1994a: 8).

Wechselseitige Einladungen

Die zwischen den Beziehungspartner/innen ablaufenden, *quasi-hypnotischen Fokussierungen* im Sinne von *wechselseitigen Einladungen* werden als zentraler Wirkfaktor für die Art und Weise gesehen, wie sich ein soziales System organisiert. Der quasi-hypnotische Aspekt der Vorgänge lässt sich vor allem in den unwillkürlich/unbewusst ablaufenden Prozessen häufig beobachten. Die Beiträge der in den Konflikt involvierten Personen wirken auf sie selbst und auf die anderen Beteiligten wie wechselseitige Induktionsrituale und Aufforderungen zum Tanz; je nachdem, welchen interaktionellen ‚Ritualtanz‘ die Beteiligten gerade ‚tanzen‘, führt dies in der Organisation entweder zu einer *Problemfokussierung (z.B. Gewinner-Verlierer-Strategie)* oder zu einer *Lösungsfokussierung* (in Verbindung mit der *Jeder-gewinnt-Strategie*). Die Wahl ihrer eigenen Strategie machen die Konfliktbeteiligten dabei vorzugsweise von der Vorgehensweise der Gegenpartei abhängig. Dies führt zu einer Einengung des eigenen Erlebens und Verhaltens auf bestimmte Ausschnitte des potentiellen Handlungs- und Lösungsspektrums entsprechend den interpretierten ‚Regeln‘ des Systems. (Schmidt 1994a:11). Die Beteiligten „hypnotisieren" sich gewissermaßen wechselseitig in einen Fokussierungs- „Raum" von Konfliktstrategien hinein. Dies geschieht – wie gesagt – nicht zwangsläufig, noch mit Absicht. Keine Partei ist gezwungen, den ausgeprochenen „Fokussierungseinladungen" zu folgen oder die zugewiesene Täter- oder Opferposition einzunehmen. Die Bedeutung einer Botschaft bestimmt immer die Empfänger/in, niemals der Sender (so bereits Watzlawick). Deshalb ist auch immer die Empfänger/in selbst mit verantwortlich für die Bedeutung, die sie, auf ihre persönlichen Bezugssysteme zurückgreifend, der Botschaft gibt (vgl. oben S. 82).

Problemfokussierung, Lösungsfokussierung

Fokussierungseinladungen

Aus dieser Sicht können sowohl, wie weiter oben bereits ausgeführt (S. 94 f.), die individuellen Reaktionen auf die Konfliktwahrnehmung, wie die auf ihnen basierenden Muster der Konfliktbewältigung auf interaktionaler Ebene, als Anpassungsleistungen und als Lösungsversuche im Hinblick auf die als relevant angesehenen Regeln des Beziehungssystems einer Organisation betrachtet werden. Wenn die Spielregeln des Systems, wie sie z.B. in der Unternehmenskultur und Führungsphilosophie eines Unternehmens zum Ausdruck kommen, entscheidungsfreudige, reaktionsschnelle und durchsetzungsfähige Führungskräfte verlangen, werden Konfliktlösungsmuster, die auf Machtpositionen und Machtanwendung basieren, mit hoher Wahrscheinlichkeit zum Zuge kommen.

Spielregeln des Systems

Art der Konfliktbewältigung als Teil des Problems/Konflikts

Oft werden bei dem Versuch der Konfliktlösung mehrere der genannten individuellen Reaktionsweisen und Strategien eingesetzt. Die Wahl der eigenen Strategie wird von der Konfliktpartner/in abhängig gemacht bzw. von ihr mitgesteuert. Die Konfliktbeteiligten greifen, wie gezeigt werden konnte, nicht mehr auf das volle Potenzial ihrer Verhaltensmöglichkeiten zurück. Sie schaukeln sich wechselseitig „hoch" und in den Konflikt hinein..

Konflikte in komplexen Systemen

Glost (1989:200–228) beschreibt einige Prozesse der Konfliktdynamik – verstanden als „wechselseitige Fokussierungseinladungen" – die sich in unseren Argumentationsablauf gut einordnen lassen, insofern sie sowohl zu einer Fokusverengung wie auch zur Konflikt*eskalation* führen:

Fokusverengung, Konflikteskalation

❏ Das Negative wird auf den anderen projiziert. Das erhöht wiederum die Selbstfrustration, weil man zu spontanen, negativen Reaktionen gegen den anderen neigt – worauf der andere wiederum negativ reagiert, usw..

Negativprojektion

❏ Immer neue Themen, Probleme, Einzelheiten werden in den Konflikt eingebracht. Das erhöht die Quantität und die Komplexität des Konfliktes. Gleichzeitig haben die Parteien die Tendenz, die Konfliktsituation jeweils aus ihrer subjektiven Sicht zu vereinfachen und dem anderen vorzuwerfen, dass er die Sache verdreht und übertreibt, etc..

Konfliktausweitung

❏ Subjektive Meinungen erhalten den Anspruch von allgemeingültiger Objektivität – wonach sich der andere gefälligst zu richten hat. Beide Seiten haben die Tendenz, die Zusammenhänge und Abhängigkeiten zu vereinfachen.

Vereinfachung

❏ Man versucht, dritte Personen oder Gruppen einzubeziehen. Sei es, indem man sogenannte Expert/innen zitiert oder tatsächlich eine dritte Person als Koalitionspartner/in zu Hilfe holt.

Verstärkung

❏ Man verstärkt schrittweise die Drohungen gegen den anderen in der Hoffnung, dass er nachgibt. Der andere tut aber dasselbe. Damit provoziert man sich gegenseitig und sieht auch jedesmal gleichzeitig die negativen Folgen des eigenen Handelns. Daher tendiert man bald dazu, negative Handlungen des anderen zu antizipieren, bevor dieser jedoch überhaupt etwas Negatives denkt, sagt oder unternimmt" (zit. n. Czichos 1990:555). Watzlawick beschreibt diesen Mechanismus bekanntlich als „symmetrische Eskalation". Die Konfliktbeteiligten manipulieren sich gewissermaßen wechselseitig in eine Sackgasse hinein und wandern dabei die Konfliktspirale hinauf.

Drohgebärden

Konfliktspirale

Überwiegen Konfliktbewältigungsstrategien, basierend auf Macht und/oder Recht, so führen diese in vielen Fällen erst in den Konflikt hinein und nicht aus ihm heraus. Es kommt zu einer Eskalation, oder, sofern eine Partei sich in der unterlegenen, abhängigen Position befindet, auch zu einem Rückzug (innere Emigration, Motivationsverlust), zu Boykott (Widerstand, Streik) und Rache (Dienst nach Vorschrift, Fehlzeiten).

Rückzug, Boykott, Rache

Diese Kommunikationsfiguren nennt Watzlawik (1984) bekanntlich „Mehr desselben", – eine Strategie, bei der die Art der Konfliktlösung selbst Teil des Problems wird.

6. Kosten, Nutzen und „Zieldienlichkeit" von Konfliktlösungen

Welche Strategie der Konfliktbewältigung ist die „beste"? Diese Frage nach der „besten" Strategie einer Konfliktbewältigung lässt sich nicht absolut und generell, sondern nur unter Berücksichtigung des gesamten Konfliktkontextes beantworten. Mit anderen Worten: je nach Situation und Rahmenbedingungen ist eine Konfliktbewältigungsstrategie mehr oder weniger geeignet, bzw. verursacht mehr oder weniger „Kosten" und hat für die Konfliktbeteiligten einen mehr oder weniger großen „Nutzen". Dennoch müssen Lösungsstrategien natürlich nicht nur gefunden, sondern auch bewertet und gewichtet werden.

Kosten-Nutzen-Analyse

Hilfreiche Kriterien für die Herausarbeitung einer Kosten-Nutzen-Analyse unterschiedlicher Konfliktlösungsstrategien formulieren Ury/Brett/Goldberg (1991:28 ff). Ihnen zufolge kann eine effektive Konfliktlösung gemessen werden an:

- den Transaktionskosten, die sie verursacht,
- der Zufriedenheit der Konfliktparteien mit den Ergebnissen,
- den Auswirkungen auf die zukünftigen Beziehungen der Konfliktparteien,
- der Beilegung oder Neuauflage des Konflikts.

Transaktionskosten

Verlust von Geld, Zeit, Prestige

Die Transaktionskosten einer Konfliktbewältigunsstrategie können z.B. umfassen: wirtschaftliche/materielle Verluste, Einbußen, eingesetzte, vergeudete Zeit, nervliche Belastungen, verpasste Chancen, Prestigeverlust, verlorene Anerkennung und Wertschätzung.

Zufriedenheit mit den Ergebnissen

Faire Lösung

Zufrieden ist eine Konfliktpartei dann, wenn die vereinbarte Lösung zur Erfüllung ihrer Wünsche, Interessen beiträgt und/oder sie für gerecht und fair gehalten wird.

Beurteilungskriterien hierfür können sein: wieviel Gelegenheit, sich zur Sache zu äußern, hatten die Konfliktparteien? Konnten sie selbst über die Annahme oder Zurückweisung der Vereinbarung entscheiden? In welchem Umfang wurden sie in die Ausarbeitung der Konfliktlösung einbezogen?

Auswirkungen auf die zukünftigen Beziehungen

Jede gewählte Konfliktlösungsstrategie ist ihrerseits wiederum eine Intervention in ein bestehendes Beziehungssystem und hat Auswirkungen darauf (vgl. oben S. 99f.). Wichtig für die Qualität und Stabilität der künftigen Beziehungen ist es, möglichst klare Antworten auf folgende Fragen zu finden: was sind die kurz-, mittel- und langfristigen Auswirkungen der Konfliktlösung auf die betroffenen Personen und Parteien? Welche Auswirkungen auf die sonstigen Beziehungen in der Organisation sind gegeben? Beeinträchtigt die gewählte Konfliktlösungsstrategie die Bereitschaft der Parteien zu einer dauerhaften Kooperation?

Kurz-, mittel- und langfristige Auswirkungen

Beilegung oder Neuauflage des Konflikts

Zentral ist hier die Frage, ob das gewählte Vorgehen zu dauerhaften Lösungen führt. Für bestimmte Konfliktsituationen kann mitunter schnell und leicht eine Lösung gefunden werden, die jedoch nicht verhindert, dass derselbe Konflikt zwischen den Parteien wieder aufbricht.

Dauerhafte Lösungen

Alle vier Kriterien (Kosten, Zufriedenheit, Auswirkungen, Dauerhaftigkeit) stehen in einem wechselseitigen Zusammenhang. Die Unzufriedenheit mit einer Lösung wirkt sich auf die zukünftigen Beziehungen aus und kann zu einem Neuaufflammen des Konfliktes beitragen. Daher erscheint es sinnvoll, die Kosten eines Konfliktes durch einen Vergleich der vorgeschlagenen oder praktizierten Bewältigungsstrategien unter Bezugnahme auf alle vier Kriterien herauszuarbeiten. Die Frage nach dem „besten" Lösungsansatz mündet dann in die Frage nach einem unter den vier Gesichtspunkten „kostengünstigsten" Lösungsansatz.

Welche Strategie der Konfliktbewältigung ist die kostengünstigste?

Interessenausgleich vs. Recht und Macht

Ein Konflikt wird im allgemeinen effektiver bewältigt, wenn die Interessen der Beteiligten aufgegriffen und berücksichtigt werden und nicht formale Rechts- oder hierarchische Machtpositionen im Vordergrund stehen. Dadurch können am ehesten „win-win" Situationen für beide Seiten geschaffen werden, während die Ausrichtung an Rechts- oder Machtpositionen in der Regel wieder einen Verlierer hinterlässt. Ury/Brett/Goldberg (1991: 31/32) kommen zu folgender Schlussfolgerung: „Ein Interessenausgleich bringt ... im allgemeinen beiden Parteien ein höheres Maß an Zufriedenheit als die Bestimmung von Rechts- bzw. Machtpositionen. Die Zufriedenheit der Parteien wirkt sich langfristig positiv auf ihre Beziehung aus und verringert die Gefahr neuaufflammender Konflikte. ... Freilich kann das Ausgleichen von Interessen, insbesondere wenn viele Parteien an dem Konflikt beteiligt sind, viel Zeit in Anspruch nehmen. Im allgemeinen verblassen die Kosten jedoch angesichts der Transaktionskosten, die ein Kampf um Rechts- und Machtpositionen ... verursachen würde."

„win-win" Situationen

Recht gegen Macht

Negative Konsequenzen

Konfliktlösungsstrategien, die darauf beruhen, zu ermitteln, „wer recht hat" bzw. „wer über mehr Macht verfügt", haben oft einschneidende negative Konsequenzen für die Beziehungen und die Beziehungssysteme. Die Feststellung von Rechts- bzw. Machtpositionen basiert häufig auf Kampf, der über Sieg und Niederlage entscheiden soll.

Machtkämpfe führen zu Verletzungen

Bei der Abwägung dieser beiden Strategien hinsichtlich ihrer Kosten ist allerdings die Rechtsposition im allgemeinen die bessere. Sich einer fairen Entscheidung auf der Basis akzeptierter Normen/Regelungen zu beugen, ist weniger verletzend als einer Drohung nachzugeben. Machtkämpfe führen „häufig zu neuen Verletzungen und neuen Konflikten, die Wut, Misstrauen und den Wunsch nach Vergeltung zur Folge haben. Sie fügen einer Beziehung mehr Schaden zu und erhöhen im Vergleich zum Kampf um Rechtspositionen die Gefahr neuaufflammender Konflikte." Grundsätzlich „ist daher ein an Recht orientierter Lösungsansatz kostengünstiger als ein an Macht orientierter" (Ury/Brett/Goldberg 1991: 33).

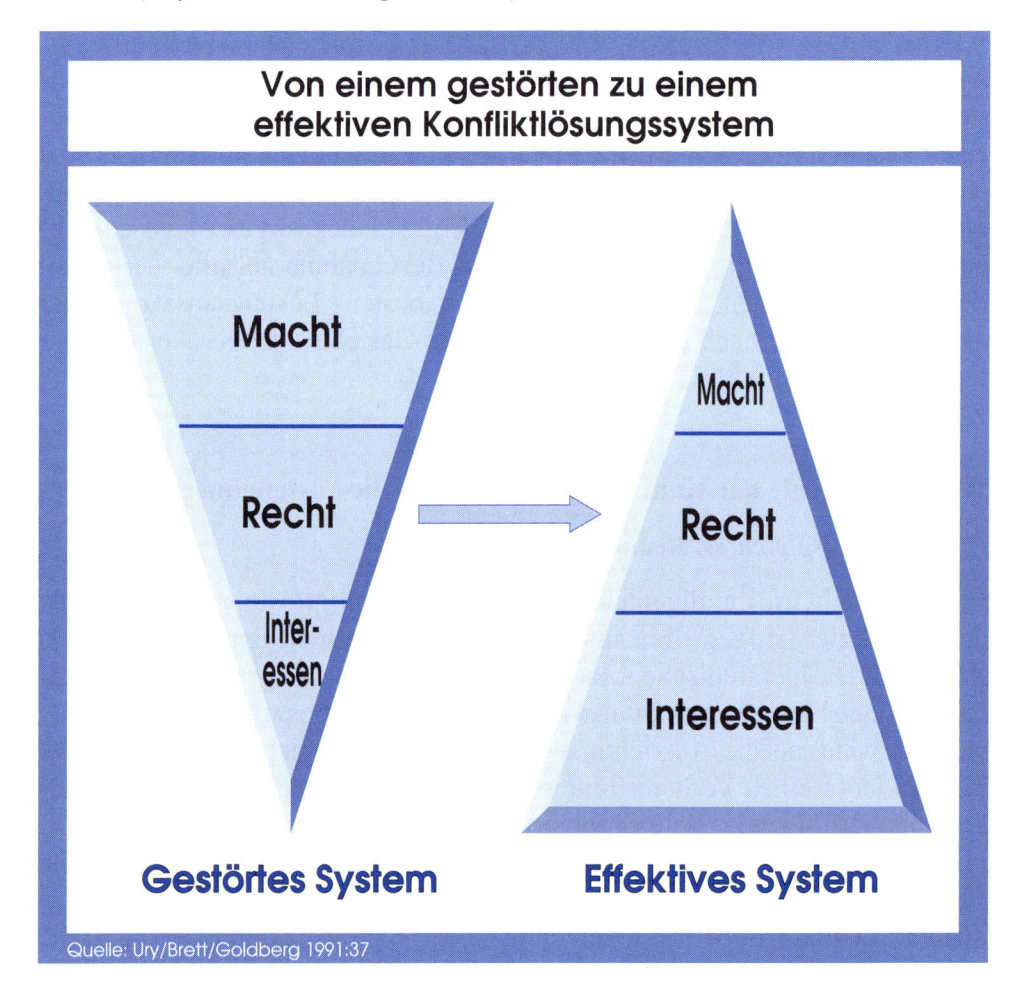

Abb. 17: Von einem gestörten zu einem effektiven Konfliktlösungssystem

Konflikte in komplexen Systemen

Pseudolösungen, Durchwursteln, Aussitzen

Sie sind keine wirklichen Konfliktlösungen, sondern vor allem Zeit- und Energiefresser, die den mangelnden Veränderungswillen mit ziel- und ergebnislosen Dauerdiskussionen kaschieren (vergl. S. 105). Konflikte werden dadurch nicht gelöst, allenfalls vertagt, meistens sogar verschärft, weil sie die Arbeitsabläufe noch weiter ineffektivieren und die Mitarbeiter/innen demotivieren. Häufig deuten derartige Verhaltens- und Verfahrensweisen der Organisationsmitglieder auf sog. „kalte Konflikte" hin (vergl. S. 132), die unterschwellig vorhanden sind und im Falle einer machtorientierten Konfliktlösung aufbrechen und in einen „heißen" Konflikt umschlagen würden. Deswegen werden die Pseudolösungen im konkreten betrieblichen Alltag den machtorientierten Strategien, aber auch anderen ziel- und ergebnisorientierten Lösungsstrategien häufig vorgezogen.

Zeit- und Energiefresser

Genügt eine am Interessenausgleich orientierte Lösungsstrategie?

Die kurze Antwort lautet: „Nein!" Ein Interessenausgleich ist zwar im allgemeinen mit geringeren Kosten verbunden als ein Rechtsstreit und dieser wiederum kostengünstiger als eine auf Machdurchsetzung beruhende Strategie. Aber es ist eine allzu naive Illusion zu glauben, alle Konflikte ließen sich durch einen konsensfähigen Interessenausgleich beheben.

Naive Illusion

In vielen Fällen – gerade bei verhärteten Konflikten, verfeindeten, zerstrittenen Parteien – erfordert eine auf Interessenausgleich zielende Verhandlungsstrategie eine vorausgehende, gründliche Klärung von Rechts-und Machtpositionen. Mit Blick auf die gültige Rechtslage und die realen Machtverhältnisse kann es dann gelingen, eine widerwillige Streitpartei an den Verhandlungstisch zu holen, wie in den wiederkehrenden Tarifverhandlungen zwischen Gewerkschaften und Arbeitgebern mit ihren wechselseitigen Drohpotenzialen von Streik und Aussperrung immer wieder beobachtet werden kann.

Tarifverhandlungen, Streik, Aussperrung

In anderen Konfliktsituationen (z.B. im Streit um die Reform des § 218) ist ein Interessenausgleich kaum denkbar, weil die widerstreitenden Parteien unterschiedlicher Auffassung in Grundsatzfragen und in der Auslegung von Rechtspositionen sind. In wieder anderen Streitfällen können die Interessen so gegensätzlich sein, dass eine Einigung nicht möglich ist. Gerade die von der katholischen Kirche vertretenen Grundsatzpositionen in Fragen der Ehe, Scheidung, Schutz des ungeborenen Lebens, Geburtenkontrolle etc. können allem Anschein nach gegenwärtig weder durch einen Interessenausgleich, noch durch eine klare Rechtsprechung und immer weniger auch durch das päpstliche Machtwort („Roma locuta, causa finita") entschieden werden.

Grundsatzpositionen erschweren Interessenausgleich

Wann sind Rechts- und Machtstrategien einer Interessenausgleichsstrategie vorzuziehen?

Weiterentwicklung des Rechts

Im allgemeinen ist es zwar weniger kostspielig, Interessen auszugleichen als Rechts- bzw. Machtpositionen zu ermitteln. Streitfälle von öffentlichem Interesse können aber häufig nur durch Rechtsspruch, die Weiterentwicklung des Rechts und des Rechtsverständnisses, durch neue Normen in der Rechtsgebung etc. verbindlich entschieden werden. Als Beispiele hierfür seien aus der Fülle regelungsbedürftiger Tatbestände und mangels geeigneter Lösungsverfahren immer wieder vertagte Problembereiche genannt: Arbeitslosigkeit und Überstunden, Leichtlohngruppen, Arbeitszeitverkürzungen, Arbeitszeitflexibilisierung, Mobbing, Gleichstellung der Frau in Beruf und Gesellschaft, Reform § 218, Kindergartenplatzgarantie, Asylproblematik, multikulturelle Gesellschaft, Vergewaltigung in der Ehe, Frühberentung, Bildungsurlaub, Betriebliche Sanierung, Volkswirtschaftliche Kosten der Sanierung in den neuen Bundesländern, Pflegekosten, Gesundheitskosten, Diskussion um Umbau und/oder Abbau des Sozialstaates, Finanzreform, Steuerreform, großer Lauschangriff, Kampf gegen Wirtschaftskriminalität, Finanzierung und Zuständigkeit für Forschung und Entwicklung, Gentechnologie, Ausstieg aus der Atomenergie etc.etc.

Neue Rechtsnormen

In allen diesen Fällen sind die Streitgegenstände hochkomplex und umfassen mehrere Regelungsebenen. Oft müssen die tradierten Rechtspositionen überdacht und zu neuen Rechtsnormen weiterentwickelt werden. Die Interessen einflussreicher gesellschaftlicher Gruppen, wie z.B. der Frauen, stoßen an die Grenzen etablierten Rechts. Machtkämpfe, werden in offener und verdeckter Form allenthalben ausgetragen. In den Familien, in den Schulen, Betrieben und öffentlichen Einrichtungen wie Kirchen, Fernsehanstalten, geht es um einen neuen Interessenausgleich, der mit den gewohnten Methoden der Konfliktlösung immer weniger hergestellt werden kann und nach neuen Formen in der öffentlichen Auseinandersetzung drängt.

Konfliktmanagement in Organisationen: ein am Interessenausgleich orientiertes Konfliktbewältigungssystem?

„Gestörtes" Konfliktlösungssystem

Uns interessieren allerdings weniger die genannten gesellschaftlichen Großkonflikte als vielmehr die Konflikte in Organisationen, Einrichtungen und Unternehmen. Viele von ihnen sind zur konstruktiven Bearbeitung und Lösung ihrer internen und externen Konflikte kaum noch in der Lage – mit schwindender Tendenz. Nach wie vor werden unzureichende und unangemessene Verfahren zu Konfliktlösungen herangezogen oder man lässt die Dinge schleifen, „wurstelt sich durch" bzw. sitzt die Probleme aus. Ury/Brett/Goldberg sprechen in diesen Fällen von einem „gestörten" Konfliktlösungssystem (vgl. S. 112).

Aber was heißt in diesem Zusammenhang „gestört"? Keine Konfliktlösungsstrategie ist per se „gestört" bzw. „schlecht" oder „gut". Wir haben schon darauf hingewiesen (S. 110). Eine Strategie kann immer nur nützlich/angemessen oder nicht nützlich/unangemessen im Hinblick auf die verfolgten Ziele und den jeweiligen Kontext/Situation sein. Wir halten es daher für passender, Konfliktlösungssysteme als kontextunangemessen bzw. als nicht (mehr) *zieldienlich* zu bezeichnen.

Kontextunangemessen, nicht (mehr) zieldienlich

Warum? Nehmen wir einmal an, Sie wären eine Führungskraft auf mittlerer Ebene und wissen oder vermuten, dass ihr Vorgesetzter viel von einem „durchsetzungsfähigen" Mann bzw. einer „führungsstarken" Frau hält. Außerdem haben Sie ein ausdrückliches Interesse, in dem Unternehmen noch weitere Stufen auf der Karriereleiter zu erklimmen. Werden Sie dann als Abteilungsleiter/in oder Teamleiter/in in Konfliktsituationen Probleme damit haben, Ihren Mitarbeiter/innen/Teammitgliedern deutlich zu machen, wer in dem Laden „der Boss" ist? Würden Sie wirklich auf machtorientierte Strategien verzichten, nur weil diese – unter moralisch-ethischen Aspekten – zu den „gestörten" Konfliktlösungsstrategien zählen? Wäre es nicht geradezu „widersinnig", unangemessen und dysfunktional, wenn Sie in diesem Betrieb in einer derartigen Situation nicht auf ihre Machtkompetenz als Vorgesetzte bei der Lösung von Teamkonflikten zurückgreifen würden? Erscheinen nicht bei solchen Organisationsstrukturen die auf Macht und Recht basierenden Konfliktlösungssysteme als durchaus angemessen und funktional? Konfliktmanagement sollte sich vor einseitigen, eindimensionalen ideologischen Festlegungen und Wertungen hüten. Es kommt immer auf den gegebenen Kontext an – dies vor allem scheint uns wichtig. Die hierarchisch, patriarchal und bürokratisch ausgeübte „Funktionalität" wird allerdings – und auch dies muss gesehen, gesagt und in Rechnung gestellt werden – in einem voranschreitenden Prozess von zwei Seiten her in Frage gestellt: von Seiten der Organisation und durch die in ihr arbeitenden Menschen.

Wer ist der ‚Boss'

Machtkompetenz als Vorgesetzte

Von Seiten der Organisation:

Insofern reaktive oder auch aktive Anpassungen an veränderte Umfeldanforderungen (Kund/innen, Klient/innen, Märkte, Wettbewerb) immer notwendiger werden und Anpassungsprozesse erforderlich machen (z.B. in Form von Organisationsentwicklung, Unternehmensentwicklung). Immer mehr sind Einrichtungen und Unternehmen auf kreative, mitdenkende und mitgestaltende Mitarbeiter/innen angewiesen. Solches Engagement lässt sich nicht „verordnen", es muss entwickelt und gepflegt werden. Versuche, die Unternehmensinteressen gewissermaßen „von oben" mit der „Brechstange" durchzusetzen, führen gewöhnlich in eine Sackgasse. Mitarbeiter/innen haben eigene Erfahrungen, eigene Ziele und Wertvorstellungen (Baethge 1991). Diese lassen sich weder auf die Marktinteressen, noch auf die Sachprobleme oder Sozialziele des Unternehmens (im innerbetrieblichen Umgang miteinander) reduzieren.

Engagement lässt sich nicht „verordnen"

Mitarbeiter/innen sind keine beliebige, kopf- und emotionslose Manövriermasse. Sie sind keine hardware, der man nur noch die richtige software reinschieben muss, um sie in erwünschter Weise zum Laufen zu bringen. Es ist eine Illusion, zu glauben, dass Veränderungen über ihre Köpfe hinweg möglich wären, dass ihnen Lernprozesse diktiert, verordnet werden könnten. Mitarbeiter/innen und selbstverständlich auch Führungskräfte müssen für Veränderungen gewonnen und vor allem aktiv in ihre Planung und Realisierung einbezogen werden. Unter diesen Bedingungen sind viele überkommene, ausschließlich auf Macht und Recht beruhende Konfliktlösungsstrategien häufig dysfunktional und einem den beschriebenen Veränderungen unterworfenen organisatorischen Kontext unangemessen.

Lernprozesse nicht diktieren

Von Seiten der Menschen in der Organisation:

Sozialer Wandel, Pluralisierung und Individualisierung haben in den zurückliegenden Jahren weniger zu dem von konservativer Seite oft beklagten „Werteverlust" geführt, sondern vor allem zu einem „Wertewandel", der auch durch die Folgen der Globalisierung nicht aufgehalten werden kann. Die Ansprüche an Arbeit und Beruf haben sich verändert. Dies hat Konsequenzen für alle Organisationen und Unternehmen, in denen berufliche Arbeit geleistet wird. Berufliche Arbeit und Leistung werden heute nicht mehr automatisch aufgrund von traditionell überliefertem bzw. anerzogenem Pflichtbewusstsein erbracht. Zwar spielt Leistung nach wie vor für die meisten Menschen eine große Rolle. Im Unterschied zu früher ist sie jedoch stärker mit dem Anspruch auf Selbstverwirklichung, mit Spaß am Produktiven verbunden. Arbeit und Leistung im Beruf werden mehr und mehr durch Selbstentfaltungsmotive, Selbständigkeit und Selbstverantwortlichkeit für die eigene Tätigkeit gesteuert. Diese Ansprüche sind heute nicht mehr nur auf Angestellte oder qualifizierte Facharbeiter/innen beschränkt. Sie werden zunehmend auch von Un- und Angelernten vertreten. Und sie gelten gleichermaßen für Männer wie für Frauen (Baethge 1991). Für die Einbindung derart gewandelter persönlicher, berufs- und arbeitsbezogener Interessen stellen sich in den Betrieben neue Aufgaben und Probleme hinsichtlich einer besseren Kommunikation und Abstimmung der individuellen Interessen der Mitarbeiter/innen untereinander und mit den unternehmensspezifischen Aufgaben, bzw. den vielfältigen Organisations- und Einrichtungszielen.

Werteverlust, Wertewandel

Anspruch auf Selbstverwirklichung, Selbständigkeit und Selbstverantwortlichkeit

„Wenn man bedenkt, wie stark heute Organisationen von schlechter Zusammenarbeit, Eigeninteressen, unsachlichen Konflikten und Konkurrenzdenken gebremst werden, lässt sich leicht ermessen, wie erfolgreich diese Unternehmen sein könnten, wenn man all die negativen Einflussfaktoren ausschalten könnte" (Brommer 1994:152). Man muss diesen Optimismus nicht teilen. Aber gehen wir einmal davon aus, dass Sie als Teamkolleg/in oder Vorgesetzte im Konfliktfall

Eigeninteressen, unsachliche Konflikte, Konkurrenzdenken

- ein Interesse daran haben, die andere Partei versöhnlich zu stimmen, weil sie mit ihr auch weiterhin kooperieren möchten, bzw. auf ihre Kooperation und Kooperationsbereitschaft angewiesen sind;
- in dieser Situation infolgedessen die Absicht und den Willen haben, mit der Gegenseite zu einer Einigung oder zumindest zu einem für beide Seiten tragbaren Kompromiss zu kommen.

Empfiehlt es sich dann nicht, zumindest darüber nachzudenken, welche Strategie der Konfliktlösung wohl geeigneter ist als eine auf formalen Rechtspositionen und hierarchischer Autorität beruhende Machtstrategie?

7. Schlussfolgerung

Halten wir deshalb fest: Interessenklärungen und -abstimmungen zwischen Einzelnen, in und zwischen Gruppen, Teams und Organisationen werden immer wichtiger. Dasselbe gilt für die Entwicklung und Einführung von Rahmenbedingungen, Prozeduren und Regelungsverfahren zur Herstellung des Interessenkonses. Einige Unternehmen haben in den zurückliegenden Jahren diese Herausforderungen wahrgenommen und aufgegriffen. Hier hat man erkannt: „Konflikte sind unvermeidlich, wenn Menschen mit unterschiedlichen Interessen regelmäßig miteinander zu tun haben. Diese konkurrierenden Interessen kollidieren von Zeit zu Zeit und erzeugen Konflikte. Doch diese Konflikte können durchaus konstruktiv sein, wenn die Parteien ihre unterschiedlichen Interessen vorbringen, miteinander verhandeln, eine Einigung erzielen, die ihre Grundbedürfnisse (wenn nicht sogar ihre Wünsche) befriedigt und sie auch in anderen Bereichen zusammenarbeiten lässt. Diese Umgangsweise kann Menschen und Organisationen helfen zu wachsen und sich zu verändern" (Ury/Brett/Goldberg 1991:10).

Interessenklärungen und -abstimmungen werden immer wichtiger

Konflikte können konstruktiv sein

Bei Konflikten in Organisationen, Einrichtungen, Unternehmen – ob auf gleicher Hierarchieebene, zwischen Kolleg/innen, in Teams, Gruppen, Abteilungen oder über Hierarchieebenen hinweg, zwischen Vorgesetzten und Mitarbeiter/innen – um die es in diesem Band vor allem geht, sind am Interessenausgleich ausgerichtete Konfliktbewältigungsstrategien nicht nur kostengünstiger sondern auch zieldienlicher. Solche Verfahren führen in der Regel zu produktiveren, befriedigenderen, dauerhafteren Ergebnissen als die üblicherweise angewandten Konfliktlösungen auf der Basis von Rechtsgerangel, Macht, einer „muddling through" – Strategie, dem Aussitzen von Konflikten oder auch dem Zurechtbasteln unverbindlicher Problemlösungen, an denen nach kurzer Zeit schon wieder weitergeflickt und -gestrickt werden muss.

Interessenausgleich ist kostengünstiger

Blick auf den Anfang des Kapitels

Um es vorweg zu nehmen: Wir sind nicht der Auffassung, dass damit Willkürlichkeit und Beliebigkeit ihren freien Lauf haben sollen, nach dem Motto „anything goes", sondern im Gegenteil: Vielfalt in den Perspektiven und Interessen sollte nach unserer Auffassung verpflichten: zur Kenntnisnahme, sich kundig machen, sich auch dem schwierigen Prozess, andere Perspektiven zur Kenntnis zu nehmen und einzunehmen zu unterziehen, in Relation zu setzen, abzuwägen, dem Gemeinwohl, dem verallgemeinerbaren Interesse (Kategorischer Imperativ) verpflichtende Prioritäten beim Bemühen um Konfliktlösungen zu finden.

IV. Konfliktbegriffe und Konfliktvarianten

In den letzten Jahren ist der Begriff Konflikt zu einem inflationistisch verwendeten „Plastikwort" (Ruschel 1990) der Alltagssprache geworden, von schwammiger Gestalt, mehr verwirrend als erklärend und vielseitig verwendbar. Der Ehekrach avanciert zum Ehekonflikt, Spannungen in der Familie oder zwischen Schüler/innen und Lehrer/innen eskalieren zum Generationskonflikt; Lohnverhandlungen werden zum Tarifkonflikt, Autoritätskonflikte signalisieren den Verfall patriarchaler Gewalt bei Vätern, Vorgesetzten, Kirchenfürsten, Polizeipräsidenten und Mafiabossen. Wo die aktuellen gesellschaftlichen Entwicklungen zu Erosionen, Verschiebungen und Veränderungen im Status quo führen, sind Konflikte nicht fern – wo ein Rauch, da auch ein Feuer.

Konflikt – ein Plastikwort?

Die kriegerische Wurzel des Wortes ahnt auch, wer des Lateinischen nicht kundig ist. „Arma confligere", die Waffen vor dem Kampf möglichst laut zusammenschlagen, um dem Feind einen gehörigen Schrecken einzujagen, ihn womöglich vor Beginn der Schlacht in die Flucht zu schlagen. So das dem Begriff zugrundeliegende Bild, das uns den Lärm und die angedrohte Gewalt immerhin noch erahnen lässt. Aber hilft es uns im Alltag weiter? Lassen die mit diesem Bild transportieren Ängste vor Konflikten den unbefangenen Umgang oder auch nur eine nüchterne Betrachtung zu? Bilder können zwar häufig mehr erklären als Worte, aber manche führen auch in die Irre, müssen ersetzt oder aktualisiert werden.

Die Waffen zusammenschlagen

1. Was ist ein Konflikt?

Welche Einsichten, Aufschlüsse und Erkenntnisse über Konflikte lassen sich bei einem kurzen Blick in die vorliegende Fachliteratur gewinnen und führt dies weiter auf dem Wege der Erkenntnis? In seinem zum Standardwerk avancierten Handbuch zur Diagnose und Behandlung von Konflikten bietet Friedrich Glasl eine kommentierte Auswahl wissenschaftlicher Definitionen von sozialen Konflikten an, die hinsichtlich ihrer Bandbreite und Problemfokussierung, ihrer analytischen Präzision und ihres Erklärungsgehalts sehr unterschiedlich ausfallen. Einige sollen im folgenden kurz vorgestellt werden (Glasl 1990:12ff):

- „Ein Konflikt ist gegeben, wenn man untereinander eine *Uneinigkeit* hat" (Berlew 1977). Hier wird u.E. eine Tautologie angeboten, insofern der Konflikt als Uneinigkeit interpretiert, aber nicht erklärt wird, also zu keinem Erkenntnisgewinn führt.

  Uneinigkeit

- „Der Begriff des Konflikts soll zunächst jede Beziehung von Elementen bezeichnen, die sich durch objektive (latente) oder subjektive (manifeste) *Gegensätzlichkeit* auszeichnet" (Dahrendorf 1961:201). Auch diese Formulierung umschreibt den Konfliktbegriff mehr als dass sie ihn analysiert und definiert. Konflikte sind also durch „Gegensätzlichkeit" gekennzeichnet; die Kriterien für diese Gegensätzlichkeit (objektiv/subjektiv; latent/manifest) bleiben aber ungeklärt.

  Gegensätzlichkeit

Konfliktbegriffe und Konfliktvarianten

Unvereinbare Handlungstendenzen
- Nur wenig präziser liest sich die Definition aus der Feder des Psychologen: „Ein interindividueller – sogenannter sozialer – Konflikt liegt dann vor, wenn zwischen Konfliktparteien, die jeweils aus zumindest einer Person bestehen, *unvereinbare Handlungstendenzen* beobachtet werden" (L.v.Rosenstiel 1980:165). Ist interindividuell also gleich sozial? Gibt es Konfliktparteien mit weniger als einer Person? Sind Konflikte identisch mit unvereinbaren Handlungstendenzen?

Unvereinbare Ziele Verhaltensweisen Interessen
- Anglo-amerikanische Autoren, auf die sich Glasl bezieht, betonen die Gegensätze in den Zielen und/oder Interessen der Konfliktparteien, von denen es wenigstens zwei geben muss: „Social conflict is a relationship between two or more parties who (or whose spokesmen) believe they have *incompatible goals*" (Kriesberg 1973:17); „Conflict is *incompatible behavior* between parties whose interests differ" (Brown 1983). Unvereinbare Interessen oder Ziele sind demnach die entscheidenden Merkmale eines Konflikts. Auch diese Feststellung ist für eine Definition etwas mager und zu sehr auf einen Teilaspekt reduziert.

Zusammenprall widerstrebender Kräfte
- „Der Begriff Konflikt bedeutet – grob genommen – den Zusammenprall zweier oder mehrerer widerstrebender Kräfte. Solche Kräfte können innerhalb einer Person (intrapersonal) auftreten, z.B. Verstand und Gefühl, oder Wollen und Können, aber auch zwischen Personen (interpersonal), z.B. Einstellungen, Meinungen, Wünsche und Wertungen. Daneben wissen wir von systembedingten Kräften, die innerhalb von Organisationen, Kollektiven und Gruppen aufeinandertreffen können, z.B. Verteilung von Gruppenlohn oder Lohnkonflikt zwischen Arbeitgebern und Gewerkschaften (Inter-Gruppen-Konflikt)" (Geißler/v. Landsberg/Reinartz 1990: Glossar, S.K2/K3).

Konflikt als Prozess
- Komplexeren Definitionsversuchen wie z.B. von Thomas (1976), Prein(1982) und Rüttinger (1980) gehört unverkennbar Glasl's Sympathie: „Dyadic conflict will be considered to be a process which includes the perceptions, emotions, behaviors, and outcomes of the two parties (...). Conflict is the process which begins when one party perceives that the other has frustrated, or is about to frustrate, some concern of his" (Thomas 1976:891). Konflikt als ein Prozess, in dem Wahrnehmungen, Gefühle, Verhalten und Ergebnisse eine Rolle spielen, durch die eine Seite sich verletzt oder gefährdet sieht – das kommt der Wirklichkeit schon näher.

Sozialer Konflikt

Psychologische Wirklichkeit
- „Wir sprechen von einem sozialen Konflikt, wenn wenigstens zwischen zwei Parteien die Interessen, Ziele, Rollen und/oder Auffassungen miteinander unvereinbar sind oder scheinen. Ein Konflikt ist erst dann eine psychologische Wirklichkeit, wenn sich wenigstens eine Partei (gleichgültig ob zu recht oder nicht) der Tatsache bewusst ist, dass die andere Partei sie bei der Verwirklichung der Interessen, Ziele, Rollen und/oder Auffassungen frustriert, darüber Gefühle der Feindseligkeit erlebt und auch ihrerseits die Gegenpartei hindert" (Prein 1982).

Konfliktbegriffe und Konfliktvarianten

☐ Rüttinger schließlich fasst alle genannten Elemente zusammen und formuliert: „Soziale Konflikte sind Spannungssituationen, in denen zwei oder mehrere Parteien, die von einander abhängig sind, mit Nachdruck versuchen, scheinbare oder tatsächlich unvereinbare Handlungspläne zu verwirklichen und sich dabei ihrer Gegnerschaft bewusst sind" (Rüttinger 1980:22). Ob beide Parteien voneinander abhängig sein und sich ihrer Gegnerschaft bewusst sein müssen, bezweifelt Glasl, stimmt aber ansonsten dieser Definition weitgehend zu.

Spannungssituation Gegnerschaft

☐ Seine eigene Definition sieht Glasl als den Versuch einer umfassenden Synthese aller von Thomas, Prein und Rüttinger aufgeführten Aspekte und Elemente: „Sozialer Konflikt ist eine Interaktion zwischen Aktoren (Individuen, Gruppen, Organisationen usw.), wobei wenigstens ein Aktor Unvereinbarkeiten im Denken, Vorstellen, Wahrnehmen und/oder Fühlen und/oder Wollen mit dem anderen Aktor (anderen Aktoren) in der Art erlebt, dass im Realisieren eine Beeinträchtigung durch einen anderen Aktor (die anderen Aktoren) erfolgt" (Glasl 1990:14/15).

Die zentralen Definitionselemente nach Glasl stellen klar, dass ein Konflikt auf *Unvereinbarkeiten* sei es im *Denken, Vorstellen, Wahrnehmen, Fühlen oder Wollen* beruht, die wenigstens von einer Seite so empfunden werden müssen. Zu dieser Unvereinbarkeit muss aber noch ein entsprechendes *Interaktionshandeln* einer Seite hinzutreten, das von der anderen Seite (ob zu recht oder nicht) als eine *Beeinträchtigung* der eigenen Ziele, Interessen, Gefühle oder Vorstellungen empfunden wird. Glasl warnt, unseres Erachtens zu recht, vor einem in Mode gekommen inflationistischen Gebrauch des Konflikt- und Krisenbegriffs, der jede Meinungsdifferenz, Spannungssituation, Missstimmung oder Antipathie gleich zum Konflikt erklärt. In dieser Unschärferelation ist letztlich alles im Leben mit Konflikten verbunden, frei nach dem Motto von Erich Kästner: „Seien wir ehrlich, Leben ist immer lebensgefährlich".

Unvereinbarkeit im Denken, Wahrnehmen, Fühlen oder Wollen

2. Konflikte und Nicht-Konflikte

Mit Glasl wollen auch wir an der Unterscheidung von Konflikten und jener Fülle möglicher Interaktionen festhalten, die zwar zu Konflikten führen können, dies aber nicht in jedem Falle müssen und selbst keinesfalls schon ein Konflikt sind. Zu den Nicht-Konflikten zählen nach Glasl (aaO:16/17):

Konfliktbegriffe und Konfliktvarianten

Meinungsverschieden-heiten, Widersprüche, Unterschiede

☐ *Unvereinbarkeiten nur im kognitiven Bereich*
Unterschiede in der Wahrnehmung von Ereignissen, in den Meinungen und Ansichten, Formulierungen und Begriffen, in der Analyse von Sachverhalten und im theoretisch-philosophischen Denken können zu Meinungsverschiedenheiten, logischen Widersprüchen und semantischen Unterschieden führen. Als solche sind sie Voraussetzungen für Kreativität und Entwicklung, wenn mit ihnen konstruktiv umgegangen wird. Keinesfalls sind sie a priori als Konflikte zu definieren, noch müssen sie zu Konflikten führen.

Können akzeptiert werden

☐ *Unvereinbarkeiten nur im Fühlen*
Auch die Unterschiede im Fühlen und Erleben, Genießen und Entspannen können zwischen Menschen wechselseitig toleriert, akzeptiert und respektiert werden, ohne dass es zu Konflikten führen muss. Individuelle Geschmacks-und Gefühlsrichtungen können belebend und bereichernd wirken, wenn die Kommunikations- und Interaktionsbeziehungen, die räumlichen oder sonstigen äußeren Bedingungen es zulassen. Emotionale Widersprüche und ambivalente Gefühle können wir schließlich auch in uns selbst verspüren, ohne dass wir sie gleich als Konflikt wahrnehmen oder nach außen tragen müssen.

Müssen möglich sein

☐ *Unvereinbarkeiten nur im Wollen*
Solange wir unterschiedliche Absichten und Willenserklärungen nicht in entsprechendes Handeln umsetzen, lässt sich in der Regel noch nicht von Konflikten sprechen. Die Diskussion ermöglicht noch den Weg zur Einigung und Konfliktvermeidung. Unterschiede im Wollen, divergierende Absichtserklärungen und Willensbekundungen müssen möglich sein, wenn die Freiheit nicht unzulässig eingeschränkt werden soll. Das individuelle Wollen unterdrücken oder sanktionieren läuft auf eine Manipulation hinaus, die ihrerseits ein Akt der (subtilen) Gewalt ist und zu Konflikten führen muss.

Vom Zwischenfall zum Konflikt

☐ *Unvereinbares Verhalten stößt aufeinander*
Auch unvereinbares Verhalten muss nicht immer zum Konflikt führen. Wer einem anderen unbeabsichtigt zu nahe oder auf die Füße tritt (in der U-Bahn oder im Lift), beim Einparken ein anderes Auto beschädigt, kann durch eine Entschuldigung oder Wiedergutmachung des Schadens den Konflikt vermeiden. Niemand kann sich im heutigen modernen Großstadtleben durchgehend so verhalten, dass andere Menschen durch ihn nicht beeinträchtigt werden bzw. er nicht Rücksicht auf sie nehmen muss. Solange diese Beeinträchtigungen zufällig, situationsbedingt, ohne Absicht und negative Gefühle erfolgen, kann wohl von einem „Zwischenfall", einer „Panne", einem „Inzident" (Glasl) gesprochen werden, aber kaum von einem Konflikt. Um aus letzterem einen Konflikt zu machen, muss die Angelegenheit „eskalieren", sei es mit oder ohne Absicht der Beteiligten. Dies ist allerdings möglich und nicht selten der Fall. Jeder noch so geringe Vorfall kann zum Anlass genommen werden, um unbeabsichtigt oder planvoll einen Konflikt herbeizuführen, in dem ganz andere Dinge zur Entscheidung anstehen.

Konfliktbegriffe und Konfliktvarianten

Konflikte sind also nicht statisch zu sehen, sie sind Prozesse mit einer Vorgeschichte, Entwicklungsphase und Eskalationsdynamik. Aus kleinsten Anlässen können Konflikte entstehen, wenn die Beteiligten (bewusst oder ungewollt) einer Eskalations- und Dramatisierungsstrategie folgen, die aus anfänglichen Unstimmigkeiten Gegensätze, aus Gegensätzen Unvereinbarkeiten und aus diesen Feindschaften entwickelt. Dieser Prozess der Konfliktentstehung und Konfliktverschärfung kann in den meisten Fällen auf jeder Stufe angehalten und unterbrochen werden – wenn der Wille vorhanden und die Kompetenz im Umgang mit Konflikten gegeben ist. Für die Konfliktanalyse und die Konfliktbehandlung ist es wichtig zu erkennen, dass Konflikte in einem Prozess entstehen, dessen Rahmenbedingungen verändert und dessen Abläufe unterbrochen werden können, weil sie nicht naturwüchsig sind.

Eskalations- und Dramatisierungsstrategie

Konflikte und Nicht-Konflikte

	Unvereinbarkeiten erleben im:			
	Denken	Fühlen	Wollen	Handeln
Logischer Widerspruch	X			
Meinungsdifferenz	X			
Mißverständnis	X			
Fehlperzeption	X			
semantische Unterschiede	X			
Gefühlsgegensätze		X		
Ambivalenz		X		
Antagonismus			X	
Inzident				X
Spannung	X	X		
Krise	X	X	X	⇒
Konflikt	X &/oder	X &/oder	X UND	X

Quelle: Glasl 1990:17

Abb. 18: Konflikte und Nicht-Konflikte

3. Nicht der Konflikt ist das Problem

Motor für Fortschritt und sozialen Wandel

Halten wir also den Paradigmenwechsel, die geänderte Sichtweise und den konstruktiven Blickwinkel auf soziale Konflikte noch einmal fest: „Konflikte sind alltägliche Ereignisse überall dort, wo Menschen beieinander und miteinander leben. Wir müssen mit ihnen leben, müssen lernen, sie zu ertragen und sie zu bewältigen. Während bis vor wenigen Jahren Konflikte eher als zerstörerisch gesehen wurden, betrachtet man sie heute auch als innovatorische Chance, gar als Motor für Fortschritt und sozialen Wandel." (Geißler/v. Landsberg/Reinartz 1990: Glossar, S.K2/K3).

Konflikte sind normal, allgegenwärtig und produktiv nutzbar. „Nicht der Konflikt ist das Malheur, sondern die Unfähigkeit eines Menschen oder einer Organisation, ihn zu regeln". Konflikte werden heute vielmehr als „soziale Sachverhalte" gesehen, die wir als Bestandteil unseres Lebens zur Kenntnis nehmen müssen und mit denen wir uns auseinandersetzen müssen, um aus ihnen das Beste zu machen. Was dem Einzelnen als lästig erscheinen mag, kann für das Ganze eine Lern- und Innovationschance sein. Das in einem Konflikt liegende Energiepotenzial kann zum Motor für Fortschritt und sozialen Wandel werden, wenn es richtig gesteuert wird. Dieser Aufgabe widmet sich das Konfliktmanagement" (Ruschel 1990: 6.1.1.0, S.3/4).

Positive Funktion

Konflikte erfüllen also positive Funktionen für ihre jeweiligen sozialen Einheiten in menschlichen Gruppen, wirtschaftlichen, bürokratischen, militärischen oder sonstigen Organisationen und in der Gesellschaft insgesamt:

Konflikte erfüllen positive Funktionen

- sie weisen auf Probleme hin
- sie fördern Innovation
- sie erfordern Kommunikation
- sie verhindern Stagnation
- sie regen Interesse an
- sie lösen Veränderungen aus
- sie stimulieren Kreativität
- sie festigen Gruppen
- sie führen zu Selbsterkenntnissen
- sie verlangen nach Lösungen

Abb. 19: Konflikte erfüllen positive Funktionen

Konflikte sind zwar unvermeidlich, müssen aber nicht unbedingt nachteilig sein. Wenn sie allerdings unbearbeitet bleiben oder verdrängt werden, können sie zu Störungen in den privaten Beziehungen und Familien ebenso wie in Betrieben, Organisationen, Verwaltungen führen, bis hin zur Zerstörung von Staaten und zur Vernichtung menschlichen Lebens.

Der Konfliktkreislauf

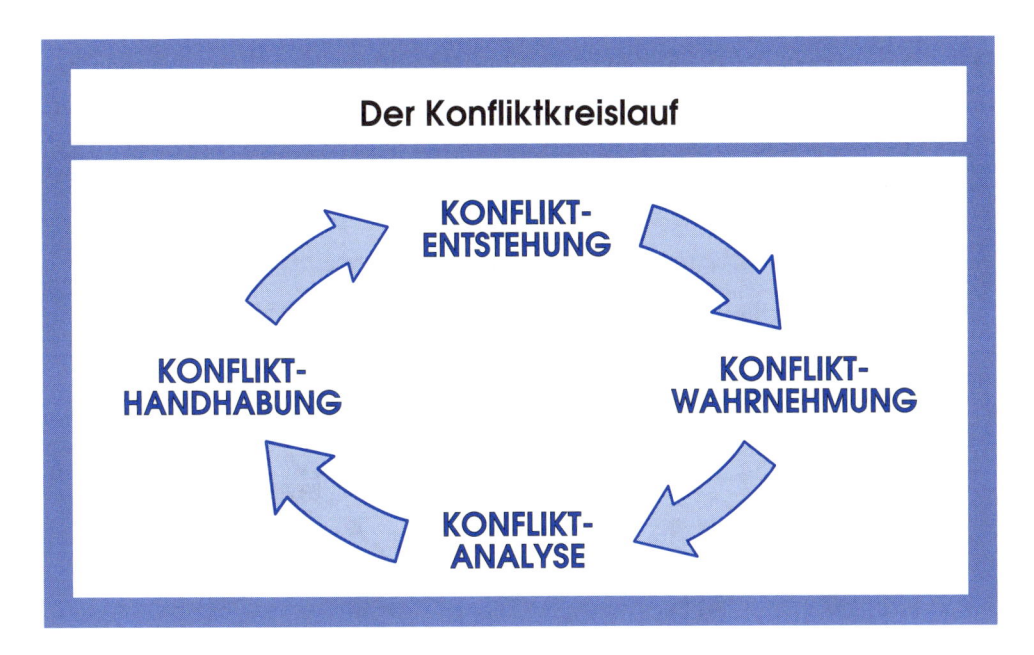

KONFLIKT-ENTSTEHUNG → KONFLIKT-WAHRNEHMUNG → KONFLIKT-ANALYSE → KONFLIKT-HANDHABUNG → (Kreislauf)

Abb. 20: Der Konfliktkreislauf

4. Konflikte – Arten – Varianten – Typen

Eine Schwierigkeit bei dem Versuch, Konfliktarten und -varianten zu unterscheiden und die in der Fachliteratur vorfindbaren Konflikttypologien zu vergleichen und systematisch zu ordnen, liegt (nach Glasl) darin, dass die Beiträge zu dieser Diskussion aus sehr unterschiedlichen Wissenschaftsdisziplinen stammen. Vertreter/innen aus Ökonomie, Soziologie und Politikwissenschaft, aber auch Psycholog/innen und Pädagog/innen haben Analysen und Typologien vorgelegt, die allerdings kaum den engen Rahmen ihrer Fachdisziplin überschreiten. Es fehlt, – und das ist kein Einzelfall, – an einer übergreifenden, vernetzten Theoriebildung der sozialwissenschaftlichen Disziplinen untereinander zur Klärung und Bearbeitung komplexer sozialer Zusammenhänge und Querschnittsprobleme, wie es Konflikte sind. Es gibt diese umfassende Theorie bisher nicht, wird sie vermutlich auch nicht geben, weil es nach Auffassung einer wachsenden Zahl von Wissenschaftler/innen keine umfassende, allgemein verbindliche und allein gültige Theorie über den Menschen und seine Natur, seine sozialen Bedürfnisse und Beziehungen sowie über die gesellschaftlichen Dimensionen und Strukturen gibt. Was es gibt und was zur Klärung herangezogen werden kann, sind Theorieansätze, Definitionsversuche und -angebote, die sich teils wiederholen, überlappen, widersprechen, ergänzen und in der Summe ein pluralistisches Bild unterschiedlicher Sichtweisen auf und möglicher Bewertungen von Konflikten ergeben.

Konflikttypologien

Keine umfassende Theorie

Der schon zitierte Wirtschaftswissenschaftler und freiberufliche Personalberater A. Ruschel z.B. schlägt folgende Unterscheidung der Konfliktarten vor:

Konfliktformen

Intrapersonale (individuelle)	Interpersonale (soziale)
Motiv-/Ziel-konflikt	Beurteilungs-konflikt
Entscheidungs-konflikt	Bewertungs-konflikt
Rollen-konflikt	Verteilungs-konflikt
Beziehungs-konflikt	

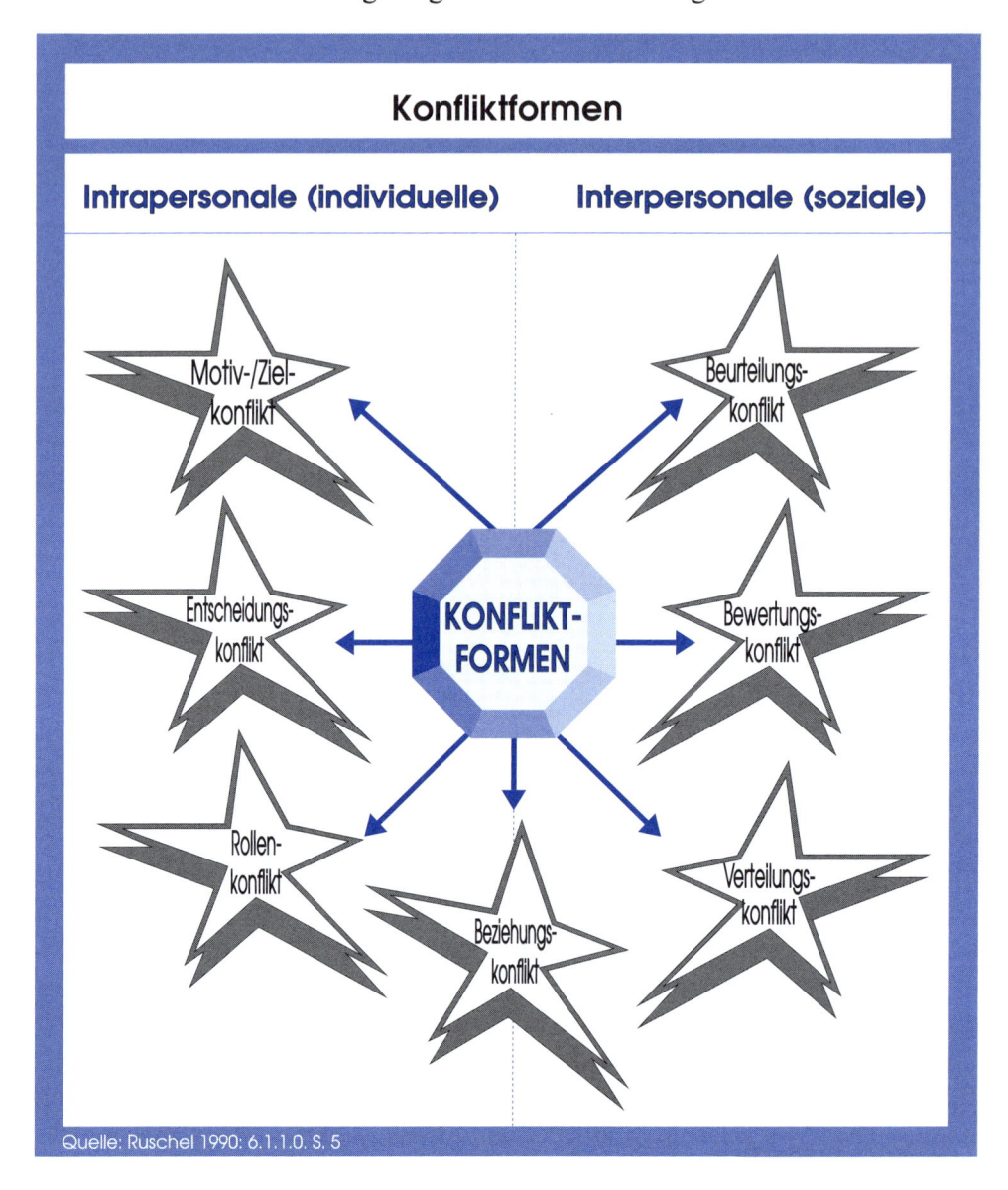

Quelle: Ruschel 1990: 6.1.1.0. S. 5

Abb. 21: Konfliktformen

Ambivalente Gefühle, widersprüchliche Empfindungen

Die Zuordnung, die Ruschel vornimmt, ist allerdings diskussionsbedürftig und nicht ohne eine gewisse Willkür. Sind Motiv- und Zielkonflikte oder Entscheidungskonflikte nur Individualpersonen zurechenbar oder nicht auch zwischen mehreren Personen und Gruppen vorstellbar? Andererseits, können nicht auch ambivalente Gefühle, widersprüchliche Empfindungen zu Beurteilungs- und Bewertungskonflikten in einer Person führen. Wer kennt nicht dieses Hin- und Hergerissensein zwischen Zuneigung und Ablehnung, Liebe und Hass, Mitleid und Gleichgültigkeit, Pflichtbewusstsein und spontanem Lustgefühl etc. Die gepunktete Mittellinie deutet zwar an, dass die Übergänge durchlässig sind, suggeriert aber dennoch eine allzu schematische Trennung. Eigentlich müssten die meisten Konfliktarten in der vorliegenden Darstellung wie z.B. der Beziehungskonflikt auf der Mittellinie positioniert sein.

Konfliktbegriffe und Konfliktvarianten

Häufig in der einschlägigen Literatur verwendet, aber die Bemühungen um Klärung und Systematisierung der verschiedenen Konfliktvarianten nicht sehr viel weiterführend, ist auch die Gegenüberstellung folgender Begriffspaare:

Konfliktarten

❒ **latente Konflikte:** verdeckte Konflikte, die zwar vorhanden sind, aber nicht offen ausgetragen werden und in der Schwebe bleiben;	❒ **manifeste Konflikte:** offenliegende Konflikte mit einem entsprechenden Konfliktverhalten der Beteiligten; entwickeln sich häufig aus latenten Konflikten oder brechen unvermutet auf;
❒ **echte Konflikte:** Konflikte mit einem realen Anlass, Sachverhalt und Ernstcharakter;	❒ **unechte Konflikte:** als Konflikte wahrgenommene/bewertete Situationen, die keinen hinreichenden sachlichen Kern haben;
❒ **persönliche Konflikte:** im Fühlen, Denken oder Wollen von Personen begründete Auseinandersetzung mit anderen;	❒ **sachliche Konflikte:** im Kern sachbezogene Auseinandersetzungen, die allerdings von persönlichen Gefühlen begleitet sein können.

Latent/manifest

Echt/unecht

Persönlich/sachlich

Abb. 22: Konfliktarten

Ebenfalls nicht unumstritten, in der Literatur aber häufig anzutreffen, ist die Kategorisierung/Systematisierung der vielfältigen Konfliktarten in einem Drei-Typen-Modell, wie es Glasl vorschlägt (1990:48):

❒ Konflikte nach unterschiedlichen Streitgegenständen,
❒ unterschiedliche Erscheinungsformen der Auseinandersetzung,
❒ Konflikte nach Merkmalen der Konfliktparteien.

5. Unterscheidung nach Streitgegenständen

Die Streitgegenstände können sowohl Ursache und Auslöser des Konflikts sein oder Ziel und Preis der Auseinandersetzung. In der Literatur werden sie wie folgt klassifiziert:

„Issue"- Konflikt

a) **materielle, substantielle sog. „Issue"- Konflikte um begrenzte Mittel/ knappe Güter:**
- ❏ Geld
- ❏ Werkzeuge, Ausrüstung, Ausstattung
- ❏ Qualitative Arbeitsbedingungen
- ❏ Zahl der Mitarbeiter/innen
- ❏ Zugang zu den Vorgesetzten
- ❏ größere Verantwortung

Affektive Konflikte

b) **immaterielle, affektive Konflikte, bei denen Eigenschaften, Verhaltensweisen etc. der Konfliktparteien im Mittelpunkt stehen:**
- ❏ Eigenschaften wie ehrgeizig, misstrauisch, ängstlich, herrschsüchtig
- ❏ Verhaltensweisen wie Unpünktlichkeit, Unordnung, Unzuverlässigkeit
- ❏ unkollegialer Arbeits-, Informations- und Kommunikationsstil
- ❏ aufdringliche, schädigende Umgangsformen, Belästigungen, Mobbing
- ❏ phantasierte Einbildungen und Ängste, Interaktionsstörungen

Interessen- und Wertkonflikte

c) **nach Sachgebieten geordnete Interessen- und Wertkonflikte um:**
- ❏ finanzielle Mittel, ökonomische Ressourcen
- ❏ juristische Sachverhalte, rechtliche Interpretationen
- ❏ Perspektiven der Personalwirtschaft und Personalentwicklung
- ❏ Produktionsprobleme, Leistungssteigerung, Qualitätssicherung
- ❏ Firmenphilosophie, Corporate Identity, Öffentlichkeitsarbeit

Ziel- und Mittelkonflikte

d) **nach Sachzusammenhängen geordnete Ziel- und Mittelkonflikte um:**
- ❏ ideologische Ziele, Richtlinien, Leitsätze, Führungskonzepte
- ❏ organisatorisch-administrative Kompetenz und Zuständigkeit
- ❏ operative und strategische Fragen der Unternehmensführung
- ❏ Marketing, Verkauf, Absatz

Strategisch-prinzipielle Konflikte

e) **struktur-orientierte, strategisch-prinzipielle Konflikte um:**
- ❏ Organisationsstruktur, Hierarchiebildung, dezentrale Ressourcenverantwortung,
- ❏ systemische Vernetzung intern und extern, globales Verantwortungsbewusstsein
- ❏ prozessorientierte Kommunikationsstruktur und Interaktion, lean management

6. Kategorisierung nach den Erscheinungsformen

Konflikte lassen sich nicht nur hinsichtlich ihrer Streitgegenstände, Ursachen oder Ziele vergleichen, sondern auch mit Blick auf ihren Verlauf und die spezifischen Eigenschaftsmerkmale. Offensichtlich können Konflikte trotz gleicher oder vergleichbarer Ursachen, Anlässe und Zielsetzungen einen sehr unterschiedlichen Verlauf nehmen.

Rituale, Dramaturgie, Inszenierung

Auch gibt es Konfliktrituale, eine Konfliktdramaturgie/Konfliktinszenierung, es ist die Rede vom Konflikttheater und Konfliktspektakel etc. – alles Redewendungen, die verdeutlichen, dass Konflikte auch etwas mit der Form zu tun haben, in der sie sich darstellen, durchgeführt und wahrgenommen werden (sollen). Konflikte sind also immer auch im Kontext ihrer strategischen Absicht und gewählten Darstellungsform zu sehen, als Ausdruck einer Ziel-Mittel-Relation. Welche Konfliktform oder -stufe muss ich wählen, um die angestrebten Ziele zu erreichen? Wie moderat, intensiv, druckvoll oder nachgiebig, gewaltsam oder kompromissbereit, offen oder verdeckt muss mein Vorgehen sein, wenn ich die „Trümpfe in der Hand" behalten und den Erfolg einstreichen will?

Folgende Unterscheidungen haben im Alltag wie in der Literatur gängige Verbreitung gefunden:

❏ *latente/manifeste Konflikte:*
Die vor allem von Dahrendorf (1961) verwendete Unterscheidung stellt auf den Gegensatz von verborgenen und offenen Konflikten ab. Sie ist dennoch nicht immer ein präzises Trennungsmerkmal, weil sie in den Übergängen fließend bleibt. Verborgene und offene Konflikte können von den beteiligten Parteien und außenstehenden Betrachter/innen zudem unterschiedlich wahrgenommen werden. Was für die eine Sichtweise noch ein glimmendes Streichholz ist, wird aus anderem Blickwinkel als lodernde Flamme gesehen.

Verborgene/offene Konflikte

❏ *schwache/extreme Konflikte:*
Gefühle, Ängste, Leidenschaften sind neben den Interessen und Zielen bei Konflikten immer mit im Spiel. Sie bilden gewissermaßen den Rohstoff für die Inszenierung, Dramaturgie und Eskalationsdynamik im Konfliktverlauf. Was der Konflikt sein oder werden soll, welchen Verlauf er nehmen und welches Ende er finden soll, bestimmen zu großen Teilen, wenn auch nicht durchgängig und in allen Phasen gleich stark, die am Konflikt beteiligten Personen und Parteien. In ihrer Sprache und Wortwahl, Tonfall und Lautstärke, Mimik und Gestik findet dieser Sachverhalt seinen sichtbaren und hörbaren Ausdruck. Meinungsunterschiede, persönliche oder sachliche Differenzen können zu Spannungen führen, die anfänglich noch kaum erkennbar sind. Durch rechtzeitige Wahrnehmung können sie sachlich geklärt und aufgelöst, durch Vorurteile, Hassgefühle und andere Affekte irrational aufgeladen werden und außer Kontrolle geraten.

Sprache und Wortwahl, Tonfall und Lautstärke, Mimik und Gestik

In der nächsten Stufe werden aus Differenzen, Missverständnissen und Spannungen persönliche oder kollektive Gegensätze, in denen es um Macht, Interessen, Durchsetzung, Selbstbehauptung, Vernichtung etc. geht. Der Spannungsbogen möglicher Konfrontation kann sich auf einem Kontinuum von friedlichen Diskussionen und Verhandlungen über gewaltlose Aktionen, Demonstrationen, Streiks bis zu Revolutionen, Bürgerkrieg und massiven militärischen Vernichtungsaktionen erstrecken.

❏ *institutionalisierte/formgebundene Konflikte:*

Störungen und Dysfunktionalitäten

Häufig sich wiederholende oder regelmäßig wiederkehrende Konflikte treten vor allem in Institutionen und Organisationen auf. Nach Meinung einiger Autor/innen sind sie strukturbedingt, d.h. letztlich in diesen Einrichtungen unvermeidlich. Jede Struktur schafft Rahmenbedingungen, Zuständigkeiten, Sachzwänge, Abhängigkeiten und dergl., so dass es zu Reibungen, Friktionen, Störungen und Dysfunktionalitäten kommt. Es gibt nicht die konfliktfreie Organisation oder Institution, weil Arbeit organisieren, Tätigkeiten koordinieren, Kommunikation und Kooperation immer mit potentiellen Konflikten zwischen den beteiligten Menschen, Gruppen, Abteilungen etc. verbunden ist. Jede Organisation hat struktur-, prozess- oder personalbedingte Schwachstellen und Defizite, die zu Dysfunktionalitäten und konflikthaften Entwicklungen führen können, wenn sie nicht aufgedeckt und bearbeitet werden. Nicht der Konflikt ist (in der Regel) das Problem, sondern die verbreitete Unfähigkeit der Konfliktbeteiligten, sach-und problemangemessen damit umzugehen.

Nicht der Konflikt ist das Problem

Weil Konflikte nicht a priori vermieden werden können und nicht verdrängt, unterdrückt oder gewaltsam gelöst werden sollen, gibt es in (fast) allen Organisationen spezielle Verfahren und Mechanismen zur Konfliktaustragung und -regelung:

Verfahren/Mechanismen zur Konfliktregelung

- ❏ Schiedsrichter/innen bei Wettkämpfen
- ❏ Schiedsrichter/innen bei Tarifkonflikten
- ❏ Schiedsgerichte in Parteien
- ❏ Vermittlungsausschüsse in Bundestag und Länderparlamenten
- ❏ Selbstverwaltungsgremien in Institutionen/Behörden
- ❏ Zivil- und Arbeitsgerichte
- ❏ Ombudsmänner/-frauen
- ❏ UNO-Sicherheitsrat
- ❏ Krisenstäbe/Krisenmanagement

Abb. 23: Verfahren/Mechanismen zur Konfliktregelung

Konfliktbegriffe und Konfliktvarianten

Alle diese Personen, Einrichtungen und Verfahren dienen dem Zweck, die regelmäßig oder wiederholt auftretenden Konflikte zu „deeskalieren" und einer Lösung zuzuführen, wenn die beteiligten Konfliktgegner/innen dazu nicht in der Lage sind. Mit anderen Worten: für derartige Situationen wird von der Institution/Organisation ein Verfahren vorgesehen und angeboten, dass die Austragung notwendiger oder unvermeidlicher Konflikte in geregelten Bahnen und erträglichen Formen garantiert.

Konflikte „deeskalieren"

- **symbolische/ritualisierte/reglementierte Konflikte:**
  Der amerikanische Soziologe A. Rapoport hat die Unterscheidung zwischen *Kampf, Spiel* und *Debatte* in die Diskussion eingeführt und anhand dieser Typologisierung den zivilisatorischen Fortschritt erläutert, der mit der symbolischen Konfliktaustragung, der Deeskalierung, Domestizierung und Ritualisierung von Gewalt in modernen Gesellschaften verbunden ist.

  Kampf, Spiel und Debatte

  Debatte: sie ist (oder sollte sein) eine geistige, mit Argumenten geführte Auseinandersetzung, die die Kontrahent/in nicht vernichten, sondern überzeugen will.

  Mit Argumenten überzeugen

  Spiel: auch viele Spiele sind Kampf mit körperlichem Einsatz, Kraft, Schnelligkeit, Stärke, Geschicklichkeit, Ausdauer etc., – also auch mit Sieg und Niederlage, Geld, Ruhm und Ansehen nicht zu vergessen. Die Gegner/in soll besiegt, aber nicht vernichtet werden, Regeln und Formen des Kampfes müssen akzeptiert werden. Der Zweck des Spiels kann nur gemeinsam erreicht werden; Spannung kann nur aufkommen, wenn beide Seiten in etwa gleich stark sind, also eine symmetrische Spiel-/Kampfsituation gegeben ist.

  Besiegt, aber nicht vernichtet

  Kampf: im Kampf wird der Gegner zum Feind, der geschädigt, aus dem Felde geschlagen, wettbewerbs-, und konkurrenzunfähig gemacht, getötet und auf Dauer ausgeschaltet werden soll. Es geht um Sieg oder Niederlage. Die Kampfmaßnahmen gelten nicht nur den kämpfenden Truppen, sondern auch den nicht unmittelbar beteiligten Zivilpersonen, deren Lebensgrundlagen, Ressourcen, Widerstandskraft und Überlebenswille zerstört werden.

  Sieg oder Niederlage

☐ *nicht-institutionalisierte/formungebundene Konflikte:*
Sie sind hinsichtlich ihres Verlaufs, ihrer Ausbreitung, den Auswirkungen etc. unberechenbar und schwierig zu handhaben. Demonstrationen, Krawalle auf der Straße und in Fußballstadien, Kriegs- und Bürgerkriegshandlungen liefern hierfür zahlreiche Belege.

Heiße Konflikte

Heiße Konflikte auf allen Ebenen, vom Lehrer/innenkollegium bis zu UNO-Einsätzen sind (nach Glasl) von der Interaktionsform der beteiligten Konfliktparteien und dem Klima der Beziehungen zwischen ihnen bestimmt. Es herrscht eine „Atmosphäre der Überaktivität und Überempfindlichkeit" (Glasl); jede Seite ist von der Richtigkeit ihrer Sache überzeugt, zeigt ein demonstrativ positives Selbstbild und will die Gegenseite zur Anerkennung der eigenen Position, Forderungen und Interessen bringen. Die Grundeinstellung ist expansiv, Gebiets-, Einfluss- und Machtvergrößerung werden angestrebt. Projektion, Stilisierung und Idealisierung der eigenen Ziele breiten sich aus und erschweren rationales Denken und Handeln (Glasl 1990:69–72).

Kalte Konflikte

Kalte Konflikte können ebenso im familiären Rahmen wie auf internationaler Ebene auftreten. Sie entwickeln u.U. eine Destruktivität, die noch einschneidender und gravierender ist, als bei einem heißen Konflikt. Nicht Begeisterung, Aktivität und Überzeugungsdrang bestimmen das Klima der Konfliktparteien, sondern Enttäuschungen, Desillusionierung und Frustration. Die Kommunikation wird stockend, zynisch und sarkastisch, ehe sie gänzlich erlahmt. Erwartungen an die Gegenseite, aber auch an sich selbst, werden nicht mehr artikuliert. Selbstwertgefühl und positives Selbstbild schwinden, Erstarrung und Isolierung greifen Platz. Niemand erwartet von sich oder anderen noch etwas. Glasl nennt dies den Prozess der „sozialen Erosion", der zur Bildung vieler kleiner, autistischer Einheiten führt. Intrigen treten an die Stelle der „face-to-face-Kommunikation", Vermeidungsstrategien werden entwickelt „jeder flieht jeden und geht dem eventuellen Zwang zum Kommunizieren aus dem Weg" (Glasl 1990:76).

Annäherungskonflikt

Vermeidungskonflikt

Heiße Konflikte treiben die Konfliktparteien immer wieder zur Konfrontation, sind also *„Annäherungskonflikte"* mit dem Versuch, dem anderen seine Überzeugung, Werte und Ideale aufzuzwingen. Kalte Konflikte lassen sich als *„Vermeidungskonflikte"* mit stark zentrifugalen Tendenzen definieren. Es fehlen die gemeinsamen Werte und Überzeugungen, Ziele und Interessen. Man/frau will vor allem eines: in Ruhe gelassen werden.

7. Ordnung der Konflikte nach Merkmalen der Konfliktparteien

Die schematische Systematisierung nach äußeren Merkmalen der Konfliktparteien bleibt relativ unergiebig, ihre Zuordnung zu besonderen Wissenschaftsdisziplinen ist problematisch.

- *intra-personeller Konflikt:*
  Konflikt, der sich in einer Einzelperson abspielen und zu ambivalenten Gefühlen, widersprüchlichen Entscheidungen, unlogischem Vorgehen, inkonsequentem Verhalten oder zur Flucht aus der Situation führen kann. Die in der Person sich abspielenden Prozesse werden vorwiegend als individual-psychologische Phänomene interpretiert und behandelt.

  Konflikt in der Person

- *inter-personeller Konflikt:*
  bezeichnet einen Konflikt zwischen Einzelpersonen in einer Zweier-Beziehung (Ehe, Vorgesetzter-Untergebene, Lehrer/in-Schüler/in) oder in einer (Klein)gruppe (Familie, Klasse, Verein, Team). Mit Konflikten zwischen Personen in Gruppen unterschiedlicher Größe befasst sich vor allem die Sozialpsychologie.

  Konflikt zwischen Einzelpersonen

- *intra-Gruppenkonflikt:*
  ein gruppeninterner Konflikt, der zu Auseinandersetzungen, zur Bildung von Untergruppen, Fraktionen, Flügeln, zu Ausgrenzungen, Spaltungen, Sezession und Neugründung, aber auch zur Lähmung, Handlungsunfähigkeit, Pattsituation, zur Inaktivierung und Auflösung führen kann.

  Spaltungen, Sezession, Auflösung

- *inter-Gruppenkonflikt:*
  Konflikt zwischen Gruppen, Organisationen, Institutionen aller Art und Größe in symmetrischen und asymmetrischen Konfliktbeziehungen. Es handelt sich in der Regel um sehr komplexe Konfliktlagen, die sich aus einer Fülle von Anlässen auf allen Ebenen von der individuellen Mikroebene über die lokale/regionale Mesoebene bis zur nationalen/internationalen/globalen Makroebene ergeben können. Derartige Konflikte sind, – wenn überhaupt –, dann nur in interdisziplinärer Zusammenarbeit zwischen mehreren Wissenschaftsdisziplinen wie Soziologie, Politikwissenschaft, Rechts- und Verwaltungswissenschaft, Wirtschaftswissenschaft, Organisations- und Systemtheorie zu erforschen.

  Komplexe Konfliktlagen auf der Mikro-, Meso- und Makroebene

V. Konfliktmanagement: Steuerungsebenen, Gestaltungsmöglichkeiten und Verfahren

Nachdem wir uns in den vorangegangenen Kapiteln mit unterschiedlichen Sichtweisen von Konflikten, mit Konflikthintergründen, mit verschiedenen Dimensionen des Begriffsverständnisses von Konflikt und Konfliktvarianten und schließlich mit Wirkungszusammenhängen, Entwicklungsdynamik und gängigen Konfliktmustern befasst haben, kommen wir nun zu Gestaltungsebenen und Steuerungsmöglichkeiten des Konfliktmanagements.

1. Was meint Konfliktmanagement und wo liegen Gestaltungs- und Steuerungsmöglichkeiten?

Bereits im Jahre 1978 unterschieden Ury, Goldberg und Brett, drei Begründer des „Project on Negotiation" der Harvard Law School, drei Grundmuster der Konfliktregulierung – *Macht, Recht, Verhandlung*. Ihre Forderung, dass der Anteil an Aushandlungsprozessen gegenüber Konfliktregulierungen durch Macht, Machtkampf und Machtworte sowie Rückgriff auf Recht und Regelwerke mehr Raum erhalten sollten, weil auf diese Weise größere Verluste (Kosten) vermieden werden können, beeinflusst bis in die Gegenwart hinein die Diskussionen und Fragen nach „funktionaleren" Konfliktlösungen.

Macht, Recht, Verhandlung

Diese Sicht hat heute breiten Raum eingenommen. Sie kommt den bereits mehrfach angesprochenen Entwicklungen des notwendigen Organisationswandels, der Partizipation von Mitarbeiter/innen bei der Gestaltung von Veränderungsprozessen, dem arbeitsbezogenen Werte- und Einstellungswandel entgegen. Sie hat letztlich auch der Zunft der sich professionalisierenden Konfliktmanager/innen und Organisations-/Wirtschaftsmediator/innen einen beträchtlichen Aufwind in den letzten Jahren verschafft (vgl. Kerntke 2004).

Bevor wir auf Gestaltungs- und Steuerungsmöglichkeiten näher eingehen, soll zunächst umrissen werden, was unter „Konfliktmanagement" in Organisationen zu verstehen ist. Dabei bedienen wir uns einer einfachen, pragmatischen Umschreibung von Kerntke (2004, S. 55):

Konfliktmanagement heißt:

> „Das Gesamtgefüge aus Macht, Regeln und Vermittlung im Unternehmen beschreiben und auf seine Funktionalität prüfen, und dann gegebenenfalls Änderungen anbringen. Und andererseits im Einzelfall jeweils einen klaren und kommunizierbaren Plan entwickeln, welche Ansätze angewandt werden sollen und in welcher Weise."

Wenden wir uns nun der Frage zu, welche grundsätzlichen Gestaltungsmöglichkeiten zur Konfliktregelung in einer Organisation auf welcher Steuerungsebene genutzt werden können.

1.1 Unternehmensführung und Steuerungsebenen einer Organisation

Drei Steuerungsebenen des Unternehmens/der Organisation

Man unterscheidet bei der Unternehmensführung üblicherweise zwischen drei Steuerungsebenen des Unternehmens/der Organisation:

- der Ebene der *global-normativen* Steuerung einer Organisation
- der Ebene der *strategischen* Steuerung
- und der Ebene der *operativen* Steuerung.

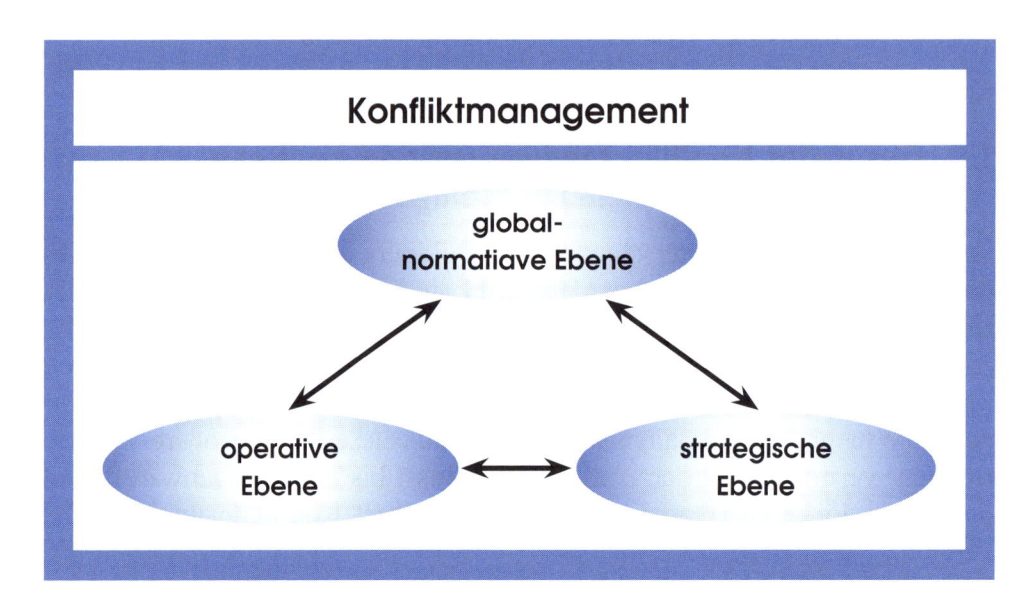

Abb. 24: Drei Steuerungsebenen des Unternehmens/der Organisation

Global-normative Steuerung

Die *global-normative Steuerung* umfasst alle grundsätzlichen Einstellungen und Werthaltungen der Unternehmensführung, die in der Unternehmenspolitik und im Unternehmensleitbild zum Ausdruck kommen und durchdringt alle Aufgaben- und Entscheidungsbereiche.

Strategische Steuerung

Die *strategische Steuerung* stützt sich auf die aus den zentralen Werten und Zielen einer Organisation und ihren globalen Steuerungskonzepten abgeleiteten Unternehmensrichtlinien und Grundsätzen. Diese sollen dazu beitragen, die angestrebten Werte und Ziele der Organisation in einem überschaubaren Zeitrahmen (ca. 1–3 Jahre) einzuhalten und umzusetzen.

Operative Steuerung

Die *operative Steuerung* zielt darauf hin, unter Berücksichtigung der globalen Werte und Ziele wie auch der strategischen Ziele, der Leitlinien und Grundsatzprogramme eine konkrete Orientierung für das tagtägliche betriebliche Handeln zu gewinnen.

Steuerungsebenen, Gestaltungsmöglichkeiten und Verfahren

Wo liegen nun bezogen auf diese Steuerungsebenen wichtige Gestaltungsmöglichkeiten für das betriebliche Konfliktmanagement? Die nachfolgende Abbildung 25 gibt hierzu einen Überblick.

Steuerungsebenen des Konfliktmanagements	
Steuerungsebene	Gestaltungsmöglichkeiten zur Konfliktregulierung (Beispiele)
Global-normative Steuerungsebene	Grundwerte, Normen, Einstellungen, zentrale Werte der Organisation, zum Ausdruck gebracht, z.B. in ❏ relevanten rechtlichen Rahmenbedingungen und Grundlagen (Gesetze) ❏ Organisationskultur und Unternehmensleitbild ❏ Unternehmens-/Einrichtungskonzeption ❏ Führungskonzeption (einschließlich Führungsphilosophie)
Strategische Steuerung	Richtlinien, Grundsätze und Grundsatzprogramme für einzelne Unternehmens- und/oder Aufgabenbereiche, wie z.B.: ❏ Personalentwicklung ❏ Führungsgrundsätze ❏ Information und Kommunikation ❏ Entscheidungsverfahren ❏ Qualitätsstandards und -sicherung ❏ Beschwerdemanagement
Operative Steuerung/ Umsetzung	Verfahren und Instrumente, z.B.: ❏ Betriebsvereinbarungen ❏ Stellenbeschreibungen ❏ (Institutionalisierte, regelmäßige) Mitarbeiter/innen-Gespräche ❏ Zielvereinbarungen ❏ Sanktionen (Abmahnungen, Versetzungen, Kündigungen) ❏ Leitungs-/Teamsitzungen ❏ Einzelne Ausbildungs-/Trainingsmaßnahmen (z.B. Ausbildung zum Konfliktlotsen, Mediator/in, Konflikttraining) ❏ Teamentwickung/Team-Coaching/Team-Supervision ❏ Verhandlungsverfahren, Mediation ❏ Konfliktberatung, Konfliktcoaching

Abb. 25: Steuerungsebenen und Gestaltungsmöglichkeiten zur Konfliktregelung

Die in der Abbildung genannten Beispiele lassen die vielfältigen Gestaltungsmöglichkeiten erkennen, die eine Organisation zur Konfliktregulierung präventiv oder auch bei sich entwickelnden, bereits eingetretenen oder eskalierten Konflikten nutzen kann. Die beispielhaft genannten Steuerungskonzepte und -verfahren sind weder vollständig noch dienen sie ausschließlich der Regulierung oder Lösung von Konflikten (näheres hierzu vgl. Beck 2006).

Nachfolgend einige Erläuterungen und Hinweise zu den in der Abbildung genannten Steuerungsebenen und Gestaltungsmöglichkeiten.

1.2 Globale Steuerungsebene

Grundwerte, Normen, Einstellungen

Grundwerte, Normen, Einstellungen einer Organisation kennzeichnen und bestimmen den Orientierungsstandard und -maßstab für die Richtung, die Ziele, die Intensität und Mittel des Verhaltens der Mitglieder einer Organisation. Als überindividuelle Orientierungsleitlinien steuern sie das Handeln der Menschen sowohl in übergeordneten Systemen (wie z.B. Staat und Nation), wie auch in untergeordneten Mesosystemen, wie einem Unternehmen, einem Unternehmensverbund, einer Organisation, einer Abteilung etc.

Wertvorstellungen

Wertvorstellungen prägen das Verhalten der Mitarbeiter/innen auf Dauer und liefern die Orientierungsmuster z.B. für das Verhalten gegenüber Klient/innen, Kunden/innen, zu den Vorgesetzten, den Untergebenen, den Kolleg/innen, zur Kommunikation nach innen und außen, zu Qualität der Angebote (Versorgung, Beratung, Bildung, Therapie …), zum Service etc. Die Einstellung der Beschäftigten zu den Grundwerten und Leitlinien des Unternehmens/der Organisation wiederum hängt von der Frage ab, welche Verhaltensanforderungen an die Mitarbeiter/innen es im Unternehmen gibt, ob und wie diese kommuniziert werden, wie diese akzeptiert werden und welche Sanktionen es bei Abweichungen gibt.

Orientierungsmuster

Kern der Unternehmenskultur

Die in einer Organisation faktisch zur Geltung kommenden Werte, Normen und Einstellungen sind *Kern der Unternehmenskultur*. Wie in Kapitel drei bereits aufgezeigt (S. 75 ff.) stellt die Unternehmenskultur kein monolithisches Wertgefüge eines Unternehmens dar, sondern besteht aus einer Vielzahl verschiedenartiger Elemente, die in einem wechselseitigen Wirkungszusammenhang stehen. Die Grundlage der Unternehmenskultur stellen die Basisannahmen oder der sog. „Identitätskern" dar. Er umfasst alle Normen, Werte und unbewussten oder für selbstverständlich gehaltenen Annahmen der Mitarbeiter/innen über das Wesen der Welt, des Menschen oder des Unternehmens. Als Summe der aktuell gelebten Werte, Normen und Einstellungen prägt sie das Verhalten der Mitarbeiter/innen und die Unternehmenswirklichkeit:

Steuerungsebenen, Gestaltungsmöglichkeiten und Verfahren

Weltbilder geben Auskunft darüber, ob die Veränderungen in der Umwelt als Bedrohung oder als Chance begriffen werden, ob seitens des Unternehmens mit Unsicherheit und Rückzug oder mit Veränderung und Innovation reagiert wird.

Menschenbilder in den „Köpfen der Führungskräfte" definieren deren Einstellungen zu den Mitarbeiter/innen, den Kund/innen, Klient/innen usw., bestimmen die Freiräume für Entscheidungen und Verantwortung oder Kontrolle – z.B. über die Beschäftigten.

Unternehmensbilder beinhalten, wie der Betrieb von den Mitarbeiter/innen gesehen wird, wie sehr sie sich mit ihm identifizieren oder in Distanz zu ihm stehen. Die handlungssteuernde Kraft der Unternehmenskultur hängt davon ab, wie sehr die Beschäftigten sich mit ihr solidarisch fühlen, sie leben und verkörpern und wie bewusst sie gepflegt und zum Inhalt einer strategischen Unternehmensführung gemacht wird.

Marginalien: Weltbilder; Menschenbilder; Unternehmensbilder

Die in einer Organisation vorfindbare Kultur ist die Summe der Regeln, Überzeugungen und Handlungsweisen, die eine Gemeinschaft entwickelt hat, um mit den Problemen der internen Integration (Zusammenhalt) und der externen Anpassung (Überleben) fertig zu werden. Die Kultur ist die Summe der Regeln – „to do's" und „not to do's" –, die so gut funktionieren, dass sie zu ungeschriebenen Gesetzen werden und jeder nachfolgenden Generation von Organisationsmitgliedern als die „richtige" Art des Denkens und Handelns weitergegeben werden. „Je homogener die Organisationskultur ist, desto leichter fällt den Organisationsmitgliedern die Orientierung – sorgt sie doch für Komplexitätsreduktion, Stabilität und Orientierung und damit für Sicherheit und Verlässlichkeit" (Brunner 1993).

Marginalie: „to do's" und „not to do's"

Das *Unternehmens-/Organisationsleitbild* ist die konkrete, realistische, angestrebte und zukunftsorientierte Umsetzung der Unternehmenskultur in Wort, Schrift, Bild bis hinein in die Architektur. Es übersetzt die abstrakte Unternehmensphilosophie in eine verständliche Sprache, soll die Mitarbeiter/innen und externen Zielgruppen im Kopf und im Herzen ansprechen und dem Unternehmen Schubkraft verleihen (vgl. Kiessling/Babel 2007). Als Unternehmensverfassung ernst genommen, sollte das Leitbild auf allen Ebenen höchste Wertschätzung und Akzeptanz erfahren und nicht nur ein Dasein als „Schubladenprodukt" oder, nach außen gerichtet, als „Hochglanzbroschüre" im Print- oder digitalen Format führen. Alle weiteren Leitlinien, Grundsätze, Vereinbarungen und Anordnungen des Unternehmens sollten sich außerdem aus ihm ableiten lassen.

Marginalien: Unternehmens-/Organisationsleitbild; Unternehmensverfassung

Ein Leitbild kann seine konstruktiv steuernde Wirkung nur dann entfalten, wenn es in einem geeigneten Verfahren unter Einbindung der Mitarbeiter/innen entwickelt wird. Mit Blick auf die Aussagen des Leitbilds

- überprüfen und filtern die Mitarbeiter/innen ihre Wahrnehmungen,
- orientieren sie ihre Interpretationen der wahrgenommenen Realität,
- steuern sie ihre täglichen Entscheidungen und Verhaltensweisen,
- entwickeln sie die Begründungen und Rechtfertigungen für ihre Handlungen,
- und kalkulieren auch sozial-emotional das damit verbundene Risiko,
- „pendeln" Mitarbeiter/innen bewusst oder unbewusst ihre Verhaltensweisen auf die von ihnen wahrgenommenen Regeln, Normen und offenen oder geheimen „Botschaften" der Organisation ein.

Je nachdem, wie verbindlich und glaubhaft das Organisationsleitbild von den Beschäftigten auf allen Ebenen, vor allem aber von den Führungs- und Leitungskräften, gelebt und in den betrieblichen Alltag umgesetzt wird, kann es seine integrierende und dementsprechend auch konfliktregulierende Wirkung entfalten und zur Verbesserung der Arbeitsbeziehungen und der Arbeitsprozesse innerhalb und außerhalb des Unternehmens beitragen.

Adressaten des Unternehmensleitbildes

Adressaten des Unternehmensleitbildes sind alle Mitarbeiter/innen, Führungskräfte, Nutzer/innen, Kund/innen, Finanz-/Zuschussgeber, externe Kooperationspartner und die Öffentlichkeit. Das Unternehmensleitbild ist ein wesentlicher Bestandteil der Unternehmenskultur und kann als ein „Dach" verstanden werden, „das bisher isolierte Einzelmaßnahmen integriert und ihnen einen übergeordneten Sinn verleiht" (Sennlaub/Stein/v. Passavant 1996: 21).

Organisationskultur ist eine wirkungsvolle Einflussgröße im Konfliktgeschehen

Konflikte im betrieblichen Kontext sind – wie wir gesehen haben – sehr komplexe Phänomene, in die sowohl Persönliches, Individuelles, wie auch Oganisatorisches einfließt. Die Organisationskultur ist eine besonders wirkungsvolle Einflussgröße im Konfliktgeschehen. Die grundsätzliche Konfliktfähigkeit, wie auch die Lern- und Veränderungsfähigkeit einer Organisation stehen in einem unmittelbarem Zusammenhang mit der etablierten Kultur einer Einrichtung/eines Unternehmens. Die Entwicklung und Sicherung von Konflikt- und Lernfähigkeit in einer Organisation kann daher auch über einen partizipativ angelegten Prozess der Leitbildentwicklung (als Organisationsentwicklung) unterstützt werden.

Weitere Steuerungskonzepte auf der Ebene des normativen Managements, d.h. einer Steuerung durch Normen, Werte und ethische Leitsätze der Organisation sind neben dem Leitbild und den relevanten gesetzlichen Regelungen insbesondere auch

- Einrichtungs- bzw. Unternehmenskonzeption
- Führungskonzeption

Diese Konzeptionen zielen ebenfalls auf eine langfristige Orientierung des gesamten Unternehmens. Hier geht es darum, die inneren Abläufe und Strukturen eines Unternehmens „immer wieder neu den Anforderungen der Umwelt und ihrer Entwicklungen anzupassen und seine konkrete Tätigkeit an einer langfristigen und globalen Perspektive auszurichten, d.h. ‚Innen' und ‚Außen', Gegenwart und Zukunft der Organisation aufeinander zu beziehen und damit das erforderliche Fließgleichgewicht zwischen ihr und ihrer Umwelt ständig neu herzustellen" (Graf/Spengler 2004).

1.3 Strategische Steuerungsebene

Richtlinien und Grundsätze für einzelne Unternehmens- und/oder Aufgabenbereiche sollen dazu beitragen, dass die angestrebten Werte und gesetzten Ziele im Alltagsgeschäft umgesetzt und eingehalten werden.

Der *Personalentwicklung* einer Organisation kommt im Rahmen des betrieblichen Konfliktmanagements eine zentrale Bedeutung zu. Die Entwicklung von Einstellungen und Kompetenzen für konstruktivere Konfliktlösungen kann insbesondere auch durch eine Personalentwicklung begünstigt und gefördert werden, die sich diesen Aufgaben stellt. Auch neuere Prioritätensetzungen und entsprechende Programme und Maßnahmen der Personalentwicklung, wie „Gender Mainstreaming" und Managing Diversity" können z.B. sehr gezielt auch für Zwecke der Konfliktprävention genutzt werden.

Programme und Maßnahmen der Personalentwicklung

Wenn wir auf die einschlägigen Publikationen schauen, so ist zu beobachten, dass in den Unternehmen der Privatwirtschaft Gender Mainstreaming bislang (keine) nicht die Resonanz erfahren hat wie in Einrichtungen und Organisationen der Sozialwirtschaft (vgl. auch Baer/Englert 2006 sowie Bauer/Fleischner/Schober 2005). Diese stehen aufgrund ihrer tradierten Werte und Leitlinien und der angesprochenen Rahmenbedingungen und Richtlinien in einem anspruchsvolleren Verpflichtungszusammenhang und werden sich den daraus resultierenden Anforderungen zukünftig noch offensiver und konsequenter zu stellen haben als dies gegenwärtig noch der Fall ist.

Gender Mainstreaming

... ist eine auf Europaebene begründete Programmatik, die auf die Einbindung des Anspruchs auf Chancengleichheit von Frauen und Männern in sämtlichen politischen Konzepten und Maßnahmen der Gemeinschaft zielt.[5]

Als Steuerungsverfahren bezieht sich Gender Mainstreaming auf administrative und organisationsrelevante Ebenen, setzt an Strukturen einer Organisation an und zielt auf eine geschlechter-demokratischere Neuorganisation von Entscheidungsprozessen (vgl. Bargen 1999).[6]

In der Bundesrepublik Deutschland ist Gender Mainstreaming eng gekoppelt an die Debatte um die Modernisierung des Staats und die Konzepte zur Verwaltungsreform. Im Rahmen des Regierungsprogramms „Moderner Staat – Moderne Verwaltung" wurde Gender Mainstreaming durch Beschluss des Bundeskabinetts vom 26. Juli 2000 als durchgängiges Leitprinzip verankert (§ 2 GGO). Alle Ressorts der Bundesregierung sollten dementsprechend den Ansatz bei ihren politischen, Norm gebenden und verwaltenden Maßnahmen berücksichtigen.

Im Rahmen des KJHG wurden 2001 in den Richtlinien des Kinder- und Jugendhilfeplanes des Bundes die Leitprinzipien des Gender Mainstreaming als verpflichtend verabschiedet. Danach müssen Organisationen, die im Rahmen des Kinder- und Jugendhilfeplans Förderung erhalten in ihren Maßnahmen die Genderaspekte aufgreifen und nachweisen. Die Bundesländer gehen mit dem Leitprinzip des Gender Mainstreaming zur Zeit allerdings noch sehr unterschiedlich um.

---

[5] „Hierbei geht es darum, die Bemühungen um das Vorantreiben der Chancengleichheit nicht auf die Durchführung von Sondermaßnahmen für Frauen zu beschränken, sondern zur Verwirklichung der Gleichberechtigung ausdrücklich sämtliche allgemeinen politischen Konzepte und Maßnahmen einzuspannen, indem nämlich die etwaigen Auswirkungen auf die Situation der Frauen bzw. der Männer bereits in der Konzeptionsphase aktiv und erkennbar integriert werden (‚gender perspective'). Dies setzt voraus, dass diese politischen Konzepte und Maßnahmen systematisch hinterfragt und die etwaigen Auswirkungen bei der Festlegung und Umsetzung berücksichtigt werden. Kommissionsmitteilung zur „Einbindung der Chancengleichheit in sämtliche politische Konzepte und Maßnahmen der Gemeinschaft", COM(96)67 endg., http://europa.eu.int/comm/employment_xocial/equ_opp/gms_de.html, 15.06.02

[6] Gender Mainstreaming hat seine Wurzeln in den Aktivitäten frauenpolitischer Interessensverbände. 1985, bei der 3. Weltfrauenkonferenz in New York, wurde Gender Mainstreaming als Strategie vorgestellt und elf Jahre später, im Amsterdamer Vertrag von 1996 für alle EU-Staaten zum Leitprinzip erhoben. Mit den Artikel 2 und 3 des EG-Vertrages und dem Artikel 23 (1) der Charta der Grundrechte der Europäischen Union wurden Rechtsgrundlagen geschaffen, mit denen Gleichstellungsstrategien unterstützt und die Gleichstellung der Geschlechter real vorangebracht werden soll. Folgt man den Verlautbarungen der Europäischen Kommission, dann geht es dabei mehr als um das Erreichen einer „statistischen Parität". „Da es darum geht, eine dauerhafte Weiterentwicklung der Elternrollen, der Familienstrukturen, der institutionellen Praxis, der Formen der Arbeitsorganisation und der Zeiteinteilung usw. zu fördern, betrifft die Chancengleichheit nicht allein die Frauen, die Entfaltung ihrer Persönlichkeit und ihre Selbständigkeit, sondern auch die Männer und die Gesellschaft insgesamt, für die sie ein Fortschrittsfaktor und ein Unterpfand für Demokratie und Pluralismus sein kann." 2 http://europa.eu.int/comm/employment_xocial/equ_opp/gms_de.html, 15.06.02

Eine größere Beachtung insbesondere in den Großunternehmen der Privatwirtschaft findet dagegen das Konzept „Managing Diversity".

Managing Diversity

Ausgehend von den USA werden „Diversity" und „Managing Diversity" insbesondere im Kontext international tätiger Organisationen mit zunehmendem Interesse thematisiert. Inzwischen sind die Diskussionen auch in Europa angekommen. Die begrifflichen Definitionen von „Diversity" und „Managing Diversity" sind z. T. höchst unterschiedlich (Dass/Parker 1999).

Grundsätzlich gesehen meint Diversity (Wagner 2002) die Verschiedenartigkeit, d.h. alles, worin Menschen sich unterscheiden können oder sich auch ähneln. Die individuellen Unterschiede können wahrnehmbar sein, wie z.B. Geschlecht, Rasse, Alter, Behinderung, Nationalität, oder auch eher latent sein, wie Kenntnisse, Wissen, Werte und Fähigkeiten eines Menschen (vgl. Wagner/Sepehri 2002).

„Diversity" in seinen unterschiedlichen Facetten, Erscheinungsnormen, Ausprägungsgraden ist längst schon Realität. Nationen und nationale Kulturen werden unter dem Globalisierungsdruck multikultureller, es entwickeln sich Mischkulturen, die sich bereits jetzt in der Beschäftigtenstruktur von Unternehmen niederschlagen. Bereits heute arbeiten in den Unternehmen und Organisationen die unterschiedlichsten Menschen: Wir treffen Frauen, Männer, Ältere und Jüngere an, Menschen unterschiedlicher Nationalitäten und Kulturen. An „Vielfalt", an „Diversity" fehlt es sicherlich nicht.

Managing Diversity – ein Unternehmenskonzept, mit welchem Verschiedenartigkeit und Gemeinsamkeiten „gemanagt" werden sollen. Diversity Management umfasst nicht nur die Gender-Perspektive, sondern beinhaltet weitere Kerndimensionen wie Alter, Ethnizität, Behinderungen, religiöse Glaubensprägung, oder auch sexuelle Orientierungen. Managing Diversity kann aus folgenden Perspektiven betrachtet werden (vgl. Wagner/Dick 2002):
- Eine Sozio-moralische und ethnische Perspektive, die auf eine Gleichberechtigungs-, Gleichbehandlungs-, Fairness- und Antidiskriminierungspolitik hinzielt.
- Eine ökonomisch-ergebnisorientierte Perspektive, bei der es insbesondere um die Vielfältigkeit von Mitarbeiter/innen, deren Leistungen und deren Beitrag zur Gewinnmaximierung und Wettbewerbsfähigkeit des Unternehmens geht.

Beide Positionen werden meist im Rahmen der Managing Diversity-Politik eines Unternehmens – in unterschiedlicher Gewichtung – miteinander verbunden.[7]

---

[7] Entsprechend betont Malik (1999, S. 400): „Das größte Wissen, die besten Talente, alle Intelligenz und Fähigkeiten bleiben wertlos, wenn sie nicht genutzt werden." Managing Diversity als ein ressourcenorientiertes Lern- und Effektivitätsinstrument der Unternehmensführung soll hierzu einen Betrag leisten. Aus einer Human-Relation-orientierten Betrachtungsweise wird ein differenziertes, auf Individuen bezogenes Managing Diversity-Verständnis angestrebt, das sich in der Praxis allerdings noch kaum bemerkbar macht. Auch hierzu lassen wir Malik nochmals zu Wort kommen: „ ... (wir) zwingen Menschen immer wieder in das Dogma der Gleichmacherei (womit) ... diesen das einzige, was sie wertvoll macht, geraubt wird, nämlich ihre Individualität, ihre spezifischen Stärken und Fähigkeiten. Oder man lässt diese ungenutzt." (ebd., S. 400 f.).

Personalentwicklung kann in diesen Zusammenhängen einen wirkungsvollen, auch präventiven Beitrag zum Konfliktmanagement in Unternehmen leisten, wenn sie sich einstellt auf

Multikulturalität
Ältere Mitarbeiter
Geschlechterdemokratie

- eine wachsende Multikulturalität von Mitarbeiter/innen;
- einen höheren Anteil älterer Mitarbeiter/innen;
- Menschen, Frauen wie Männer, denen die Verwirklichung von mehr Geschlechterdemokratie auch am Arbeitsplatz, bei der Erbringung ihrer Leistungen, im Kontakt mit Klient/innen, Kund/innen, Kolleg/innen, Vorgesetzten, Mitarbeiter/innen usw. wichtig und wertvoll ist (vgl. Gender Mainstreaming) und Unternehmen bzw. Unternehmensverantwortliche, die das ebenso sehen;

Elternaufgaben

- Erwerbstätige Frauen wie Männer, die zugleich auch Elternaufgaben wahrnehmen;

Work-Life-Balance

- Erwerbstätige, die neben Arbeit und Beruf auch noch andere Erwartungen an ihr (Privat-) Leben haben (Work-Life-Balance);
- die Notwendigkeit, aufgrund arbeitsorganisatorischer Änderungen auch Mitarbeitergruppen einzubeziehen, die bislang kaum oder keine Berücksichtigung fanden.

Lernchancen für eine konstruktive Konfliktkultur

Die Frage bleibt: Werden angesichts der wirtschaftlichen Situation, insbesondere auch der Ansprüche des Marktes, der Finanzinvestoren, wie auch der Finanzgeber und Kostenträger Programme und Maßnahmen der Personalentwicklung auch als Lernchancen für eine konstruktive Konfliktkultur genutzt oder wird nur rigoros zusammengestrichen und abgebaut?

1.4 Ebene der operativen Steuerung/Umsetzung

In den meisten Organisationen findet betriebliches Konfliktmanagement informell und unkoordiniert statt. Oftmals fehlen klare Prioritätensetzungen, Konzepte und strukturell verankerte Verfahren für ein gezieltes betriebliches Konfliktmanagement. In vielen Konfliktfällen wird im Rahmen der betrieblichen Hierarchie, gegebenenfalls durch Führungsentscheidung und Sanktionen (Abmahnungen, Versetzung, Kündigung) gehandelt (Macht) oder bei weiterer Eskalation gegebenenfalls auf außerbetriebliche Instanzen, wie z.B. das Arbeitsgericht (Recht) zurückgegriffen. Daneben werden für Konfliktklärungen und die Entwicklung von Lösungen häufig auch etablierte Verfahren wie Supervision und Teamentwicklung genutzt. Gewachsen ist auch die Anzahl der Organisationen, die auf Seminare oder Trainingsprogramme zur Förderung der Konfliktkompetenzen ihrer Mitarbeiter/innen und vor allem der Führungskräfte zurückgreifen. Eine weitere Möglichkeit besteht darin, *„Konfliktlotsen"* dass Organisationen ausgewählte Mitarbeiter/innen zu „Konfliktlotsen" (vgl. Budde 2003) oder gar Mediator/innen ausbilden lassen (vgl. Kerntke 2004).

Grundsätzlich stehen theoretisch weitere Verfahren zur Konfliktregelung in Organisationen zur Verfügung, die in der Praxis jedoch noch eher unbekannt sind und daher auch kaum eingesetzt werden: innerbetriebliche rechtliche Verfahren wie z.B. Beschwerdeverfahren, betriebliche Beschwerdestellen, Einrichtung von Einigungsstellen bei Beschwerden (in Betrieben mit Betriebsrat), Konfliktberatung im Rahmen eines Coachings (siehe unten) eines Mentorenprogramms oder Mediation im Arbeitsleben und Wirtschaft (vgl. Budde 2003, S. 97 f sowie Eyer/Webers 2006).

Beschwerdeverfahren
Einigungsstellen

Mediation

2. Auf welche kommunikationsorientierten Verfahren können Organisationen zur Konfliktregelung zurückgreifen?

In diesem Abschnitt werden ausschließlich solche Verfahren (auf der Ebene der operativen Steuerung/Umsetzung) vorgestellt, die eine Konfliktlösung und -regelung über Prozesse des Verhandelns, Vermittelns und/oder durch Perspektiven- und Interessensklärung ermöglichen.

2.1 Konflikttraining – Konfliktsensibilisierungsprogramme

Die Anzahl der Angebote und Variationen von Konflikttrainingsprogrammen, unter denen auf dem Weiterbildungsmarkt für soziale Berufe eine Auswahl zu treffen ist, hat in den letzten Jahren sehr stark zugenommen und erfordert für die Auswahl des qualifiziertesten Angebots Zeit für einige Vorüberlegungen:

- ❒ Eine Organisation kann im Rahmen ihrer Personalentwicklung festlegen, welche Mitarbeiter/innen, in welchen Funktionen/Positionen freiwillig oder obligatorisch an Konflikttrainings- bzw. -senibilisierungsprogrammen teilnehmen sollen.
- ❒ In Programmen der Führungskräfteentwicklung ist das Thema Konflikt und Umgang mit Konfliktsituationen ein fester Bestandteil.
- ❒ Je nach Größe einer Organisation können sich Trainingsmaßnahmen auch an Führungskräfte auf der Ebene der Gruppen- bzw. Abteilungsleitungen richten oder gar allen Mitarbeiter/innen angeboten werden.
- ❒ Grundsätzlich zielen Trainingsmaßnahmen vor allem darauf, für Konflikte mit noch geringem Eskalationsgrad zu sensibilisieren und Möglichkeiten und Mittel zur Selbsthilfe an die Hand zu geben.

Funktionen/Positionen

Führungskräfte

Gruppen- bzw. Abteilungsleitungen

Mittel zur Selbsthilfe

Für Konfliktsensibilisierungs- und -trainingsprogramme eigenen sich insbesondere zwei- (bis drei-) tägige Seminare oder Workshops. Der Transfer und die nachhaltige Sicherung des Gelernten können durch Folgeveranstaltungen (sog. Follow-ups) gesichert werden. Diese können im Abstand von einigen Monaten erfolgen und für jeweils ca. 1/2 Tag angesetzt werden. Umsetzungsprobleme im betrieblichen Alltag können aufgegriffen, reflektiert und Lösungsschritte entwickelt werden.

Form der Selbsthilfe	Eine tragfähige Form der Selbsthilfe kann sein, Mitarbeiter/innen, zu sensibilisieren und dazu zu ermutigen, Konflikte frühzeitig anzusprechen, wenn es auch Gesprächsmöglichkeiten gibt und eine Gesprächsbereitschaft vorhanden ist. Bei niedrig eskalierten Konflikten ist dies auch meist der Fall und Vieles kann informell, im Büro des Kollegen oder der Kollegin, in der Teeküche etc. geklärt werden.
Vorbildwirkung der Führungskraft	Bei den eine oder mehrere Hierarchieebenen übergreifenden Konflikten wird die Selbsthilfe von Seiten der Mitarbeiter/innen nur dann greifen, wenn auch die betroffene Führungskraft gesprächsbereit ist und die Angst vor Sanktionen nicht bereits im Vorfeld die Initiative verhindert. Signale zum konstruktiven Umgang gehen vor allem von der Vorbildwirkung der Führungskraft, der Gruppen- oder Einrichtungsleitung aus und wie sich diese in Teamsitzungen, Abteilungsbesprechungen, in Mitarbeitergesprächen zeigt.
Konstruktivere Konfliktkultur entwickeln	Bei Konflikttrainings und -sensibilisierungsprogrammen besteht allerdings die Gefahr, dass das Konfliktgeschehen zu sehr individualistisch (d.h. als Angelegenheit der Person, persönlicher Strukturen, Verhaltensweisen und Kompetenzen) gesehen wird bzw. auch auf Beziehungsfragen beschränkt bleibt und die Wirkungen nicht über diese Grenzen hinaus kommen. Um eine konstruktivere Konfliktkultur in einer Organisation zu entwickeln und zu verankern bedarf es, wie oben erwähnt, auch entsprechender Maßnahmen zur Verankerung auf der global-normativen und strategischen Steuerungsebene.

2.2 Teamentwicklung/Team-Coaching

Gruppenarbeit und Teamentwicklung zählen seit Jahren zu den fest eingeführten und bewährten Methoden und Verfahren einer qualifizierten Personalarbeit und Personalentwicklung. Unter Teamentwicklung (bzw. auch Team-Coaching, siehe auch die nachfolgende Ziff. 2.3) wird meist eine Begleitung

Begleitung eines Teams	eines Teams verstanden, die (in relativer Abgrenzung zur Team-Supervision) einen überschaubaren Zeitraum umfasst. Die Beratung unterstützt den Veränderungs- und Wachstumsprozess einer Gruppe von Mitarbeiter/innen, die eine gemeinsame Aufgabe mit demselben Ziel zu bewältigen hat. Teamentwicklung bezieht sich nicht nur auf Mitarbeiter/innen an der Basis, sondern spielt auf allen Ebenen einer Organisation eine Rolle. Bei einer Teamentwicklung stehen insbesondere Probleme der Zusammenarbeit im Vordergrund. Zu
Probleme der Zusammenarbeit	bearbeitende Fragen und Themen sind vor allem die Klärung von Zielen und der Grad ihrer Übereinstimmung, die Klärung von Aufgaben, Kompetenzen, Verantwortung, die Optimierung von Arbeits- und Informationsabläufen, Kommunikationsmuster und Entscheidungsprozessen. In diesem Prozess können auch Konflikte bearbeitet werden, sofern sie noch nicht zu hoch eskaliert sind (vgl. Kerntke 2004).

Steuerungsebenen, Gestaltungsmöglichkeiten und Verfahren

Team/ Gruppenentwicklung

Der Prozess der Team/Gruppenentwicklung, die jeweils hierfür charakteristischen Verhaltensweisen der Teammitglieder sowie die daraus resultierende Gruppendynamik wird meistens unter Rückgriff auf das weithin bekannte Modell des amerikanischen Sozialpsychologen Tuckmann (1965) beschrieben (siehe hierzu Abb. 26). Das Modell von Tuckmann beschreibt den idealtypischen Verlauf einer Gruppenentwicklung. Die Realität weicht in vielen Fällen davon ab. Das zeigt sich insbesondere bei Arbeitsteams, die durch das übliche Ausscheiden und Hinzukommen von Mitgliedern, aber auch durch betriebliche Umstrukturierungen, sich in ständiger Veränderung befinden. In der Praxis ist es daher eher so, dass sich Phasen überlappen oder übersprungen werden. Sie können mehr oder weniger intensiv und zeitlich lang verlaufen und werden dementsprechend auch von mehr oder weniger intensiven, offenen und verdeckten Konflikten begleitet.

Phasen der Gruppenentwicklung und Verhalten der Gruppenmitglieder

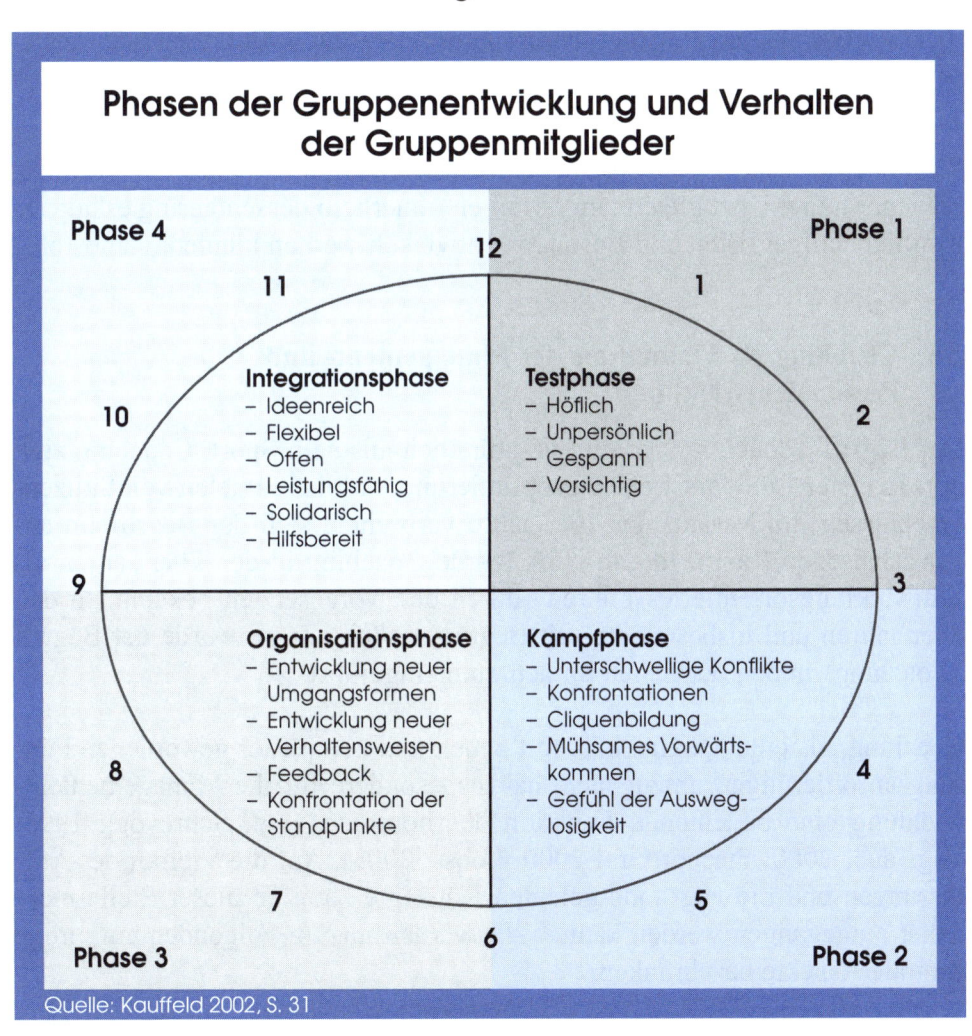

Phase 4 — Integrationsphase
- Ideenreich
- Flexibel
- Offen
- Leistungsfähig
- Solidarisch
- Hilfsbereit

Phase 1 — Testphase
- Höflich
- Unpersönlich
- Gespannt
- Vorsichtig

Phase 3 — Organisationsphase
- Entwicklung neuer Umgangsformen
- Entwicklung neuer Verhaltensweisen
- Feedback
- Konfrontation der Standpunkte

Phase 2 — Kampfphase
- Unterschwellige Konflikte
- Konfrontationen
- Cliquenbildung
- Mühsames Vorwärtskommen
- Gefühl der Ausweglosigkeit

Quelle: Kauffeld 2002, S. 31

Abb. 26: Phasen der Gruppenentwicklung (nach Tuckmann)

Auf was zielt nun die Teamentwicklung in diesem Zusammenhang?

Teamentwicklung dient

Verbesserung der Teamstruktur

- der Verbesserung der Teamstruktur und -kultur durch die Klärung von Aufgaben, Kompetenzen und Verantwortung innerhalb des Teams. Sie unterstützt damit die Verbesserung der Kooperation.

Kooperation

- dadurch auch der Kooperation mit anderen inner- und außerbetrieblichen Partnern.
- der Transparenz durch Klärung der Beziehungen zu anderen Teams und zu Führungs- und Leitungskräften innerhalb einer Organisation.
- der Klärung der Beziehungen zu Klient/innen, Nutzer/innen, Kund/innen. Hier geht es vor allem um die Frage, wie institutionelle Aufgaben und Strukturen weiterentwickelt und verbessert werden können, so dass sie den Erfordernissen in der Versorgung, Beratung oder auch Therapie best möglich entsprechen.

Zusammenfassend gesehen dient Teamentwicklung damit auch der Konfliktprävention und ist zugleich ein Verfahren, innerhalb dessen gering eskalierte Konflikte aufgegriffen und Lösungen entwickelt werden können.

2.3 Coaching als Maßnahme der Management- und Personalentwicklung

Der Begriff „Coaching" kommt ursprünglich aus dem Sport. Coaching zielt dort in erster Linie auf Leistungsoptimierung, auf das Erzielen von Spitzenergebnissen. Im Verlauf der 70er Jahre verbreitete sich der Begriff im angelsächsischen Raum. In den USA wurde Coaching in den 70er Jahren als „entwicklungsorientiertes Führen" durch den Vorgesetzten bekannt. In den 80er Jahren und insbesondere seit Beginn der 90er Jahre wurde der Begriff „Coaching" in den deutschen Sprachraum eingeführt.

„entwicklungsorientiertes Führen" durch den Vorgesetzten

Coaching, als eine Möglichkeit, mit neuen und komplexer gewordenen Führungsanforderungen umzugehen, hat insbesondere für die Managemententwicklung eine bedeutende Funktion übernommen. (vgl. Schreyögg 1995; Vogelauer 2000; Fischer/Graf 2000, Looss, 2003). Auf die Vielfalt der Auffassungen und die zugrunde gelegten Konzepte kann an dieser Stelle nicht näher eingegangen werden kann.[8] Wir werden uns im Folgenden auf einige zentrale Aspekte beschränken.

---

[8] War das Verständnis von Coaching anfänglich noch relativ einheitlich, so wurde der Begriff im Laufe der Zeit immer mehr ausgeweitet. Mit dem betrieblichen Weiterbildungsboom (Ende der 80er Jahre bis zur Rezession 92/93), dem expandierenden Trainings- und Beratungsmarkt, bot sich der Begriff Coaching als ein attraktives Etikett zum optimalen Verkauf einer nicht ganz neuen „Dienstleistung" an. Kritische Stimmen charakterisierten Coaching als ein „dem Zeitgeist entsprechendes, neu designtes ‚Dienstleistungsangebot', mit dessen Hilfe viele Anbieter versuchen, sich in einem expandierenden Beratungs- und Trainingsmarkt erfolgreich zu positionieren" (Doppler 1991, S. 8). Die Auffassungen und Beschreibungen, was Coaching eigentlich ist, sind immer noch sehr uneinheitlich. Coaching weist Ähnlichkeiten zu anderen Beratungskonzepten auf. Die Abgrenzungsversuche sind vielfältig und verweisen in der Regel auf fließende Übergänge zur Supervision, zu Trainingvarianten und z. T. auch zu psychotherapeutische Interventionen (vgl. Schreyögg 1995; Vogelauer 2000; Fischer/Graf 2002).

2.3.1 Zentrale Merkmale von Coaching

Keine andere Maßnahme der Personalentwicklung bzw. der Führungskräfteentwicklung stellt den einzelnen Menschen, seine Persönlichkeit wie auch seine Lebens- und Unternehmenssituation so deutlich ins Zentrum wie das Coaching. Das Coaching nutzt Freiräume für Reflexion, ermöglicht die Klärung organisations-/unternehmensbezogener wie auch persönlicher Zielperspektiven und unterstützt bei der Entwicklung konkreter Handlungs-/Lösungsschritte (vgl. Schreyögg 1995, Vollbracht 1999, Vogelauer 2000, sowie Fischer/Graf 2002, Müller 2003, Looss 2003). Zielgruppe für das Coaching sind insbesondere Personen mit Führungsverantwortung und/oder Managementaufgaben. Die Merkmale von Coaching als einer prozessorientierten Unterstützung sind nachfolgend zusammenfassend dargestellt:

Freiräume für Reflexion

Merkmale von Coaching

- Führungskräfte/Mitarbeiter/innen werden unterstützt, eigene Ressourcen zu entdecken, zu entwickeln und zielorientiert zu nutzen.
- Führungskräfte/Mitarbeiter/innen werden in ihrer Selbstwahrnehmung und Selbstbeobachtungsfähigkeit sensibilisiert.
- Coaching als partnerschaftlich angelegter Lernprozess respektiert Eigenverantwortung und unterstützt Selbststeuerung.
- Neue, schwierige, konfliktreiche Arbeitssituationen werden schrittweise bearbeitet und beratend begleitet.

Das Coaching durch Führungskräfte („Vorgesetzten-Coaching") ist gewissermaßen die klassische Variante, die sich als „entwicklungsorientiertes Führen" in den USA in den 70er Jahren des letzten Jahrhunderts verbreitet hat. Eine weitere, zwischenzeitlich sehr etablierte Form des Coaching, richtet sich unmittelbar an die Führungskraft. Beide Coachingvarianten werden in den nächsten Abschnitten kurz vorgestellt. Abschließend folgt ein Überblick zu weiteren Differenzierungen und Formen des Coaching.

Vorgesetzten-Coaching

2.3.2 Coaching durch Führungskräfte

Eine immer größere Bedeutung im Rahmen der Qualifizierung und Entwicklung von Mitarbeiter/innen hat das Coaching durch Führungskräfte. Coaching kann ein sehr hilfreiches Verfahren sein, wenn es darum geht, Mitarbeiter/innen zu unterstützen, neue oder kritische Arbeitssituationen zu bewältigen und notwendige Veränderungen anpacken und steuern zu können (vgl. Böning 2003). Der Coach ist hier in der Regel der oder die unmittelbare Vorgesetzte (bzw. auch eine Projektleitung).

Coaching bezieht sich in diesem Falle auf einen Prozess, bei dem

Veränderungsmöglich-keiten erproben
- einzelne Mitarbeiter/innen (z.B. im Rahmen eines Mitarbeitergesprächs), ein Arbeits- oder Projektteam unterstützt werden, arbeits- bzw. einrichtungsbezogene Anliegen, Fragen und eben auch Konflikte zu klären, Fähigkeiten zu entwickeln sowie Veränderungsmöglichkeiten auszuloten und zu erproben.

Eigenverantwortung
- Rahmenbedingungen geschaffen werden, die es den Mitarbeiter/innen ermöglichen, ihre Aufgaben durch größtmögliche Eigeninitiative und Eigenverantwortung kompetent und effizient zu erfüllen.

Lösungsschritte
- Schwachstellen und/oder Entwicklungspotenziale, insbesondere bezogen auf die Arbeitsmotivation, das Arbeitsverhalten, soziale Kompetenzen, Identifikation mit oder Erreichen von Arbeits-/Einrichtungszielen geklärt und zieldienliche Lösungsschritte erarbeitet werden.

Karriereplanung
- Mitarbeiter/innen eine Qualifizierungs- und Orientierungshilfe bei ihrer Karriereplanung erhalten.

Die Grenzen des Coaching durch vorgesetzte Führungs-/Leitungskräfte resultieren vor allem aus der Rollenkonstellation Vorgesetzte/Vorgesetzter – Mitarbeiter/in. Persönlichere Themen und Angelegenheiten, die in das Arbeitsfeld hinein reichen oder auch Konflikte im Arbeitsbereich und/oder mit der vorgesetzten Führungskraft, können nur bedingt und mit beschränkter Bearbeitungstiefe angegangen werden.

2.3.3 Externes Coaching für Führungskräfte

Coaching von Führungskräften
Das individuelle Coaching von Führungskräften durch einen externen, neutralen Berater begründete in den zurückliegenden ca. zwanzig Jahren den Erfolg dieses Verfahrens. Adressat/innen sind hier meist Führungskräfte, die in der betrieblichen Hierarchie weiter oben stehen (Unternehmens-/Einrichtungsleitungen, Bereichs-/Abteilungsleitungen, z.T. auch Gruppenleitungen). Im Rahmen von ca. zwei- bis vierstündigen Coachingsitzungen mit einer/einem professionellen, externen Berater/in können unterschiedliche führungsrelevante und unternehmensbezogene Themen wie auch Konfliktsituationen und -konstellationen aufgegriffen, kritisch geprüft, geklärt, auf persönliche wie unternehmensspezifische Ziele hin reflektiert und Lösungen

Themenspektrum
entwickelt werden. Das Themenspektrum kann Fragen der Neuorganisation und Neupositionierung, der Strategieentwicklung, der Gestaltung des Changemanagements und der Kommunikation bei Veränderungen bis hin zu zwischenmenschlichen und persönlichen Konflikten, persönlich-familiären Schwierigkeiten, der work-life-Balance und Fragen der damit verbundenen persönlichen Lebensplanung und -gestaltung umfassen. Das Coaching kann auch ganz konkrete Fragen und Führungsaufgaben in den Vordergrund rücken und ist eine gute Unterstützung, um mit komplexer werdenden Führungs- und Arbeitssituationen konkret, gezielt und wirkungsvoller umgehen zu können (vgl. Looss 2003; Böning 2003).

Externe Berater/innen können auf Grund ihrer Neutralität und Unabhängigkeit den für diese Beratung erforderlichen vertraulichen Rahmen eher gewährleisten. Interne Berater/innen (wie z.B. Personalentwickler/innen) sind aufgrund ihrer Einbindung in die Hierarchien und sozialen Netzwerke des Unternehmens oder einer sozialen Einrichtung weniger unabhängig und daher auch eher befangen. Die konkrete Durchführung, die eingebundenen Methoden und Instrumente, die Dauer einer Coaching-Sitzung, die Gesamtdauer der Coaching-Maßnahme variiert entsprechend der Themenvielfalt beträchtlich.

Externe Berater/innen

Interne Berater/innen

2.3.4 Formen, Anwendungsschwerpunkte und Ziele des Coachings im Überblick

Formen und Anwendungsbereiche des Coaching haben sich in den letzten Jahren mit den veränderten und anspruchsvoller gewordenen Steuerungs- und Führungsaufgaben immer mehr ausdifferenziert.

In der folgenden Abbildung sind die wichtigsten Varianten, Anwendungsbereiche und Ziele im Überblick zusammen gestellt (vgl. Böning 2003; Looss 2003; Schreyögg 1995; Doppler/Lauterburg 1995; Lau-Villinger/Seeberg 2002).

Form	Anwendungsbereich	Ziele
Coaching durch Vorgesetzte	❑ Klassische Variante des Coaching ❑ Coaching als entwicklungsorientiertes Führen	❑ Selbstreflexion persönlicher Wirkungen im Arbeitsumfeld und Eigenverantwortung
Coaching als Mentoring	❑ Führungskräfte übernehmen eine entwicklungsbegleitende Mentorenschaft für Nachwuchsführungskräfte oder neue Mitarbeiter/innen, die Führungsaufgaben übernehmen sollen. ❑ Begleiten und allgemeines Fördern der beruflichen Entwicklung. ❑ Kann als systematischer Personalentwicklungsansatz genutzt werden	❑ Vorbereitung auf neue Aufgaben
Externes Einzel-Coaching	❑ Individuelles Coaching für (meistens Top) Führungskräfte durch externe/n, neutrale/n Berater/in. ❑ Themenspektrum: Vielfalt unternehmens-/einrichtungsbezogener wie auch persönlicher Fragen, Aufgaben und Konflikte.	❑ Grundsätzliche Verbesserung von Management- und Führungskompetenz von Einzelnen

MANAGEMENT
Steuerungsebenen, Gestaltungsmöglichkeiten und Verfahren

Internes Einzel-Coaching	❐ Coaching wird hier von einem internen Berater/Beraterin durchgeführt (meist interne Personalentwickler/innen oder Trainer/innen). Ansonsten: ❐ Grundsetting wie beim Einzel-Coaching ❐ Adressat/innen: Führungskräfte auf mittlerer/unterer Ebene ❐ Weniger komplexe Themen-/Fragestellungen als beim externen Coaching	❐ Verbesserung einzelner Kompetenzen ❐ Klärung von Fragen im Spannungsfeld von Beruf und Privatleben und Entwicklung von Lösungsschritten
Gruppen-Coaching	❐ Meist im Rahmen eines Führungskräfteseminars/-workshops ❐ Kann fester Bestandteil im Rahmen der Führungskräfteentwicklung sein. ❐ Nähe zur Team-/Organisationsentwicklung. ❐ Eine Teilgruppe berät ein Mitglied dieser Gruppe im Hinblick auf wichtige Anliegen, Fragen seines persönlichen Führungs- und Kommunikationsverhaltens. ❐ Breiter (unternehmensweiter) Einsatz im Rahmen der Weiterbildung möglich.	❐ Verbesserung einzelner Kompetenzen mit Blick auf bestimmte Arbeitsaufgaben sowie ❐ Verbesserung der Zusammenarbeit
Kollegiales Coaching	❐ Wechselseitige Unterstützung bei komplexen Herausforderungen) und/oder kritischen, konfliktbeladenen betrieblichen Themen-/Fragestellungen und/oder bei der Bewältigung konkreter Praxisthemen. ❐ Kann im Rahmen eines Gruppen-Coaching angesiedelt sein. ❐ Lann auf eigene Initiative zustande kommen.	❐ Komplexität und Dynamiken innerhalb einer Organisation besser verstehen und bewältigen können.
Führungskräftetraining mit Transferunterstützung	❐ Teilnehmer/innen von Führungskräftetrainings werden anschließend von einem Trainer/Trainerin bei der Umsetzung der erworbenen Kenntnisse/Fähigkeiten im Arbeitsalltag begleitet und unterstützt. ❐ direkte Instruktionen und unmittelbares Feedback erhöhen den Lerneffekt.	❐ Transfersicherung des Erlernten ❐ Optimierung des Selbstmanagements und des Lerneffektes
Projekt-Coaching	❐ Beratung einer Projektgruppe bzw. Organisationseinheit bei einem Change-Projekt/-Prozess (z.B. Einführung eines Qualitätsmanagementsystems) ❐ Coachs können interne und/oder externe Berater/innen sein ❐ Nähe zur Organisationsberatung bei Veränderungsprojekten.	❐ Optimierung der Arbeitsweise der Projektgruppe ❐ Reibungslose Gestaltung der Projektabläufe

System-Coaching	□ Komplette (hochrangige) Führungs-/Leitungsebene von einem Beraterteam betreut und begleitet. □ Themenschwerpunkte: Verbesserung der Kooperation auf Leitungsebene, Optimierung des Leitungs- und Führungsverhaltens, Bewältigung eines unternehmensgefährdenden Konflikts. □ Auftretende Fragen/Probleme im Rahmen von Strategieentwicklungen, Fusionen usw. □ Einzelberatungen können ergänzend eingebunden werden.	□ Unterstützung von Einrichtungsleitung (Topmanagement) und obersten Führungskräften bei Entwicklung/Umsetzung neuer Unternehmensstrategien, Weiterentwicklung der Unternehmenskultur usw.

Abb. 27: Coaching: Formen, Anwendungsbereiche, Ziele

Konflikte können einerseits im Rahmen eines Coachings aufgegriffen werden. Andererseits kann ein Coaching auch eigens zur Klärung und Lösung von Konflikten angesetzt werden.

2.4 Verhandlungsführung

Anders als die bisher angesprochenen Verfahren – mit Ausnahme des Konflikttrainings bzw. der Konfliktsensibilisierungsprogramme – ist die Verhandlungsführung ein Verfahren der kommunikativen Konfliktlösung, bei dem der Konflikt der Ansatzpunkt ist und im Vordergrund steht. Da Konflikte, insbesondere wenn es um Interessensgegensätze geht, Verhandlungscharakter haben, können Aspekte dieses Verfahrens auch für Konfliktsituationen herangezogen werden.

Das zentrale Konzept, auf das in diesem Zusammenhang immer wieder Bezug genommen wird ist das Harvard-Konzept (Fisher/Ury/Patton 2002, S. 22).

Harvard-Konzept

2.4.1 Das Harvard-Konzept

Im Zentrum des Harvard-Konzeptes steht das sach- oder themenbezogene Verhandeln auf der Basis einer win-win-Haltung. Ziel einer jeden Verhandlung ist das Erreichen einer Übereinkunft, die alle Beteiligten zufrieden stellt. Verhandlungsführung, wie sie im Harvard-Konzept vertreten wird, ist eine Strategie, vermittels derer alle Beteiligten einen Nutzen aus der Verhandlung ziehen sollen. Diese Art der Verhandlungsführung ist nicht vergleichbar mit Positionsgerangel oder dem Feilschen.

Verhandeln auf der Basis einer win-win-Haltung

Kriterien zu Bewertung von Verhandlungsweisen

Das Harvard-Konzept hebt drei Kriterien hervor, anhand derer jede Verhandlungsweise bewertet werden soll (Fisher/Ury/Patton 2002, S.22):

Vernünftige Übereinkunft
- ❐ Die Verhandlungsweise sollte zu einer vernünftigen Übereinkunft führen – sofern eine Übereinkunft überhaupt möglich ist. Eine „vernünftige" Übereinkunft wird so definiert: „die legitimen Interessen jeder Seite werden in höchstmöglichem Maße erfüllt; eine gerechte Lösung bei Interessenkonflikten; sie ist von Dauer und stellt Beteiligten auch die Interessen der Allgemeinheit in Rechnung" (ebd.).
- ❐ Die Verhandlungsweise sollte effizient sein.

Verhältnis verbessern
- ❐ Die Verhandlungsweise sollte das Verhältnis zwischen den Konfliktparteien verbessern oder zumindest nicht zerstören.

Die Begründer des Harvard-Konzeptes bezeichnen die von ihnen entwickelte Verhandlungsweise als „sachbezogenes Verhandeln oder Verhandeln nach Sachlage (principled negotiation bzw. negotiation on the merits)" (ebd., S. 30).

Vier Grundvoraussetzungen des Verhandelns

Diese Methode des Verhandelns beruht auf vier Grundvoraussetzungen und zwar bezogen auf:

❐ *Menschen*

„Menschen und Probleme getrennt voneinander behandeln!"

Hier lautet die Maxime: „Menschen und Probleme getrennt voneinander behandeln!" (ebd., S. 31)

Dies wird folgendermaßen begründet: Menschen sind keine Maschinen oder Roboter, sondern haben starke Gefühle, häufig sehr unterschiedliche Vorstellungen und außerdem Schwierigkeiten, sich klar zu verständigen. In Konfliktsituationen, wo ohnehin vieles durcheinander gerät, ist es daher besonders wichtig, die Probleme, um die es geht, „abzulösen" und getrennt von den involvierten Menschen und deren Positionen zu behandeln. „Bildlich gesprochen sollten sich die Partner Seite an Seite sehen, wie sie gemeinsam das Problem angehen – und nicht, wie sie aufeinander losgehen." (ebd.)

❐ *Interessen*

Interessen in den Mittelpunkt stellen

Maxime: „Nicht Positionen, sondern Interessen in den Mittelpunkt stellen!" (ebd.)

Was ist nun damit gemeint? Oftmals wird durch Verhandlungspositionen das verdeckt, woran den Konfliktparteien wirklich gelegen ist. Dadurch kommt nicht zum Vorschein, was sie wirklich wollen. Eine Konzentration auf die jeweiligen Interessen soll hier helfen, die tatsächlichen Anliegen heraus zu arbeiten und zu berücksichtigen.

Steuerungsebenen, Gestaltungsmöglichkeiten und Verfahren

❒ *Wahlmöglichkeiten (Optionen)*

Hier lautet die Forderung: Vor einer Entscheidung verschiedene Wahlmöglichkeiten entwickeln!

Verschiedene Wahlmöglichkeiten

Wichtig ist es in diesem Zusammenhang, die Möglichkeit zu nutzen, optimale Lösungen zu beiderseitigem Vorteil zu entwickeln. Auch oder gerade dann, wenn der Druck sehr hoch ist, kann es wichtig sein sich eine Bedenk- oder Auszeit zu nehmen um „über die ganze Palette möglicher Lösungen" nachzudenken, „die alle gemeinsamen Interessen berücksichtigen und unterschiedliche Anliegen miteinander in Einklang bringen" (ebd., S. 32). Erst danach soll der Versuch gestartet werden eine Übereinkunft zu erzielen.

❒ *Kriterien*

Maxime: Auf neutralen Beurteilungskriterien bestehen!

Auf neutralen Beurteilungskriterien bestehen!

Gemeint sind hiermit die Bewertungskriterien für ein Verhandlungsergebnis bzw. eine Übereinkunft. Auf diese Weise soll verhindert werden, dass – vor allem bei unmittelbar sich widersprechenden Interessen – willkürliche Ergebnisse produziert werden bzw. auch eine Seite sich durchsetzt.

Die Lösung sollte von „fairen Maßstäben", unabhängig vom „bloßen Willen der einen oder anderen Seite" bestimmt sein (vgl. ebd., S. 32). Hierzu die Autoren: „Das heißt nicht, dass die Bedingungen nur auf Prinzipien beruhen müssen, die Sie auswählen, sondern nur, dass die Lösung von fairen Maßstäben bestimmt wird, etwa durch den Marktwert oder eine Expertenmeinung, durch Sitten, Rechtsnormen etc. Diskutiert man diese Kriterien (anstatt der Wünsche der Parteien), so muss am Ende keine von ihnen ‚nachgeben': einer fairen Lösung können sich beide unterwerfen." (ebd.)

Faire Maßstäbe

Diese vier skizzierten Grundvoraussetzungen einer sachbezogenen Verhandlungsweise sind über den gesamten Prozessverlauf von Bedeutung: und zwar von Anfang an, d.h. ab dem Moment, wo über eine Sache, ein Problem nachgedacht wird, bis zu dem Zeitpunkt, wo eine Übereinkunft erzielt wurde oder eben auch Lösungsversuche auf der Basis von Verhandeln aufgegeben werden.

Drei Prozessphasen

Der Gesamtablauf wird in drei Prozessphasen unterteilt:

❏ Analyse

Kontext klären

Hier geht es ausschließlich darum, den Kontext zu klären, die Situation zu erkennen. Informationen werden eingeholt, geordnet und bedacht. Dabei sollen die (menschlichen) Probleme und Interessen betrachtet werden, die den Vorstellungen und Gefühlen der anderen Konfliktparteien zugrunde liegen. Ebenso ist es unerlässlich, die eigenen Interessen zu reflektieren, festzuhalten und Möglichkeiten sowie Kriterien auszuloten, die sich als Grundlage für das Erzielen einer Übereinkunft eignen würden.

❏ Planung

Vorstellungen entwickeln

In der Planungsphase werden Vorstellungen entwickelt und entschieden, was zu tun ist. Die genannten Grundvoraussetzungen einer sachgerechten Verhandlung sind auch hier zu beachten:

- Wie soll mit den menschlichen Problemen und Interessen umgegangen werden?
- Welche Ziele sind erreichbar?
- Welche Wahlmöglichkeiten sind denkbar, stehen zur Verfügung, können noch entwickelt werden?
- Welche Kriterien eigenen sich zur Bewertung möglicher/erzielter Lösungen?

❏ Diskussion

Miteinander verhandeln

Gemeint ist hiermit der Prozessabschnitt, in dem die Parteien nun miteinander verhandeln um eine gemeinsame Lösung zu finden. Basis der Verhandlungsführung sind auch hier wiederum die o. g. Grundelemente.

- Die unterschiedlichen Vorstellungen und Frustrationsgefühle, vorhandener Ärger, Kommunikationsschwierigkeiten können erkannt und an- und ausgesprochen werden.
- Jede Seite sollte sich bemühen, die Interessen der anderen Partei verstehen zu lernen.
- Gemeinsam können Wahlmöglichkeiten (Lösungsoptionen) entwickelt werden, die für die Verhandlungsparteien vorteilhaft sind und auch den vereinbarten Bewertungskriterien entsprechen.

Brauchbares „Werkzeug" zur Konfliktregelung

Das Harvard-Konzept gibt uns mit den hier skizzierten Standards einer Verhandlungsmethode ein durchaus brauchbares „Werkzeug" zur Konfliktregelung in die Hand. Wer sich darauf einlässt hat gute Chancen, eine vernünftige Übereinkunft zu erzielen und kann die Kostenseite der Konflikte und Konfliktlösungen „im Zaum" halten.

2.4.2 Mediation

Mediation, als ein kommunikatives Verfahren der Konfliktlösung durch Verhandlung, knüpft an den Überlegungen des Harvard-Konzeptes an.

Was ist Mediation?
Mediation ist ein Verfahren der Konfliktlösung, bei dem es um die Vermittlung in Streitfällen durch einen neutralen Dritten – den Mediator/die Mediatorin – geht. Der Mediator steht außerhalb betrieblicher Hierarchien. Er unterstützt die Konfliktparteien, damit diese zu einer möglichst einvernehmlichen Lösung kommen, die ihren Interessen entspricht. (vgl. Pühl 2003, S. 10). Wie auch die Verhandlungsführung nach dem Harvard-Konzept, zielt Mediation darauf, eine Einigung, eine Lösung zu finden, die sich an den Interessen der Konfliktbeteiligten orientiert und eine win-win-Situation schafft: „Interessensorientiert heißt im Wesentlichen, dass die Konfliktseiten eine beidseitige Lösung finden, die für keinen zu Gesichtsverlust führt. Beide Parteien suchen mit Hilfe des Konfliktvermittlers (Mediators) nach einer so genannten win-win-Lösung, d.h. beide sind Gewinner." (Pühl 2003, S. 10)

Verfahren der Konfliktlösung durch einen neutralen Dritten

win-win-Lösung

Wann kann Mediation in Organisationen zum Einsatz kommen?
Hat eine Konfliktsituation eine Eskalationsstufe erreicht, bei der eine direkte Klärung zwischen den Konfliktbeteiligten nicht mehr möglich ist, die Arbeit der jeweils anderen Partei direkt oder indirekt sabotiert wird, nötige Informationen nicht mehr weiter gegeben, oder gar Arbeitsgerichte angerufen wurden, so kann Mediation zum Einsatz kommen. Die Konfliktverhärtung ist in solchen Situationen bereits so weit voran geschritten, dass man mit der anderen Konfliktpartei eigentlich nichts mehr zu tun haben will, der Situation aber nicht entweichen kann, da die gemeinsame Arbeitsaufgabe bindet und Lösungen verlangt.

Fortgeschrittene Konfliktverhärtung

Prinzipien der Mediation
Das Eintreten der soeben angesprochenen Konfliktverhärtung allein reicht jedoch nicht aus, um sich eine Unterstützung zur Konfliktlösung von Seiten der Mediation zu holen. Der Einsatz einer Mediation hat weitere Voraussetzungen (vgl. zum Folgenden Pühl 2003, S. 15 ff.):

Im Vorfeld einer Mediation ist zunächst zu klären, ob Freiwilligkeit und Verantwortungsfähigkeit gegeben oder möglich sind:

- *Freiwilligkeit – Entscheidungsmöglichkeiten*
  Freiwilligkeit gilt als das wichtigste Kriterium einer Mediation. Sie kann allenfalls eingeschränkt sein durch den Druck etwas verändern zu müssen, die Alternative zu einer Mediation jedoch weniger attraktiv ist (z.B. Auseinandersetzungen vor Gericht). Wichtig ist in jedem Falle, dass es einen Entscheidungsspielraum geben muss, wenn eine Mediation in Erwägung gezogen wird.

Freiwilligkeit

☐ *Verantwortungsfähigkeit*
Mediation ist nur geeignet für und mit Personen, die Verantwortung für sich selbst übernehmen können. Bei stark personenbezogenen und -abhängigen Konflikten ist eher eine persönliche Beratung oder Psychotherapie zu empfehlen. Außerdem ist zu bedenken, dass sich Mediation für strukturbedingte Konflikte in einer Organisation weniger oder nur bedingt eignet.

Verantwortung für sich selbst übernehmen

☐ *Vorgespräche*
Das Zustandekommen eines Mediationskontraktes setzt voraus, dass alle Konfliktbeteiligten dies möchten. Entweder sie haben sich vorab auf eine Mediation geeinigt oder eine Partei ergreift die Initiative und tritt an einen Mediator/eine Mediatorin heran. Dieser kann Kontakt aufnehmen mit der anderen Partei, um die Bereitschaft zu einer Mediation zu klären. Vorgespräche können auch dann angebracht sein, um über Verfahren, Regeln und Prinzipien der Mediation zu informieren.

Bereitschaft klären

☐ *Schaffung einer kommunikativen Atmosphäre*
Eine gute kommunikative Atmosphäre ist bei der Mediation, wie grundsätzlich bei allen Beratungs- und Verhandlungsverfahren eine unerlässliche Voraussetzung für einen konstruktiven Verlauf.

Kommunikative Atmosphäre

Grenzen der Mediation und Kombination mit anderen Verfahren

Mediation ist eine bewährte Methode, um „relativ schnell wieder handlungsfähig und damit arbeitsfähig zu werden". Es reicht aber manches Mal nicht aus, die Ursachen der Konflikte zu verändern. Hier können nach der Konfliktklärung andere Verfahren zum Zuge kommen: das Coaching, eine Teamentwicklung oder eben auch ein Konflikttraining. Eben so möglich ist jedoch auch der umgekehrte Weg: Wenn es z.B. bei einem Coaching oder auch einer Teamentwicklung (Teamsupervision) aufgrund eskalierter Konflikte nicht weitergeht, kann es sinnvoll und hilfreich sein, eine Phase der Mediation einzubauen (vgl. Pühl 2003, S. 8).

2.5 Resümee: Grenzen kommunikationsorientierter Verfahren der Konfliktregulierung

Wir haben zuvor bereits herausgearbeitet, dass Verhandlungsstrategien und -verfahren bei Konfliktlösungen eine Möglichkeit der Konfliktregulierung sind, ihr Einsatz durch andere Regelungen (Macht, Autorität, Recht) unterstützt bzw. auch ermöglicht wird, sie jedoch auch auf Grenzen stoßen. Manchmal werden diese Grenzen auch erst deutlich im Verlaufe oder nach Abschluss von Konfliktberatungen und -verhandlungen. Das kann z.B. dann der Fall sein, wenn grundlegende Veränderungen struktureller Rahmenbedingungen, die immer wieder Konflikte produzieren, erforderlich sind. Dennoch können in diesen Fällen aus der Verhandlung oder einem Konflikt-Coaching heraus sich Impulse ergeben für die Weiterentwicklung einer Organisation,

Impulse für die Weiterentwicklung einer Organisation

mit anderen Worten für das organisationale Lernen. Das setzt u.a. voraus, dass Regelungen und Absprachen mit der Leitungsebene im Vorfeld getroffen werden, zur prinzipiellen Bereitschaft, Ergebnisse einer Konfliktberatung, eines Team-Coachings, einer Mediation als Feedback der Parteien zu organisationalen Fragen entgegenzunehmen. Es bleibt Aufgabe bzw. Herausforderung für die Leitungsebene zu prüfen und zu entscheiden, welche Konsequenzen aus dieser Rückmeldung berücksichtigt und umgesetzt werden (vgl. auch Kerntke 2004).

3. Weniger „Macht" und mehr „Verhandeln"?

Konfliktmanagement in Organisationen wird bislang noch meist reduziert auf einzelne, gängige Maßnahmen und Verfahren auf der Ebene der operativen Steuerung von Arbeits- und Kommunikationsabläufen in Konfliktfällen. Charakteristisch hierfür ist ein eher ad-hoc-unsystematisches Reagieren auf einzelne Konfliktsituationen. Einzelne, durchaus interessante Ansätze und Erfahrungen eines integrierten Konfliktmanagementsystems, das ein vernetztes Vorgehen ermöglicht, liegen vor (vgl. z.B. Budde 2003), sind jedoch nicht weit verbreitet. Bei der konzeptionellen Gestaltung eines integriertes Konfliktmanagementsystems vernetzt man nicht nur Maßnahmen und Verfahren auf der Ebene der operativen Steuerung, sondern bezieht auch die global-normative und die strategische Steuerungsebene mit ein: So kann z.B. über Prioritätensetzungen der Personalentwicklung, im Leitbild festgehaltenen Regelungen und Orientierungen zur Wirkung verholfen werden und der Konfliktfähigkeit von Führungs- und Leitungskräften wie auch der Mitarbeiter/innen eine hohe Bedeutung eingeräumt werden.

Ein integriertes Konfliktmanagementsystem

- ❒ geht aus bzw. bezieht sich auf relevante rechtliche Rahmenbedingungen (Gesetze) und relevante Leitbildaussagen (normative Steuerungsebene), Ziele der Einrichtung/des Unternehmens, professionelle Standards;

    Rahmenbedingungen
    Leitbildaussagen
    Standards

- ❒ legt Zweck, Zielprioritäten, Rolle und Aufgabe von Führungs- und Leitungskräften, Zuständigkeiten (eigens eingerichtete Ansprechinstanzen, Betriebs-/Personalrat) und deren Aufgaben, zur Verfügung stehende Ressourcen für das Konfliktmanagement fest und überträgt diese zugleich auf zentrale Konzepte und Grundsatzprogramme, die der strategischen Steuerung einer Einrichtung bzw. eines Unternehmens dienen (z.B. die Personalentwicklung). Dazu gehören auch die Regelung und Absprachen über Zuständigkeiten. Abhängig von Unternehmensgröße, Branche, Ressourcen, Konfliktpotenzial einer Organisation können unterschiedliche Ansprechinstanzen eingerichtet werden: z.B. kann dies im Rahmen einer betrieblichen Sozialarbeit geschehen oder durch Ernennung und Qualifizierung einer/eines speziellen Beauftragten oder durch interne/externe Vertrauensleute.

    Zielprioritäten
    Aufgaben
    Zuständigkeiten
    Ressourcen
    Ansprechpartner

Sollten mehrere Instanzen tangiert sein, so ist auch eine Verständigung erforderlich, wer in welchen Fällen der Ansprechpartner ist und in welchen Fällen an eine andere Beratungsinstanz verwiesen wird. Ohne diese Verständigung besteht die Gefahr, dass – vor allem in größeren Einrichtungen – konkurrierende Systeme aufgebaut werden;
- legt auf operativer Ebene Verfahren fest, die der Umsetzung der getroffenen Regelungen dienen und präventiv wie auch im Konfliktfalle zum Einsatz kommen.

Macht oder „Rechtsspruch"

Wie bereits in Kapitel drei (vgl. Ziff. 6) ausgeführt, kann sich das betriebliche Konfliktmanagement nicht ausschließlich auf Verhandeln und Vermitteln stützen. Je nach Kontext, Anforderung und Zielperspektive haben auch Machtstrategien und Konfliktregulierungen durch Rückgriff auf Recht und Regelwerke ihre Berechtigung und sind oftmals unverzichtbar. Strategien der Konfliktlösung, die primär oder ausschließlich auf Macht oder „Rechtsspruch" setzen, bringen jedoch meist höhere Transaktionskosten mit sich und führen zu weniger nachhaltigen Lösungen (siehe Kap. III, S. 100 ff). Daher ist den Bemühungen um einen Interessenausgleich über kommunikative Verfahren der Konfliktregulierung – wo immer möglich – der Vorzug zu geben.

Wichtig ist es, eine dem jeweiligen Kontext und den Zielen angemessene, bewusste, begründete und transparente Wahl zwischen den genannten Möglichkeiten der Konfliktlösung zu treffen. Hierbei geht es vor allem um die Klärung folgender Fragen:

Macht, Regeln

1) In welchem Ausmaß und zu welchen Anteilen werden in einer Organisation, in einer Abteilung oder in einem Team Macht, Regeln und Vermittlungs-/Aushandlungsprozesse – oder andere Strategien (Aussitzen, Pseudolösungen) – zur Konfliktregelung und -lösung eingesetzt?

Vorgehensweisen

2) Sind diese Vorgehensweisen jeweils sinnvoll, funktional, zieldienlich: Ist das Betriebs- und Sozialklima (noch) so, dass sich Mitarbeiter/innen und Führungskräfte dabei wohl fühlen? Kann die Organisation, die Abteilung, das Team die Aufgaben effektiv (und auch effizient, wirtschaftlich) erfüllen?

Leistungs- und Personengemeinschaft

3) Organisationen sind komplexe Gebilde einer Leistungs- und Personengemeinschaft mit differenzierten Binnenstrukturen. Leitungs- und Führungskräfte haben die Aufgabe, eine balancierte Organisationskultur mit zu ermöglichen und anzubahnen, die sowohl Sach- und Leistungsziele, Effizienz und Effektivität offensiv vertritt und konsequent einfordert, als auch menschliche Beziehungen, Bedürfnisse, Interessen und Zufriedenheit der Mitarbeiter/innen, Freiräume, Partizipation und Kreativität zulässt und unterstützt (siehe Abb. 8 auf S. 78).

4) Welche Bereiche und welche Vorgehensweise, welcher Ansatz der Konfliktlösung sollte gegebenenfalls mehr Gewicht erhalten? In welcher Weise, mit welchen Ressourcen (Zeit, Finanzen, Know How von Innen und/oder Außen, Motivation) kann dies geschehen? Was ist in diesem Rahmen sinnvoll realisierbar?

5) Wer in einer Organisation ist berechtigt, befugt, verantwortlich diese Fragen zu stellen, zu klären und entsprechende Antworten zu entwickeln? Üblicherweise werden diese Fragen dann gestellt – von Mitarbeiter/innen, Klient/innen, Kund/innen, Führungskräften, Leitungen – wenn sich Beschwerden häufen, Konflikte aufgetreten sind und sich Reibungsverluste bemerkbar machen.

Ansatz der Konfliktlösung

Auch wenn die Initiative von einzelnen Mitarbeiter/innen oder Mitarbeitergruppen ausgeht, so ist Konfliktmanagement doch Führungsaufgabe. Aufgabe von Führungs- und Leitungskräften ist es, Klarheit zu schaffen über die Wahl von Vorgehensweisen bei der Konfliktregulierung und der jeweiligen Spielräume. Dies gilt sowohl grundsätzlich wie auch in eingetretenen Konfliktfällen, in denen das Verhalten von Leitungs- und Führungskräften besonders kritisch und aufmerksam verfolgt wird.

Konfliktmanagement Führungsaufgabe

Mangelnde Klarheit und fehlende Transparenz kann konfliktverschärfend wirken und ist oft gar Quelle von Konflikten:

❒ Dort wo kein Spielraum für partnerschaftliche Aushandlungsprozesse gegeben ist, oder ermöglicht wird, ist es wenig hilfreich, dies zu vernebeln.

❒ Dort wo rechtliche Rahmenbedingungen zu beachten sind, Regelungen gesetzt oder bereits vereinbart wurden, empfiehlt es sich, nicht so zu tun als ob alternative, andere, neue Lösungen frei verhandelbar wären.

Mangelnde Klarheit als Quelle von Konflikten

Werden vorhandene Regelungen in Frage gestellt, so kann zu ihrer Durchsetzung Macht in Anspruch genommen oder ein erneuter Aushandlungsprozess initiiert werden. Welche Wege – gegebenenfalls mit welchen Konsequenzen – beschritten werden, sollte jedoch in einer bewussten Entscheidung geklärt und kommuniziert werden. Keine Organisation kommt ohne Regelwerke aus. Regelwerke können Betriebsvereinbarungen, Arbeitsplatz-/Stellenbeschreibungen, Arbeitsverträge, Unternehmensleitbilder umfassen und selbstverständlich auch die gesetzlichen Regelungen (KJHG, Sozialgesetzbücher, Strafgesetzbuch, aber auch Unternehmensrecht, Betriebsverfassungsgesetz, Personalrecht, Arbeitsrecht u.a.). „Führungshandeln beruht auch auf dem sorgfältigen Umgang mit den vorhandenen Regeln – und auf Förderungen für die Überarbeitung von Regelwerken." (Kerntke 2004, S. 53). Zu prüfen ist im konkreten Falle auch, ob vorhandene Rechtsnormen und Regelungen Raum lassen für Aushandlungsprozesse und Verfahren der Konfliktvermittlung.

4. Warum können Konflikte in Organisationen als Chance für organisationales Lernen wahrgenommen werden?

Keine konfliktfreien Räume

Unsere Erfahrungen zeigen uns, dass es – heute mehr noch als in der Vergangenheit – keine konfliktfreien Räume gibt. Überall wo Menschen zusammen leben und arbeiten, immer wenn Menschen, unterschiedlichen Alters, Geschlechts, Kultur, unterschiedlicher Biografien, unterschiedlicher persönlicher Temperamente, in unterschiedlichen hierarchischen Positionen zusammen kommen, stoßen unterschiedliche Wahrnehmungen, Einstellungen, Bewertungen, Interessen aufeinander, im Privatleben wie auch im Arbeitleben. Konfliktpotenziale liegen in Unterschieden, und sie entstehen auch „immer da, wo sich etwas bewegt – oder eben nichts bewegt" (Pühl 2003, S. 11).

Bleiben wir jedoch bei den Organisationen. Diese müssen die unterschiedlichsten Aufgaben und Funktionen, Arbeitsabläufe und Interessen aufeinander abstimmen und zwar so, dass es möglichst wenig Reibungsverluste bei der Realisierung der Arbeitsaufgaben gibt. Dass dies, gerade in einer Zeit manifest werdender und gelebter Unterschiedlichkeiten sowie des Veränderungsdrucks, nicht ohne Konflikte geht ist eine triviale Erkenntnis.

Konflikten liegen Probleme zugrunde

Veränderung beginnt in den Köpfen

Konflikten liegen Probleme zugrunde, und wo es Probleme gibt, da sind auch Möglichkeiten der Problemlösung verborgen. Man/frau muss sie allerdings suchen und sich von gewohnten Bildern und Vorstellungen im eigenen Kopf lösen wollen und können. Alle Veränderung beginnt in den Köpfen, – mit Fragen an die wahrgenommene Realität oder Wirklichkeit. Wie wirklich ist diese Wirklichkeit, wenn über ihre Substanz, Form und Gestalt im Auge des Betrachters entschieden wird, – die Wahrnehmung von Realität also interessengebunden ist? Und welche Rolle im privaten Alltag, beruflichen Leben und gesellschaftlichen Pendelprozess zwischen Stagnation und Innovation spielen unser aller tiefsitzenden Ängste vor Veränderungen – gleich welcher Art, auf welcher Ebene und welchen Umfangs?

Konflikte sind eine „Innovationsherausforderung

Konflikte sind – so gesehen – weniger eine Besonderheit oder gar vermeidbare „Störfälle", sondern können als eine „Innovationsherausforderung" angenommen und „behandelt" werden. „Der Weg dahin ist noch weit: Wer sieht Konflikte, in die man auch noch selbst involviert ist, schon gern als Herausforderung? In der Regel werden sie als lästig und unangenehm erlebt" (Pühl 2003, S. 11). Trotzdem gibt es durchaus einige Chancen. Organisationen und die in ihnen wirkenden Menschen können lernen, diese wahrzunehmen, zu nutzen und sie auszubauen.

VI. Untersuchung und Optimierung von Konfliktlösungen – Schritte zur Einführung und Umsetzung

Angenommen, Sie möchten Konflikte zwischen Einzelpersonen oder Konflikte zwischen Teams, in einer Abteilung, einer Einrichtung oder gar zwischen den Repräsentant/innen eines Unternehmens und ihren externen Partner/innen zukünftig effektiver lösen, so setzt dies eine Bestandsaufnahme und Untersuchung des bestehenden Konfliktlösungssystems voraus. Aus einer solchen Untersuchung und der Reflexion ihrer Ergebnisse aus Sicht der betroffenen Personen/Parteien lassen sich wichtige Hinweise für die Entwicklung effektiverer Vorgehensweisen bei der Konfliktlösung, aber auch Hinweise auf vorhandene Hindernisse ableiten, die es zu berücksichtigen gilt.

Orientierungsmodell für Konfliktlösungen

Das nachfolgend dargestellte Orientierungsmodell für Konfliktlösungen kann Ihnen behilflich sein
❐ bei der Untersuchung eines bestehenden und
❐ der Entwicklung/Konstruktion eines effektiveren, kostengünstigeren Konfliktlösungssystems.

Wir stützen uns im folgenden auf das von Ury/Brett/Goldberg (1991) in seinen Grundstrukturen entwickelte Orientierungsmodell, das wir für unsere Zwecke an verschiedenen Stellen modifizieren, ausbauen und konkretisieren.

Abb. 28: Orientierungsmodell für Konfliktlösungen

Worin liegt der Nutzen eines Orientierungsmodells? Es kann Ihnen helfen,
- die Aufmerksamkeit auf zentrale Bereiche und Dimensionen von Konflikten zu richten;

Muster herausarbeiten
Informationsflut ordnen
Komplexität reduzieren

- Zusammenhänge und „Muster" von Konfliktabläufen herauszuarbeiten;
- die Informationsflut zu ordnen und zu strukturieren;
- Komplexität zu reduzieren, den Überblick und Handlungsfähigkeit zubewahren.

Kosten/Nutzen ermitteln

Im Zentrum des Modells stehen die typischen Muster der Konfliktbewältigung, auf welche die Konfliktparteien in charakteristischen Konfliktfällen zurückgreifen. Diesen Bewältigungsstrategien (inputs) korrespondiert jeweils ein bestimmbarer Kosten/Nutzen-Faktor (output). Er lässt sich anhand der weiter oben bereits beschriebenen Kriterien ermitteln (vgl. S. 111ff.).
- Transaktionskosten
- Zufriedenheit der Konfliktparteien mit den Ergebnissen
- beziehungsgestaltende Auswirkungen der gewählten Konfliktstrategien
- Häufigkeit, mit der alte Konflikte wieder neu aufflammen.

Strategien, Ressourcen

Die angewandten Strategien der Konfliktbewältigung werden ihrerseits beeinflusst durch die zur Verfügung stehenden und in Anspruch genommenen Ressourcen:
- *persönliche Ressourcen:* Motivation, Wissen, Fähigkeiten der Konfliktbeteiligten;
- *materielle Ressourcen:* Budget, Sachmittel, Zeit;
- *soziale Ressourcen:* Unterstützung durch andere Personen;
- *methodische Ressourcen:* verfügbare, vom Konsens getragene Verfahren/Strategien;
- *kulturelle Ressourcen:* akzeptierte Normen und Regeln der Organisationskultur.

Das Konfliktlösungssystem ist eingebettet in den umfassenderen Kontext einer Organisation und wird von diesem beeinflusst. Die Organisation unterliegt ihrerseits wiederum Einflüssen ihres sozialen, wirtschaftlichen, technologischen und kulturellen Umfeldes.

1. Untersuchung eines Konfliktlösungssystems

Den genannten Bereichen des Orientierungsmodells lassen sich in einem ersten Schritt Beschreibungsdimensionen zuordnen, die mögliche Suchrichtungen für die Klärung eines Konfliktkontextes und für die Entwicklung von Lösungsvisionen und -schritten aufweisen:

Suchrichtungen, Lösungsvisionen

Konfliktlösungen untersuchen und optimieren

- Ressourcen und Art der Konfliktbewältigung
- Konfliktparteien
- Konfliktthemen
- Reichweite des Konfliktes
- Häufigkeit von Konflikten
- Konfliktverlauf
- Muster der Konfliktbewältigung
- Organisation als Konfliktquelle
- Kosten bisheriger Bewältigungsstrategien

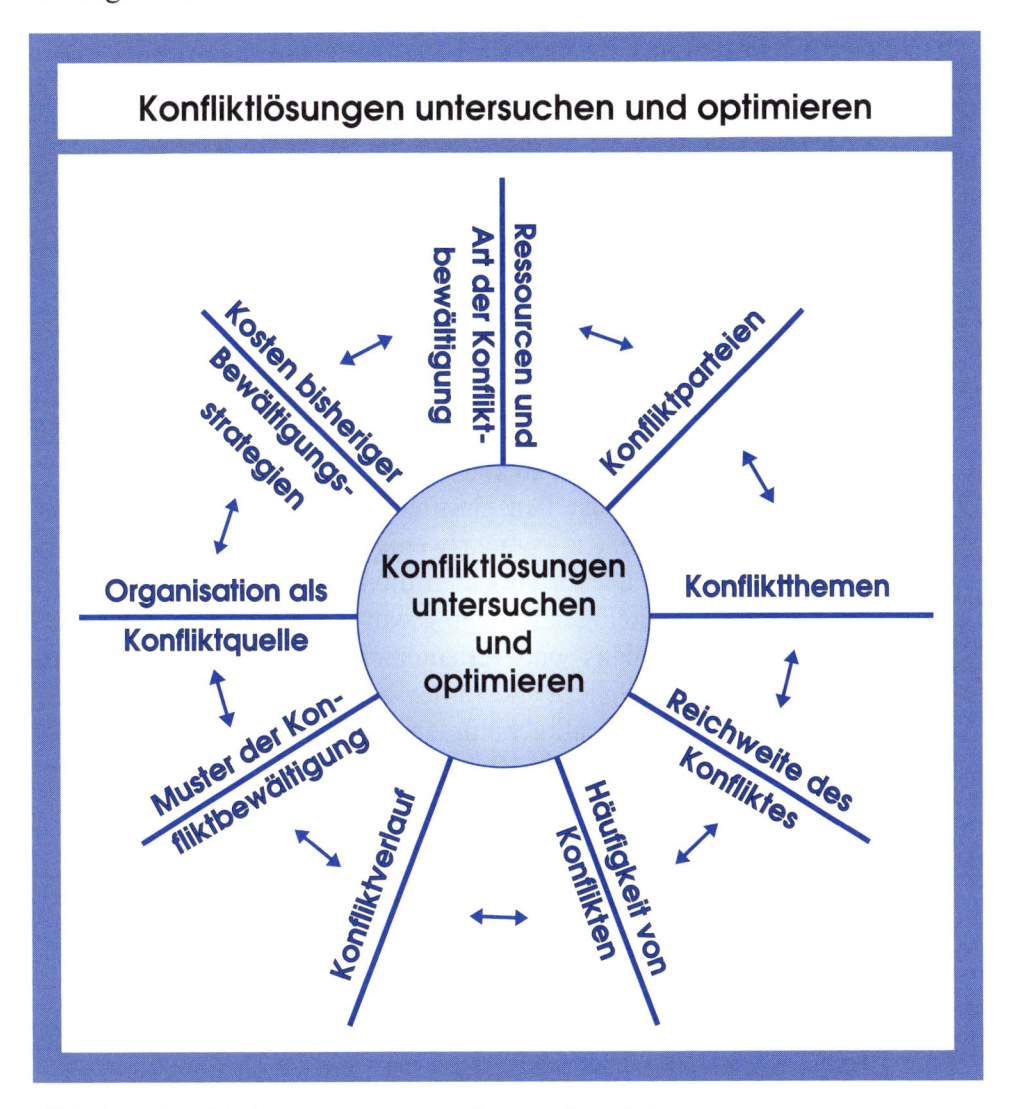

Abb. 29: Konfliktlösungen untersuchen und optimieren

Bitte beachten Sie!

Konflikt-Gewebe, Lösungs-Gewebe
- ❐ Nicht alle Dimensionen sind in einem Konfliktfall von gleicher Bedeutung. Wie pauschal oder wie differenziert die Beschreibung/Klärung erfolgen soll, hängt von der konkreten Situation ab (vgl. Glasl 1990:152). Wichtig ist nicht nur die Beschreibung/Klärung einzelner Aspekte. Vielmehr geht es darum, Zusammenhänge und „Muster", mit anderen Worten, das „Konflikt-Gewebe" und ein „Lösungs-Gewebe" herauszuarbeiten.

Zirkuläre Wechselwirkung
- ❐ Nicht immer muss das ganze „Muster" verstanden und bearbeitet werden. Es reicht aus, wenn ein oder mehrere Elemente angegangen werden. Diesem Vorgehen liegt die systemische Annahme zugrunde, dass eine interdependente (zirkuläre) Wechselwirkung der Elemente auf allen Ebenen besteht und somit indirekt alle Musterbestandteile erfasst werden und ihre Wechselwirkungsorganisation sich verändert.

Checklisten
- ❐ Wir haben den einzelnen Dimensionen „Checklisten" zugeordnet, in denen konkretere Suchrichtungen angegeben werden. Diese Checklisten enthalten im wesentlichen zirkuläre Fragen (vgl. Tomm 1994). Im Unterschied zu linearen Fragen sind sie besonders gut geeignet, Wirkungszusammenhänge zu erfassen und zu klären.

Wahrnehmungs- und Verhaltensmöglichkeiten erweitern
- ❐ Außerdem werden Sie feststellen, dass viele Fragen auf die Herausarbeitung von Unterschieden – mehr/weniger, besser/schlechter, stärker/schwächer -zielen. Dieses Vorgehen dient dazu, das im Ablauf des Konfliktgeschehens zunehmend enger gewordene Spektrum der Wahrnehmungs-, Denk-, Fühlens- und Verhaltensmöglichkeiten der Konfliktbeteiligten wieder zu erweitern und zu flexibilisieren. Damit können vorhandene, aber nicht mehr wahrgenommene und genutzte Ressourcen für alternative Möglichkeiten der Konfliktlösung wieder verdeutlicht und ins Blickfeld gerückt werden.

Die Frage nach den Unterschieden ist daher vor allem für die Entwicklung von Lösungsalternativen und Lösungsschritten sehr nützlich (vgl. Tomm 1994).

Untersuchung und Optimierung von Konfliktlösungen

Checkliste 1: Konfliktparteien/Schlüsselpersonen

Wer sind die Konfliktparteien? — *Konfliktparteien*
- Sind es einzelne Personen?
- Sind es Mitglieder einer Gruppe bzw. eines Teams?
- Besteht der Konflikt zwischen einzelnen oder den Mitgliedern zweier Teams?
- Liegen zwei Abteilungen miteinander im Konflikt?
- Geht es um den Konflikt zwischen einer Einrichtung und ihrem Trägerverein?
- Geht es um den Konflikt zwischen einem Unternehmen und seinen Kunden?

Wer sind die Schlüsselpersonen der Konfliktparteien? — *Schlüsselpersonen*
- Gibt es Personen, die im Konfliktgeschehen eine zentrale Rolle einnehmen?
- Welche Personen stehen eher am Rande?
- Welche Position nehmen Schlüsselpersonen ein? Wie steht es um ihren Einfluss?

Wie ist das Verhältnis innerhalb und zwischen den Konfliktparteien? — *Verhältnis zwischen den Konfliktparteien*
- Sind die Konfliktparteien streng voneinander abgegrenzt?
- Ist die Zugehörigkeit der Konfliktparteien eindeutig oder gibt es Überlappungen?
- Werden Personen bedroht, die sich nicht ausschließlich zu einer Gruppe bekennen?
- Wie verhält man sich gegenüber indifferenten Personen?
- Wird Druck ausgeübt? Von wem, auf wen, in welchen Situationen?
- Was für Auswirkungen hat das für die Betroffenen, welche Wirkungen auf die anderen?

Abb. 30: Checkliste 1: Konfliktparteien/Schlüsselpersonen

Hinweis

⇨ Aus den Antworten wird für die beratende Partei erkennbar, welche der Konfliktparteien sich als Auftraggeber/in – Kund/in, wer sich als „Ankläger/in", wer als „Problemträger/in" sieht bzw. gesehen wird, und wer eher die Position einer Unbeteiligten einnimmt? Dies lässt Vermutungen darüber zu, wer von den Beteiligten am ehesten und in welcher Weise an Veränderungen interessiert ist, wer am wenigsten.

MANAGEMENT — Untersuchung und Optimierung von Konfliktlösungen

Konfliktthemen

Checkliste 2: Konfliktthemen

- Was sind die zentralen Konfliktthemen, Konfliktinhalte und -gegenstände (Issues)?
- Welche Issues bringen die unterschiedlichen Parteien/Beteiligten vor?
- Welche Konfliktpartei definiert was als Problem/Konflikt (bzw. als Ist-Soll-Diskrepanz)?
- Welche Issues sind mit den Parteien verknüpft? Gibt es Unterschiede/Überschneidungen?
- Wo liegen die Übereinstimmungen/Abweichungen? Wer stimmt überein/weicht ab?
- Sind die Issues miteinander verknüpft? Wie konkret/abstrakt sind sie?
- Welche Issues haben für welche Parteien starke/weniger starke/keine Bedeutung?
- Wie sind die Issues in der Wahrnehmung mit dem Verhalten der Parteien verknüpft?
- Wie stark sind die Parteien mit den Issues identifiziert („centrality of the issue")?

Issues, Ursachen und Sichtweisen

- Wer sieht Alternativen bzw. lässt welche zu/wer nicht?
- Wie weit kennen die Beteiligten die Issues der Gegenseite?
- Wie wird der Konflikt (bzw. eine Lösung) jeweils etikettiert?
- Wo sehen die Beteiligten die Ursachen für den Konflikt?
- Gibt es unterschiedliche Sichtweisen, Überschneidungen?

Schlussfolgerungen

- Welche Schlussfolgerungen ziehen die Beteiligten aus ihrer Sicht der Ursachen?
- Welche Veränderungsschritte halten sie für notwendig?
- Welche Erwartungen haben die Parteien aneinander, gegebenenfalls an eine Drittpartei?

Abb. 31: Checkliste 2: Konfliktthemen

Hinweise

Konfliktthemen (Issues)

⇨ Die Konfliktthemen (Issues) informieren über den Inhalt des Konfliktes: z.B. rechtliche Fragen, Arbeitsverfahren, Dienstpläne, das „unmögliche" Verhalten eines Kollegen. Aus systemisch konstruktivistischer Sicht sind sie eher von sekundärer Bedeutung. Im Bild eines aus dem Wasser herausragenden Eisberges gesprochen: Issues befinden sich auf der Wasseroberfläche. Darunter verborgen bleiben meist die unausgesprochenen Ängste, wahrgenommenen Bedrohungen eigener Interessen und Ziele, Bedürfniserfüllungen. Wie bereits gezeigt, veranlasst gerade dies die starke emotionale Beteiligung der Konfliktparteien.

Untersuchung und Optimierung von Konfliktlösungen

⇨ Die Frage nach den Konfliktthemen gibt daher für die Berater/in – vor allem zu Beginn der Orientierungsphase – wichtige Anknüpfungspunkte. Es ist das, was Beteiligte spontan oder auf Nachfrage zu allererst äußern. Sind die Konflikte sehr stark mit Gefühlen verbunden bzw. durch Gefühle geprägt, sollte es den Beteiligten ermöglicht werden, ihren Gefühlen Ausdruck zu verleihen (Ury/Brett/Goldberg 1991:44). „Es" drängt die Beteiligten darüber zu sprechen. Diesem Bedürfnis sollte die Berater/in entsprechen (Pacing), wenn sie eine gute Arbeitsbeziehung, geprägt von wechselseitiger Akzeptanz und Vertrauen aufbauen möchte. — *Konflikt und Gefühle*

⇨ Außerdem lassen sich durch eine Herausarbeitung der Streitgegenstände, der dafür gegebenen Erklärungen, der beschriebenen Ursachen usw., Zusammenhänge und Muster, Unterschiede und Gemeinsamkeiten in der Wahrnehmung und Einschätzung der Beteiligten sichtbar machen. Dies wiederum gibt Hinweise für anzustrebende Veränderungen. — *Streitgegenstände, Streitmuster*

⇨ Bitte achten Sie darauf: Konfliktthemen, Streitgegenstände sollten in kleine, konkrete und überprüfbare Issues aufgelöst werden. Lassen Sie die Konfliktthemen gegebenenfalls an konkreten Beispielen und Situationsschilderungen erläutern.

Checkliste 3: Absteckung des Konfliktrahmens: Mikro, Meso- und Makro-Konflikte

Ein Konfliktlösungssystem kann lokalisiert sein auf oder zwischen unterschiedlichen Ebenen der Konfliktaustragung:

- zwischen einzelnen Personen (z.B. Vorgesetzte-Mitarbeiter/in, Kolleg/in-Kolleg/in)
- Team/Gruppe
- Abteilung
- Organisation
- Organisation – Umfeld (z.B. vorgesetzte Behörde, Trägerverein, Kunde, Gesetzgeber).

Es kann auch mehrere Ebenen umfassen. Von daher ist zu fragen:
- Ist der Konflikt auf einen kleinen Bereich beschränkt?
- Welche, wieviele Beteiligte, welche, wieviele Ebenen sind in den Konflikt einbezogen?

Konfliktthemen

Reichweite des Konflikts

Konfliktebenen

Abb. 32: Checkliste 3: Absteckung des Konfliktrahmens: Mikro, Meso- und Makro-Konflikte

---

Hinweise

Aus den Antworten auf die Fragen nach dem „Was", den Streitgegenständen und den Konfliktparteien, lässt sich ohne große Interpretation der Konfliktrahmen abstecken.

Je weiter der Konfliktrahmen, desto komplexer das Konfliktgewebe

„Und es ist relativ einfach, darauf zu achten, wer Issues artikuliert und in den Konflikt einbringt, ob das durch die Konfliktparteien direkt oder über ‚Sprecher', ‚Repräsentanten' oder andere Mittelspersonen geschieht. Es lässt sich dann die Frage beantworten, welchem Rahmen die Konfliktparteien dabei angehören. Spricht man im eigenen Namen oder als Vertreter eines Kollektivs?" (Glasl 1990:61). Je weiter der Konfliktrahmen ist, desto komplexer sind die Verhältnisse, desto komplexer das „Konfliktgewebe".

⇨ **ad. Konflikte im mikro-sozialen Rahmen**

Einzelperson, kleine Gruppen

Mikrosoziale Konflikte sind solche zwischen Einzelpersonen (z.B. Kolleg/innen, Vorgesetzter – Mitarbeiter/in) und/oder innerhalb von kleinen Gruppen. Charakteristisch sind sog. face-to-face-Interaktionen, jeder kennt jeden persönlich. Das Beziehungsgefüge ist für jeden einigermaßen überschaubar, die Beziehungen sind direkt (Glasl 1990:62).

⇨ **ad. Konflikte im meso-sozialen Rahmen**

Organisationen mittlerer Größenordnung

Meso-soziale Konflikte sind Konflikte innerhalb einer Organisation, zwischen Gruppen und größeren organisatorischen Sub-Einheiten, z.B. auch zwischen zwei Abteilungen. Organisationen, als Beziehungssysteme mittlerer Größenordnung, bauen sich aus mikro-sozialen Einheiten auf. Je größer eine Organisation, desto geringer sind die direkten Beziehungen zwischen ihren mikro-sozialen Einheiten. Die Kommunikation läuft meist über Mittelspersonen als Exponent/innen eines Teams oder einer Abteilung. Zu der Komplexität der Beziehungen im Subsystem (Team, Abteilung) kommt die weniger persönliche Zwischengruppenbeziehung als eine weitere Komplexitätsebene dazu. „Die Intra- und die Interkommunikation kann unter sehr unterschiedlichen Bedingungen, Umständen und Formen erfolgen und für die beteiligten Personen zusätzliche Spannungen bewirken" (Glasl 1990: 62). „Die Beziehungen von Exponenten, die direkten Interessen der Exponenten sowie ihre Position und Ambitionen können die Konfliktdynamik weitgehend prägen und sogar die direkten Konflikte der kollektiven Gebilde überlagern und in den Schatten stellen" (ebd: 63). Hinzu kommt, dass bei meso-sozialen Konflikten die Organisation mit ihren eigenen Zielen, Aufgaben, Strukturen und Prozeduren sich in den Vordergrund schiebt und das persönliche Verhalten, Denken und Fühlen mit beeinflusst oder überformt. D.h. die Organisation als Konfliktquelle tritt bei meso-sozialen Konflikten deutlicher in den Vordergrund als bei mikro-sozialen.

⇨ **ad. Konflikte im makro-sozialen Rahmen**

Weitreichender Konfliktrahmen

sind meist lokalisiert innerhalb von oder zwischen Bevölkerungsgruppen oder Interessengruppen mit gesamtgesellschaftlichem Status (Glasl 1990:69). Oft sind es Konflikte zwischen der Organisation und ihrem Umfeld, z.B. zwischen einem Waisenhaus, repräsentiert durch seinen Vertreter und dem Jugendamt, bis hin zur Öffentlichkeit. Je weitreichender der Konfliktrahmen, desto verschachtelter sind die Komplexitätsniveaus, desto schwieriger ist eine gute Analyse und die Entwicklung einer tragfähigen Interventionsstrategie. Hier werden ein langer Atem, Ausdauer, Geduld, das Ertragenkönnen von Rückschlägen, die Kunst, aus Fehlern und Fehlschlägen zu lernen, aber auch konsequentes Vorgehen zu wichtigen Schlüsselqualifikationen.

Untersuchung und Optimierung von Konfliktlösungen

> **Checkliste 4: Häufigkeit von Konflikten**
>
> Wie häufig kommt es
> - in welchen Situationen,
> - zu welchen Zeiten,
> - bei welchen Beteiligten
> - zu welchen Konfliktfällen?
> - Gibt es Zeiten/Umstände, in denen die Zahl der Konflikte eher gering/ eher hoch ist?
> - Welche Erklärungen geben die Beteiligten hierfür?

Häufigkeit

Abb. 33: Checkliste 4: Häufigkeit von Konflikten

> **Checkliste 5: Konfliktverlauf – Konflikteskalation**
>
> - Was erleben die Konfliktparteien als positive/negative Wendepunkte im Konfliktverlauf („kritische Momente")?
> - Was sind typische, exemplariscche Episoden („crucial events") im Konfliktverlauf?
> - Was ist geeignet, den Konflikt zu intensivieren/zu schwächen?
> - Wurde der Konflikt im Laufe der Zeit ausgedehnt, d.h. mehr Issues einbezogen, mehr Personen, Gruppen aktiviert? Wer oder was hat dazu beigetragen?
> - Wurde der Konflikt intensiviert?
> - Gibt es Situationen, Anlässe in denen eine Distanzierung vom Konflikt möglich ist? Wann mehr, wann weniger?
> - Welche Erklärungen haben die Beteiligten dafür?
> - Welche Schlussfolgerungen ziehen sie daraus?
> - In welchen Situationen wird der Konflikt heiß/kalt?
> - Wer oder was trägt dazu bei, den Konflikt eher heiß/kalt/instabil werden zu lassen?

Konfliktverlauf, -dynamik, -eskalation

Abb. 34: Checkliste 5: Konfliktverlauf – Konflikteskalation

Hinweise

⇨ Hier geht es um Fragen, die neben dem bisherigen Konfliktverlauf auch einen Einblick in den Eskalationsgrad (vgl. Glasl 1990:103 ff/183 ff) geben können. Die Klärung des Eskalationsgrades ist für die Intervention von großer Bedeutung. Sie gibt Anhaltspunkte für Sofortmaßnahmen, „die ein Unkontrollierbar-Werden des weiteren Konfliktverlaufes verhindern sollen und gleichzeitig eine Landefläche für die mittel- und langfristig wirksamen Interventionen bieten müssen" (ebd.:105).

Klärung des Eskalationsgrades

Gefühlserinnerung ⇨ Hinzu kommt: „Wenn wir als Berater die Parteien bitten, diese Episoden lebendig und in allen Farben zu beschreiben, so werden bei den Parteien neben der gedanklichen Vorstellungs-Erinnerung sogar wieder Gefühlserinnerungen auftreten. Manchmal ist es dazu nötig, dass eine Konfliktpartei eine Episode gleichsam simuliert bzw. nachspielt. Dann erst zeigt sich, welchen Platz bestimmte Issues und Parteien im Konflikt einnehmen" (Glasl 1990:103). Auf diese Weise können Zusammenhänge und Dynamik des Konfliktmusters sehr deutlich werden. Kern-Issues, korrespondierende Sequenzabfolgen im Denken, Fühlen, physiologische Reaktionen der Beteiligten, korrespondierende Verhaltensreaktionen und ihre beziehungsgestaltenden Auswirkungen treten hervor. Daraus können wiederum brauchbare Ansatzpunkte und Interventionsmöglichkeiten für die Entwicklung von Lösungsvisionen und Lösungsschritten abgeleitet werden.

Dynamik des Konfliktmusters

Verfahren/Strategien zur Konfliktösung

Checkliste 6: Bisherige Art der Konfliktbewältigung

- Welche Strategien werden von welchen Personen/Gruppen in welchen Konfliktsituationen, mit welchen Konsequenzen eingesetzt?
- Gibt es in der Organisation institutionalisierte Verfahren der Konfliktbewältigung?
- Wie verbindlich sind diese Verfahren?
- Wer greift wann darauf zurück?
- Welche Lösungsversuche gab es bisher schon, mit welchen Auswirkungen für wen?
- Wer hat Lösungsversuche initiiert, wer mitgetragen, wer blockiert, wer hielt sich heraus?
- Waren die Lösungsversuche eher zieldienlich oder führten sie eher zu einer Eskalation/Stagnation?
- Gab es in der Vergangenheit schon Strategien, die lösungsfördernd waren?
- Warum wurde sie nicht weiterverfolgt?
- Welche Bewertungen gab es für sie?
- Welche Erklärungen haben die Beteiligten für den Abbruch bzw. das Scheitern?
- Wie reagierten die Beteiligten auf den Abbruch/das Scheitern?
- Welche Schlussfolgerungen wurden aus den bisherigen Lösungsversuchen gezogen, wenn sie eher problematisierend waren, welche wenn sie eher lösungsfördernd waren, aber nicht konsequent verfolgt wurden?
- Welche Auswirkungen hätte es auf die Beziehungen/die Organisationen, wenn lösungsförderliche Schritte konsequent gegangen würden?

Bisherige Lösungsversuche

Abb. 35: Checkliste 6: Bisherige Art der Konfliktbewältigung

Untersuchung und Optimierung von Konfliktlösungen

Hinweise

⇨ Eine Untersuchung der angewandten Konfliktstrategien deckt einerseits die Methoden auf, die die Organisation und ihr Umfeld anbieten, und fördert zum anderen ein bevorzugtes Modell zur Konfliktlösung. Ferner stellt die Untersuchung, und das ist vielleicht ihr wichtigster Zweck, die Hindernisse heraus, die bestimmte Verfahren undurchführbar machen. Ein Beziehungssystem (Team, Abteilung, Organisation) verfügt in der Regel über eine Auswahl eingeschliffener, eingespielter Konfliktlösungsstrategien. Konflikte können durch Verhandlungen gelöst oder den Vorgesetzten zur Entscheidung vorgelegt werden. Sie können auch formell durch Gesetze, Verträge, Schiedsverfahren, einen festgelegten Beschwerdeweg etc. geregelt werden. In der Regel wird es so sein, dass unterschiedliche Strategien gleichzeitig oder auch nacheinander eingesetzt werden (Ury/Brett/Goldberg 1991:46).

Bevorzugtes Modell der Konfliktlösung

⇨ Für unseren Argumentationszusammenhang kommt es zunächst darauf an, typische Muster der Konfliktbewältigung so konkret und detailliert wie möglich herauszuarbeiten, eventuell eingesetzte Verfahren zu registrieren und sich dadurch ein Bild zu verschaffen, wie in dem betreffenden System Konflikte bisher angegangen werden. Dazu gehört auch, dass man/frau bereits angewandte, alternative Lösungsversuche erfragt. Die Antworten können für die Entwicklung von Interventionen bzw. von Elementen eines effektiven Konfliktlösungssystems genutzt werden. Darin liegt der Sinn dieser Recherchen. Außerdem wird die Aufmerksamkeit der Konfliktparteien durch die Fragestellung vom Problembereich weg hin auf den erwünschten Lösungs–/Zielbereich verschoben.

Typische Muster der Konfliktbewältigung

Checkliste 7: Organisation als Konfliktquelle

Zur Identität einer Organisation
- Ist die Kernaufgabe der Organisation für Mitarbeiter/innen, Vorgesetzte, Top-Management klar?
- Entspricht der Zweck der Organisation noch den aktuellen, gesellschaftlichen Anforderungen? Ist eine Überprüfung, Klärung, Neubestimmung erforderlich?
- Welche Rolle spielt die Besonderheit der Institution für die Gestaltung der Außenbeziehungen (zu Kunden/innen, Kooperationspartnern/innen, Geldgebern/innen)?
- Wie stehen die Führungskräfte, die Mitarbeiter/innen, die Kunden/innen zum Zweck und zum Selbstverständnis der Organisation?
- Können die Mitarbeiter/innen einen Bezug zwischen Organisationszweck und den eigenen Aufgaben herstellen?
- Inwieweit identifizieren sie sich mit dem Organisationszweck?

Identität, Kernaufgabe, Organisationszweck

MANAGEMENT
Untersuchung und Optimierung von Konfliktlösungen

Leitsätze, Programme, Regeln

Zur Politik und Strategie
- Gibt es (geeignete, ausreichende) Leitsätze, Strategien, Programme zur Konkretisierung der Kernaufgabe?
- Sind diese Leitsätze den Mitarbeiter/innen bekannt, transparent?
- Wird die Unternehmens-/Einrichtungspolitik von den Mitarbeiter/innen akzeptiert und vertreten?
- Wie deutlich, klar, widerspruchsfrei sind die Leitsätze?
- Sind informell, ungeschriebene Leitsätze, Regeln erkennbar?
- In welchem Verhältnis stehen diese zu den offiziellen propagierten Leitsätzen?
- Welche Personen/Gruppen stehen hinter welchen Leitsätzen?
- Welche Personen/Gruppen ignorieren, umgehen, bekämpfen sie?

Denken, Werte, Konzept

Zur Struktur
- Wie ist die Organisation aufgebaut?
- Welches Denken, welche Werte, welches Konzept stehen dahinter?
- Wie zweckdienlich sind die Organisationskonzepte im Hinblick auf Kernaufgaben, die aktuellen Ziele, die zur Verfügung stehenden Ressourcen?
- Sind die Organisationseinheiten für die Mitarbeiter/innen übersichtlich?
- Finden sich die Mitarbeiter/innen erlebnismäßig darin zurecht?

Ziele, Interessen, Kompetenzen und Betriebsklima

Zu Menschen, Gruppen, Klima
- Wie werden die Mitarbeiter/innen in ihren Kompetenzen gefordert und eingesetzt?
- Welche Bedürfnisse, Interessen, Ziele haben die Mitarbeiter/innen in der Organisation?
- In welcher Form werden sie wann, von wem berücksichtigt?
- Welche Rolle spielen Macht, Status, Karriere (für wen am meisten/am wenigsten)?
- Wie wird das Betriebsklima (in der Organisation/ den Abteilungen) von den Mitarbeiter/innen erlebt?

Macht, Status, Einfluss

Macht/ Einfluss
- Welche Personen/Gruppen verfügen in der Organisation über starken Einfluss/reale Macht? Wer hat nur geringen Einfluss?
- Inwieweit deckt sich dies mit der formellen Position?
- Welche Einstellungen, Werte, Verhaltensweisen sind charakteristisch für die Führung?

Entscheidungen

Entscheidungen
- Wie laufen Entscheidungsprozesse ab?
- Was für Entscheidungsarten werden bevorzugt?

„Vitamin B"

Formelle/informelle Positionen/Beziehungen
- Welche formellen/informellen Positionen/Beziehungen gibt es?
- Wer hat öfter, wer weniger Kontakt mit wem (formell/offiziell und informell/inoffiziell)?

Untersuchung und Optimierung von Konfliktlösungen

Einzelaufgaben der Organe
- Auf welchen Prinzipien beruht die Arbeitsteilung und Aufgabenzuweisung (fachlich, spezialisiert, taylorisiert - ganzheitlich integriert)?
- Stehen Aufgaben, Kompetenzen, Verantwortung, Gehalt in einem ausgewogenem Verhältnis?
- Wie viel Planung, Kontrolle, Gestaltungsmöglichkeiten lässt die eigene Funktion zu?
- Welche gegenseitigen oder einseitigen Abhängigkeiten resultieren aus der Aufgaben- und Kompetenzenverteilung?
- Wie werden Arbeits-, Aufgaben- und Kompetenzenverteilung akzeptiert?

Organisationsstruktur und „Betriebsphilosophie"

Prozesse, Abläufe
- Wie sind Funktionen/Aufgaben aufeinander abgestimmt?
- Gibt es Engpässe, Schwachstellen, Umwege, Verzögerungen im Ablauf?
- Sind die Abläufe an Arbeitszielen ausgerichtet?
- Sind die Abläufe an Unternehmenspolitik, Strategien, Strukturkonzepten ausgerichtet?

Organisationsanalyse

Aufgaben-, Ablaufanalyse

Materielle Ressourcen
- Wie menschengerecht sind eingesetzte Mittel, Maschinen, Technologien?
- Wie zweckmäßig/unzweckmäßig sind sie?
- Wie viel Zeit steht wem für die Aufgabenerfüllung zur Verfügung?
- Arbeitszeitflexibilität: Welche Gestaltungsspielräume für individuelle Arbeitszeitwünsche stehen wem, wann zur Verfügung?

Ressourceneinsatz

Organisatorische Anpassungen an Umfeldveränderungen als Konfliktquelle
- Welches Konfliktpotential resultiert für wen aus geplanten oder in Angriff genommenen Veränderungen der Organisation?

Abb. 36: Checkliste 7: Organisation als Konfliktquelle (vgl. Glasl 1990: 116–119)

Hinweise

Konflikte in Organisationen entstehen nicht nur in mikrosystemischen Beziehungskontexten. Sie werden, wie im vorausgegangenen Kapitel bereits aufgezeigt, auch von dem umfassenden organisatorischen Gesamtrahmen beeinflusst. Die Konfliktparteien „nehmen darin eine Position ein, die ihre gegenseitigen Beziehungen in vielerlei Hinsicht beeinflusst" (Glasl 1990:112). Eine Klärung des Konfliktpotenzials einer Organisation ist vor allem mit Blick auf die Konfliktvorbeugung von Interesse (vgl. S. 77 ff.).

> ***ad. Identität einer Organisation:***

Identität einer Organisation

Probleme mit der Identität einer Organisation können sich in vielfältigen Konflikten spiegeln: „Ein Sinnvakuum führt zu Streitigkeiten über Aufgaben und Kompetenzen oder über Prozeduren. Widersprüche zwischen der Gesamtidentität und der Teilidentität kleinerer Organisationseinheiten kann (sic) in langwierigen Strategie-Diskussionen und in Machtkämpfen sichtbar werden. In einem organisatorischen Ganzen kann ... das Symptom an einer ganz anderen Stelle auftreten" (Glasl 1990:117).

> ***ad. Formelle/informelle Positionen und Beziehungen in einer Organisation:***

Muster der Konfliktbewältigung

Zu unterscheiden sind formelle und informelle Positionen und Beziehungen. Formell sind Positionen und Beziehungen dann, „wenn sie durch Konstitution, Statuten, Geschäftsordnung, Organigramm und andere Normen ausdrücklich geregelt sind; daneben können sie auch informeller Art sein und von den formellen Vorschriften wesentlich abweichen" (Glasl 1990:112). Informelle Beziehungen und Beziehungsmuster – zu denen meist auch die Muster der Konfliktbewältigung zu rechnen sind – entwickeln sich ohne ausdrückliche institutionelle Vorgaben spontan. Sie bilden über die Zeit jedoch wiederkehrende und gefestigte Verhaltens- und Beziehungsmuster, denen ein „Rollenvertrag" zugrunde liegt (Harrison 1971). „Darunter sind die gegenseitigen Rollenerwartungen, die gewünschten Verhaltensweisen, die Konditionen und Sanktionen für die Einhaltung dieser Rollenverträge zu verstehen, die alle mehr oder weniger zwingend wirken können" (Glasl 1990:112).

Rollenvertrag

Beachten Sie daher vor allem:
- ❐ Welche Beziehungsmuster (Rollenverträge) sind zu erkennen?
- ❐ Welche wechselseitigen, hypnotischen Fokussierungseinladungen gehen damit einher? (z.B. Vorgesetzter: brüllender Büffel – Mitarbeiter/innen: ängstliches Häschen).

Fokussierungseinladung

- ❐ Wie lautet die „implizite Vertragsformel"? Sie enthält die unausgesprochenen, gegenseitigen Erwartungen auf ‚Leistungen und Gegenleistungen". Was macht X, wenn Y das tut/nicht tut (Sanktionen?). Welche Auswirkungen hat es bzw. werden befürchtet?, z.B. wenn der stellvertretende Leiter einer Einrichtung seine Aufgabe nicht wahrnimmt, wer von den Mitarbeiter/innen tut dies dann? Welche Auswirkungen hat dies auf die Beziehungen (zu den Kolleg/innen, zum Vorgesetzten)?

Implizite Vertragsformel

- ❐ Welche Sanktionen setzen die Parteien ein, um das Verhalten zu bewirken, das ihren Erwartungen entspricht? (z.B. Informationen werden nicht weitergegeben, ein Partei wird ignoriert, ausgelacht, verspottet).
- ❐ Was haben die Parteien/Betroffenen bislang unternommen, um Beziehungsmuster und Rollenverträge zu ändern, zu durchbrechen?
- ❐ Mit welchen Auswirkungen? Wie reagierte die Gegenpartei?

Beziehungsmuster und Rollenverträge

Untersuchung und Optimierung von Konfliktlösungen

⇨ *ad. Anpassungen an Umfeldveränderungen als Konfliktquelle:*
Geplante oder in Angriff genommene Veränderungen stehen oft im Zusammenhang mit Entwicklungen im weiteren Umfeld einer Organisation: zunehmende Konkurrenz, veränderte Kund/innenanforderungen, rückgehende Absatzchancen, verschärfter Wettbewerb, erhöhte Anforderungen an Produktqualität und Servicequalität, technische Neuerungen, Sparmaßnahmen von Seiten der Kommunen/Länder/Bund usw.

Konkurrenz, Wettbewerb, Anforderungen, Sparmaßnahmen

Jüngere Beispiele für mögliche Konfliktquellen, die aus Veränderungen des Umfelds oder durch neue Gesetze resultieren, sind u.a.: Umstrukturierungen der Betriebe, Reengineering, Lean-Management: Frühberentung, Abbau von Führungsebenen, Statusverlust, Verlust von Statussymbolen, oder auch die Pflegeversicherung für den Betreuungsbereich und das neue Kinder- und Jugendhilfegesetz (KJHG) für die Einrichtungen der Kinder- und Jugendarbeit.

Nicht zu vergessen die finanziellen Engpässe bei öffentlichen und freien Trägern sozialer Einrichtungen mit ihren einschneidenden Folgen der reduzierten Zuschussmittel, des zunehmenden Ressourcendrucks und wachsenden Wettbewerbs mit privaten Dienstleistungsanbietern.

Checkliste 8: Bilanzierung der Kosten bisheriger Bewältigungsstrategien

- Welche Bedrohungen/Einbußen/Verluste/Beeinträchtigungen: vergeudete Zeit, wirtschaftliche/materielle Verluste, nervliche Belastungen, verpasste Chancen, Prestigeverlust sind mit
- welchen auf die Konfliktbewältigung bezogenen Verhaltensweisen/Verfahren/Strategien verbunden?
- Wer ist am meisten/am wenigsten davon betroffen?
- Wer profitiert wie davon?
- Wie zufrieden/unzufrieden sind die Konfliktparteien mit den auf diese Weise erzielten Ergebnissen?
- Welche Konfliktpartei ist aus welchen Gründen zufriedener/unzufriedener?
- Welche Auswirkungen haben die praktizierten Verfahren der Konfliktlösung auf die Beziehungen zur Gegenpartei? Welche auf andere Bereiche/Subsysteme in der Organisation?
- Bei wem, wo sind die Auswirkungen am größten/ am geringsten?
- Wie häufig flammen dieselben Konflikte wieder neu auf, wenn sie auf die geschilderte Weise angegangen werden?
- Welche der beschriebenen Strategien/Verhaltensweisen/Verfahren sind mit höheren, welche mit geringeren Kosten verbunden?
- Welche Strategien/Verhaltensweisen/Verfahren führen eher zu einer Kostenerhöhung, welche eher zu einer Kostensenkung?

Bedrohungen, Belastungen, Verluste

Zufriedenheit/ Unzufriedenheit mit den Ergebnissen

Auswirkungen

Kosten

Abb. 37: Checkliste 8: Bilanzierung der Kosten bisheriger Bewältigungsstrategien

MANAGEMENT
Untersuchung und Optimierung von Konfliktlösungen

Hinweise

Bilanzierung der Kosten ⇨ Indem sich die Beteiligten mit der Bilanzierung der Kosten für die bislang bevorzugte Art ihrer Konfliktbewältigung beschäftigen, können sie zugleich dazu angeregt werden, ihren Blick auf die Frage nach der Zieldienlichkeit der praktizierten Strategien zu richten.

Checkliste 9: Zusammenhänge zwischen Ressourcen und Art der Konfliktbewältigung

Ideell-kulturelle Ressourcen

Welche Verfahren/ Strategien gibt es?
- Stehen in der Beziehung/Organisation bereits Verfahren/Strategien der Konfliktbewältigung zur Verfügung?
- Inwieweit berücksichtigen diese die Interessen aller Beteiligten?

Wer kennt und nutzt sie?
- Von wem werden diese Verfahren, in welchen Konfliktfällen, mit welchem Erfolg, mit welchen Auswirkungen genutzt/von wem nicht?
- Sind diese Verfahren den Beteiligten ausreichend bekannt?
- Von wem werden sie akzeptiert/nicht akzeptiert? Was sind die Gründe?
- Behindern unklare, widersprüchliche Normen, Gesetze, Regeln oder mangelnde Informationen zu dem Problem die Nutzung dieser Strategie?
- Welche Rolle für die praktizierte Form der Konfliktlösung spielen Entscheidungsprozesse in der Organisation (z.B. zentralistische Strategien)?

Verhalten der Vorgesetzten
- Welche Umgangsweisen mit Konflikten werden von Vorgesetzten, von Kollegen/innen gelobt, unterstützt/bestraft, nicht unterstützt/blockiert (formelles/informelles Lob)?
- Nach welchen Kriterien und über welche Verfahren werden Schlüsselpositionen besetzt?
- Spielt das Kriterium „Kommunikations- und Konfliktfähigkeit" bei der Auswahl von Führungspersonal eher eine geringe/eine große Rolle?
- Sind die bei der Personalauswahl eingesetzten Verfahren geeignet, Kommunikations- und Konfliktfähigkeit zu überprüfen?

Rolle der Unternehmenskultur
- Spielen Kommunikations- und Konfliktfähigkeit im Rahmen von Fort- und Weiterbildungsmaßnahmen eine Rolle? Für welche Personen/Gruppen?
- Inwiefern behindert/fördert die gelebte Unternehmenskultur (Normen, Sitten, Gebräuche) tragfähige, kostengünstige Konfliktlösungen?

Untersuchung und Optimierung von Konfliktlösungen

Persönliche Ressourcen – Kenntnisse – Fähigkeiten – Motivation
- Wissen die Beteiligten, welche Strategien für welche Konfliktfälle, wann zur Verfügung stehen?
- Können sie beurteilen, welche Erwartungen diese Strategien an sie stellen?
- Können sie die Strategien so anwenden, dass sie zu einer positiven Lösung gelangen?
- Sind die Parteien/Personen mit der interessenorientierten Verhandlung vertraut?
- Wie gut können sie einander zuhören und nach kreativen Lösungen suchen?
- Lohnt es sich aus der Sicht der Parteien, auf solche Strategien zurückzugreifen?
- Welche unternehmenskulturellen Botschaften fördern/behindern interessenorientierte Lösungsstrategien?
- Welche Erfahrungen haben Mitarbeiter/innen, Vorgesetzte mit solchen Strategien gemacht? Wie zufrieden waren sie damit? Welche Konsequenzen haben sie daraus gezogen?

Kenntnisse, Kompetenzen und Erfahrungen im Umgang mit Lösungsstrategien

Soziale Ressourcen
- Gibt es Personen, die (in oder außerhalb der Einrichtung/des Unternehmens) von den Konfliktparteien um Unterstützung gebeten werden können?
- Von wem werden sie mit welchem Erfolg um Hilfe gebeten/von wem nicht? Was sind die Gründe hierfür?

Soziale und materielle Unterstützung

Materiell-zeitliche Ressourcen
- Reichen Geld- und/oder Sachmittel für die zu bewältigenden Aufgaben aus?
- Welche Rolle spielt der Mangel an Geld und Sachmitteln bei welchen Konfliktfällen?
- Welche Rolle spielen Zeit/zeitliche Ressourcen?

Abb. 38: Checkliste 9: Zusammenhänge zwischen Ressourcen und Art der Konfliktbewältigung

Hinweise

Bei diesen Fragen geht es vor allem um die Klärung
- von Zusammenhängen zwischen Ressourcen und der gewählten Art der Konfliktbewältigung;
- ob die nötigen Ressourcen für eine tragfähige Konfliktlösung in ausreichendem Maß zur Verfügung stehen.

Hinweise für die Interventionsplanung

Die Ressourcenklärung gibt nützliche Hinweise für die Interventionsplanung, vor allem für die Konstruktion von Lösungsschritten.

⇨ ad. Ideell-kulturelle Ressourcen

In einem Beziehungssystem (Team, Gruppen, Organisation) können für bestimmte Konfliktfälle etablierte, institutionalisierte Strategien und Verfahren der Konfliktlösung vorhanden sein. Diese können

Institutionalisierte Strategien und Verfahren

- auf Gewohnheit beruhen („es war schon immer so");
- formell von einer größeren Gruppe vorgegeben sein (Gerichte, Gesetze, Vorschriften);
- zwischen den Parteien vereinbart worden sein (Schlichtungsverfahren);
- von einer Seite zur Verfügung gestellt werden (Beschwerdeweg für Kund/innen).

Lösungsstrategien werden unterlaufen

Daher ist es sinnvoll zu fragen, für welche Konfliktfälle bereits Verfahren zur Verfügung stehen, ob sie genutzt bzw. auch warum sie nicht in Anspruch genommen werden. Selbst wenn lösungsförderliche Bewältigungsstrategien zur Verfügung stehen, werden sie oft deshalb nicht angewandt, weil Hindernisse im organisatorischen Umfeld sie unterlaufen. Z.B. wird eine Führungskraft/eine Gruppenvertreterin nicht für das Aushandeln von Lösungen sondern

Was signalisiert die Unternehmenskultur?

- für ihre Durchsetzungsfähigkeit gelobt. Die Unternehmenskultur „nährt" die „Macher", wenn signalisiert wird, „wer sich durchsetzt, dem gebührt Respekt, nur Weichlinge verhandeln";
- für „das sich heraushalten", „das sich zurückhalten" belohnt. Die Unternehmenskultur „nährt" die „Unterlasser", fördert Scheinharmonie, Konfrontationen werden vermieden.

⇨ ad. Persönliche Ressourcen

Fähigkeiten zur Konfliktlösung

Auf der Basis einer Einschätzung von Sachkenntnis und Fähigkeiten zur Konfliktbewältigung (Wissen und Können der Beteiligten) kann über Fort- und Weiterbildungsmaßnahmen bzw. geeignete Maßnahmen der Personalentwicklung entschieden werden. Insbesondere Schlüsselpersonen, deren Verhalten häufig zu Konflikten führt, sollten hinsichtlich ihres Wissens und ihrer Fähigkeiten zur Konfliktlösung beurteilt werden. In solchen Fällen stellt sich eventuell die Frage, ob vorhandene Kenntnisse und Fähigkeiten weiterentwickelt, oder ob diese Personen besser ersetzt werden sollten. Konsequenzen ergeben sich auch für eine entsprechende Beurteilung und Personalauswahl im Vorfeld: z.B. vor der Auswahl eines Projektleiters oder einer Teamleiterin sollten nicht nur deren fachliche Qualifikation sondern auch ihre Kommunikations- und Konfliktbewältigungsfähigkeiten überprüft werden.

Beurteilung und Personalauswahl

Auf die Motivation der Beteiligten blickend, ist zu beachten: Selbst wenn interessengeleitete Verhandlungsstrategien zur Verfügung stehen, ausreichendes Wissen und Fähigkeiten vorhanden sind, müssen sie noch lange nicht genutzt werden. Den Konfliktparteien kann die nötige Motivation zum Verhandeln fehlen. Und dies kann – wie bereits gezeigt (vgl. S. 94 ff.) – mit Blick auf das Umfeld – durchaus angemessen sein. Angst vor Folgen oder fehlendes Vertrauen können eine Partei davon abhalten, auf Interessen basierende Strategien zu benutzen.

Motivation zum Verhandeln

⇨ *ad. Soziale Ressourcen*
Die Anwendung interessenorientierter Verhandlungsstrategien kann auch durch einen Mangel an sozialem Support scheitern. Fachleute, Vermittler/innen, auf deren Unterstützung man in kritischen Situationen zurückgreifen kann, Beauftrage, die die Einhaltung von Verfahrensregeln überwachen, können hier eine wichtige Hilfe sein. Dies gilt vor allem auch dann, wenn Verfahren relativ neu eingeführt, noch nicht so bekannt sind und noch wenig Akzeptanz haben.

Mangel an sozialem Support

⇨ *ad. Materiell-zeitliche Ressourcen*
Ein Mangel an Geld, Budget oder Sachmitteln kann eine effektivere Konfliktlösung behindern. Das ist unmittelbar einsichtig. In vielen Fällen mangelt es jedoch auch an Zeit. Die möglichen Folgen eines solchen Mangels werden von dem amerikanischen Schriftsteller Charles Bukowski sehr drastisch ausgedrückt, wenn er schreibt: „Es sind nicht die grossen Dinge, die Menschen ins Irrenhaus bringen… nein, es ist die Serie kleiner Tragödien, die Menschen ins Irrenhaus bringen… nicht der Tod seiner Geliebten, sondern ein Schnürsenkel, der reißt, wenn keine Zeit mehr ist…".

Geld, Budget oder Sachmittel

Manchmal ist es mit Konfliktereignissen durchaus ähnlich. Zeitdruck kann in Sekundenschnelle aus einer Mücke einen Elefanten werden lassen. Auch das sollte bei aller Strategiebezogenheit nicht vergessen werden. Manchmal, nicht immer, aber immer öfter, scheitern gute Vorsätze einfach an der Ressource Zeit. Das Alltagsgeschäft drängt. Es gibt viel zu tun. Manches sollte am besten schon gestern erledigt gewesen sein. Und so platzt es einfach aus einem heraus, obwohl man „es" ja nicht wollte, aber „es" passierte und schon ist der Ärger da.

Zeitdruck

Alltagsgeschäft

MANAGEMENT
Untersuchung und Optimierung von Konfliktlösungen

Zu welchen Ergebnissen kommt die Untersuchung des bestehenden Konfliktlösungssystems? Was lässt sich mit diesen Ergebnissen anfangen?

Konfliktanalyse und Verfahrensoptimierung

Konfliktsystem Lösungssystem

Zielerreichung Kostenoptimierung

Prioritätensetzung

Checkliste 10: Untersuchungsergebnisse bündeln, ordnen, gewichten

Gehen Sie folgendermaßen vor:

Bündeln Sie die Ergebnisse, indem Sie festhalten
- welche Konfliktfälle, wie häufig, zwischen welchen Konfliktparteien auftreten;
- wer mit welchen Konfliktfällen wie umgeht;
- von wem bestimmte Verfahren warum bevorzugt eingesetzt werden;
- welche Verfahren unter den gegenwärtigen Bedingungen nicht einsetzbar sind;
- ob ausreichend Ressourcen vorhanden sind, die die Konfliktparteien bei der Konfliktlösung unterstützen können;
- ob Hilfsmittel nötig sind;
- ob beteiligte Personen gefördert, geschult, gecoacht oder ausgewechselt werden sollten.

Ordnen Sie die Informationen danach
- was, nach Aussagen der Beteiligten eher zum konflikterhaltenden System,
- was eher zum Lösungssystem gehört.

Entwickeln Sie Ideen darüber,
- welche Elemente und Elementverbindungen im Konfliktsystem im Sinne der Zieldienlichkeit und einer Kostenoptimierung verändert/ersetzt/ergänzt werden könnten.

Setzen Sie Prioritäten
- Jeder genannte Bereich umfasst eine Menge von Elementen, die sich für eine Musteränderung anbieten. Daher sollten Sie gewichten und Prioritäten setzen.
- Schätzen Sie ein, welche Elemente sich am leichtesten und kostengünstigsten für eine Änderung eignen, welche am wenigsten.

Abb. 39: Checkliste 10: Untersuchungsergebnisse bündeln, ordnen, gewichten

Teil des Problems oder Teil der Lösung

Auf dieser Basis können Sie dann detaillierte, konkrete Lösungsschritte entwickeln und Interventionen planen. Jedermann und Jedefrau kann und muss sich in Konfliktsituationen entscheiden, ob er/sie Teil des Problems bleiben oder Teil der Lösung werden will. Diese Chance nicht abzulehnen oder zu verspielen, sondern als Verantwortung zu begreifen, ist eine wesentliche Voraussetzung und Aufgabe jedes erfolgreichen Konfliktmanagements.

Untersuchung und Optimierung von Konfliktlösungen

2. Schritte zur Einführung und Umsetzung eines effektiven Konfliktlösungssystems

Den soeben genannten Phasen des Konfliktmanagements lassen sich folgende konkrete Schritte zuordnen:

Abb. 40: Phasen und Schritte des Konfliktmanagements

Schritt 1: Konflikte rechtzeitig erkennen

Konflikte entstehen selten aus freien Stücken und über Nacht. Sie können zwar überraschend ausbrechen, haben aber, sieht man nur genauer hin, in den meisten Fällen eine längere Entstehungsgeschichte und Entwicklungsdauer. Viele Konflikte lassen sich schon im relativ frühen Stadium vor ihrem Ausbruch „erahnen" und werden aus vielfältigen Gründen zu lange „unter den Teppich gekehrt". Hier spielen das individuelle Konfliktverhalten der beteiligten Personen, Defizite in der Kommunikation und oftmals eine harmoniesüchtige Gruppenideologie oder Unternehmenskultur eine wichtige Rolle. „Bei uns gibt es keine Konflikte", „wir ziehen alle am gleichen Strang", „wir

Harmoniesüchtige Gruppenideologie

sitzen alle in einem Boot", „wir verfolgen eine gemeinsame Linie" und „können uns aufeinander verlassen!". Wer wird es da schon wagen, bei solchen unternehmenskulturellen Signalsetzungen „auszuscheren"?

Frühwarnsystem

In einem Unternehmen, in einer Einrichtung, in der Konflikte zu haben, Konflikte anzusprechen und auszutragen als schädlich angesehen wird, kann sich ein sensibles, die Probleme und potenziellen Konflikte rechtzeitig aufgreifendes „Frühwarnsystem" nicht oder nur latent entwickeln. Alle werden äußerst bestrebt sein, den Konflikt, so lange es nur irgendwie geht, zu ignorieren. In Drucksituationen, verbunden mit Stress und erhöhter Emotionalität, wird der Ärger dann aus den beteiligten Personen herausbrechen. Dies geschieht dann aber – wie die meisten von uns sicher schon am „eigenen Leib" spüren konnten – oft unkontrolliert und emotional. Negative Folgen, verbunden mit Gefühlen der Verletztheit, sind sehr wahrscheinlich.

Aggressiver Gesprächsstil, hoher Krankenstand, anhaltende Fluktuation

Auf der anderen Seite sind viele Konflikte für die Beteiligten und natürlich erst recht für Außenstehende nicht von vorneherein zu erkennen. Sie deuten sich mit unterschiedlichen Signalen an, die nicht ohne weiteres zu entschlüsseln sind. Ein aggressiver Gesprächsstil zwischen zwei Mitarbeiter/innen z.B. kann Ausdruck einer momentanen Missstimmung sein, aber auch auf einen tieferliegenden Konflikt hindeuten. Ein kontinuierlich hoher Krankenstand oder die anhaltende Fluktuation von Mitarbeiter/innen sind häufiger Ausdruck der Unzufriedenheit vieler Belegschaftsmitglieder, die ihre Ursache in Missständen, in inkompetentem Führungsverhalten, Desorganisation und anderen Konfliktgründen haben können.

In Organisationen, Unternehmen, Einrichtungen vermeiden es die Konfliktbeteiligten oft, ihre Probleme offen miteinander auszutragen. Man möchte die eigene Position nicht gefährden, hat eventuell Angst die Verlierer/in zu sein, weil die Konfliktpartner/in aufgrund ihrer hierarchischen Position mehr Einfluss hat. Oder frau ist sich wohl bewusst, dass sie das „Feld" so schnell nicht verlassen kann oder will und weiterhin mit der anderen „zusammenarbeiten" muss. Konflikte werden daher oft „kalt" ausgetragen.

Lappalien sind keine Konflikte

Andererseits verweist nicht jede Missstimmung, nicht jeder kritische Blick, ein etwas zu barsch geratener Ton, nicht jede Unerfreulichkeit schon auf das Vorhandensein eines Konfliktes. Es kommt nicht nur auf die rechtzeitige, sondern auch auf die richtige, von Verzerrungen freie Wahrnehmung von Konflikten an. Personen, die aus „jeder Mücke einen Elefanten machen", nehmen häufig Konflikte wahr, die keine sind und reagieren ihren Kolleg/innen gegenüber mit einer unangemessenen Schroffheit, mit Misstrauen und Ablehnung. Diese fühlen sich wiederum ungerecht behandelt und reagieren ihrerseits konfliktbetont. Psychoboom und Psychowelle der zurückliegenden Jahre, die sich gerade auch in sozialpädagogischen Arbeitsfeldern breitmachten, ließen manchmal vorschnell hinter jeder hochgezogenen Augenbraue, hinter jedem herabgezogenen Mundwinkel eine Konfliktdynamik erkennen. Man glaubte, diese durch Ausleuchten der letzten Winkel der individuellen Psyche „analysierend" bewusstmachen und damit neutralisieren zu können.

Untersuchung und Optimierung von Konfliktlösungen

Aus falsch interpretierten Wahrnehmungen oder nichtigen Anlässen können durch Fehlverhalten und überzogene subjektive Reaktionen auch Scheinkonflikte entstehen und eskalieren, die schwer unter Kontrolle zu bringen sind. Manches Psycho-Gruppentraining hat hier sicher mehr Konflikte produziert bzw. angeheizt als geschlichtet. Eine so entstehende Konfliktsituation und – eskalation kann erst dann beendet werden, wenn alle Beteiligten „zur Vernunft" kommen und einsehen, dass es sich um einen Scheinkonflikt handelt („viel Lärm um nichts" oder der berühmte „Sturm im Wasserglas"), – aus dem sich allerdings schnell auch ein „handfester" Konflikt entwickeln kann.

Scheinkonflikte aus nichtigen Anlässen

Eine rechtzeitige Wahrnehmung von Konflikten erhöht für die Beteiligten die Chancen einer erfolgreichen Konflikthandhabung und spielt eine Schlüsselrolle im Konfliktprozess. Je früher der Konflikt erkannt und angegangen wird, umso eher können die nötigen Steuerungsmaßnahmen eingeleitet werden. Wird ein Konflikt zu spät erkannt oder gänzlich ignoriert, so ist mit hoher Wahrscheinlichkeit damit zu rechnen, dass sich die Fronten verhärten, der Konflikt eskaliert und eine Konfliktsituation entsteht, die sehr schwer aufzulösen ist. Deswegen ist es wichtig, potenzielle Konfliktfelder schon vor der Konfliktentstehung wahrzunehmen und im Auge zu behalten. Nur so kann es gelingen, die Zeit zwischen der Konfliktentstehung und der Konfliktwahrnehmung möglichst gering zu halten, um schnell und angemessen reagieren zu können.

Rechtzeitige Wahrnehmung von Konflikten

Aufgaben des Konfliktmanagements

Konfliktmanagement wird in neuerer Zeit immer häufiger durch neutrale Dritte wahrgenommen. Dies muss jedoch nicht grundsätzlich der Fall sein. Beteiligte Betroffene, ob Einzelne oder auch Teams, Gruppen können ihre Konflikte oft auch selbst managen und zufriedenstellend handhaben. Sicher setzt dies voraus, dass sie eine Sensibilität für sich anbahnende Konflikte entwickeln und pflegen. Eine besondere Bedeutung kommt gerade in einer solchen Situation den Vorgesetzten bzw. auch den Team- oder Projektleiter/innen zu.

Sensibilität für Konflikte

Wer Konflikte rechtzeitig erkennen und einer produktiven Lösung zuführen will, sollte bestrebt sein, ein günstiges Klima zu schaffen, das
- die Sensibilität für sich anbahnende Konflikte schärft und eine bewusste Konfliktwahrnehmung zulässt;
- eine offene Auseinandersetzung mit bisherigen Formen der Konfliktbewältigung ermöglicht;
- eine Fokussierung konstruktiver Lösungen einfordert.

Diese Aufgabe kann sicher nicht von heute auf morgen geleistet werden. Ihre Umsetzung bedarf eines längeren Zeitraumes und auch darüber hinaus anhaltender Bemühungen. Konflikte lassen sich, wie schon gesagt, nicht ohne weiteres eindeutig als solche erkennen und identifizieren. Im Vorfeld eines Konfliktausbruchs und einer Konflikteskalation gibt es trotzdem viele Hinweise, die sensibel wahrgenommen und auf ihre Konfliktträchtigkeit hin überprüft werden sollten. Wie bereits angesprochen, muss eine solche Sensibilität – im Sinne eines wirksamen „Frühwarnsystems" – auch durch die Unternehmenskultur ermöglicht, gefördert und gepflegt werden.

Überprüfung auf Konfliktträchtigkeit

MANAGEMENT

Untersuchung und Optimierung von Konfliktlösungen

Symptome einer Konfliktspirale

Symptome, die auf Konflikte verweisen

Die Kommunikationsbeziehungen zwischen den Beteiligten verschlechtern sich, daher
- werden Entscheidungen oft aufgrund falscher oder unvollständiger Informationen getroffen,
- weiß man zunehmend weniger über die anderen,
- entwickeln sich häufig unterschiedliche Ansichten über anstehende Probleme,
- erhöht sich die Eifersucht zwischen Personen und/oder Gruppen,
- nehmen die kleinen Sticheleien und Feindseligkeiten zu.
- Die Kommunikation wird steifer und förmlicher.
- Man streitet sich öfter über Kleinigkeiten auf Nebenkriegsschauplätzen.
- Beim Problemlösen sucht man nach dem Schuldigen statt nach der Lösung.
- Geringfügige Probleme werden zur Entscheidung nach oben bzw. an Dritte geleitet.
- Die Beteiligten berufen sich verstärkt auf Regeln und Anweisungen.
- Die Arbeitsmoral sinkt ab.
- Die Beteiligten zeigen ihre Frustration.
- Die Arbeitseffektivität lässt nach.

Quelle: Czichos 1990:550

Abb: 41: Symptome, die auf Konflikte verweisen

Merkmale des „kalten" Konflikts

Symptome, die auf einen „kalten" Konflikt verweisen

Die Abnahme der Kommunikationsbeziehungen zwischen den Beteiligten hat zur Folge, dass
- Fehlentscheidungen sich häufen, da man zu wenig und unzutreffende Informationen hat;
- immer weniger von den Zielen und Aktivitäten der anderen weiß;
- unterschiedliche Wege einschlägt, auch wenn es um gemeinsame Aufgaben geht.

Eifersüchteleien und Feindseligkeiten zwischen den Beteiligten nehmen zu, die persönlichen Beziehungen versteifen. Das hat zur Folge, dass

Formalitäten, Feindseligkeiten

- man sich auf die notwendigen Formalitäten beschränkt;
- argumentiert, wenn man sich unterhalten sollte;
- nicht auf die sachlichen Probleme fokussiert, sondern darauf, wie man der Gegenpartei „eins auswischen" kann.

Die Eskalation bei Entscheidungen hat zur Folge, dass man
- den Vorgesetzten für Entscheidungen heranzieht, die man selbst treffen könnte.
- sich und seine Koalitionspartner/innen verteidigt.

Untersuchung und Optimierung von Konfliktlösungen

> Bürokratisierung, Formalisierung und Reglementierung nehmen zu:
> - Vorschriften, Anweisungen und Regeln gewinnen an Bedeutung und Gewicht;
> - alle sollen sich daran halten, damit der „brüchige" Friede nicht gefährdet wird.
>
> Moral und Motivation halten sich auf einem niedrigen Level.
> - Beteiligte und „Zuschauer" sind frustriert.
> - Sie werden bzw. sind ineffizient in der Arbeit.
>
> Quelle: Czichos 1990:551

Bürokratisierung, Reglementierung

Frustration, Ineffizienz

Abb. 42: Symptome, die auf einen „kalten" Konflikt verweisen

Schritt 2: Ausgangssituation und Auftragskontext klären

Ausgangssituation

Wenn sich in einem Team, in einer Einrichtung, einem Unternehmen der Wunsch breit macht, bisherige Formen der Konfliktbewältigung unter die Lupe zu nehmen und sie gegebenenfalls durch effektivere zu ersetzen, so hat dies, überspitzt gesehen, oft zwei Hintergründe (vgl. auch Ury/Brett/Goldberg 1991:90):
- Krisensituationen, die reaktive Anpassungen nach sich ziehen oder
- Innovative Auseinandersetzungen mit neuen Herausforderungen.

Krisensituation

In den meisten Fällen ziehen Menschen und Organisationen ein Überdenken und eine Veränderung ihres Konfliktlösungssystems erst dann in Betracht, wenn „der Karren verfahren ist". Erst dann wird bemerkt, dass man sich schon tief in die „Sackgasse" hineinmanövriert hat. Streitereien kosten viel Zeit und Geld, die Arbeitsergebnisse sind unbefriedigend, die Beziehung ist belastet und dieselben Konflikte flammen immer wieder neu auf (ebd.:91). Nicht immer sind solche Zuspitzungen rein interne Produkte. Sie stehen sehr oft im Zusammenhang mit Veränderungen im Umfeld (z.B. einer Bedrohung bzw. Reduzierung von Ressourcen), auf die man nicht rechtzeitig und angemessen reagiert hat:

Streitereien kosten Zeit und Geld

Kommunen oder freie Träger von Einrichtungen kürzen die Mittel,
- traditionelle Zielgruppen einer Familienbildungsstätte bleiben weg,
- Jugendbehörden verzichten aus finanziellen und/oder pädagogischen Gründen immer häufiger darauf, Kinder/Jugendliche in ein Heim einzuweisen.

Doch selbst in solchen Krisensituationen scheut man sich oft, das bisherige Vorgehen grundsätzlich zu überdenken und zu erneuern. Man tendiert eher zu überhasteten Maßnahmen und Entscheidungen, zu sogenannten Schnell-

Schnellschüsse

schüssen, mit denen man hofft, das Problem sofort und dauerhaft beseitigen zu können. Man/frau möchte den Status quo der Beziehung, der Organisation nicht grundsätzlich ändern und erhofft sich schnelle Hilfe durch isolierte Einzelmaßnahmen: z.B. Schulung einer lästigen Mitarbeiter/in, Training eines zerstrittenen Teams.

Sofern in einer solchen Situation eine (interne/externe) Drittpartei herangezogen wird, ist dementsprechend der Auftrag auch sehr eingeengt. Eine Gelegenheit, den Auftrag zu erweitern und das System wirkungsvoller zu verändern, bietet sich meist erst dann, wenn die Berater/in an Glaubwürdigkeit und an Akzeptanz gewonnen hat, und die Parteien ihr Vertrauen entgegenbringen.

Innovation – vorausschauende Auseinandersetzung mit neuen Herausforderungen und aktive Gestaltung von Veränderungsprozessen

Veränderungen rechtzeitig antizipieren

Veränderungen resultieren nicht immer aus einer Krise. In allzu wenigen Fällen werden Entwicklungen im Umfeld der Organisation, die zu Problemen oder notwendigen Veränderungen führen könnten, von „wachen", kreativen Führungskräften (Mitarbeiter/innen) rechtzeitig antizipiert. Dadurch werden Zeit und Möglichkeiten gewonnen, sich selbst, das eigene Unternehmen und seine Mitarbeiter/innen rechtzeitig, kreativ und aktiv auf die anstehenden Entwicklungen vorzubereiten. Häufig werden Insider von den Unternehmens–/Organisationsleitungen damit betraut, die notwendigen Veränderungen vorzunehmen. Zunehmend geschieht dies aber auch in Kooperation mit externen Konfliktberater/innen. Deren Aufgabe und Engagement werden erleichtert, wenn der Auftrag klar, die Zielsetzung präzise ist und die Beteiligten in etwa wissen, was sie möchten, bzw. nicht wollen.

Auftragsklärung

Konflikt bewusst machen und akzeptieren

Die Konfliktdefinition (Benennung) kann beginnen, wenn einige der am Konflikt beteiligten Personen oder auch einflussreiche „Zuschauer", (z.B. Vorgesetzte), sich des Konflikts bewusst werden und ihn „akzeptieren". Dies ist allerdings meist erst der Fall, wenn der Konflikt so festgefahren bzw. eskaliert ist, dass die Konfliktparteien einsehen, dass sie nicht mehr in der Lage (bzw. willens) sind, den Konflikt selbst zu lösen und die Konflikthandhabung an eine neutrale Partei delegieren.

In dieser Situation kommt es darauf an,
- ❑ den Konfliktgegenstand und die Konfliktsymptome herauszufinden;
- ❑ herauszufinden, wer die Konfliktparteien sind, welche Erwartungen im Hinblick auf eine Konfliktlösung sie haben;
- ❑ zu klären, ob Konfliktparteien (einzelne, Teams, Gruppen) selbst gezielte Lösungsanstrengungen unternehmen wollen oder sollen (per „Druck", „Verordnung" durch die Vorgesetzen);
- ❑ zu klären, ob eine „neutrale" Drittpartei (evtl. Vorgesetzte, Berater/in) herangezogen werden soll.

Aufgaben des Konfliktmanagements

Nehmen Sie Kontakt mit allen Beteiligten auf!

Für die Konfliktberater/in kommt es in der Startphase vor allem darauf an,
- die Sicht der verschiedenen Parteien kennenzulernen,
- die Bereitschaft zur Mitarbeit zu klären,
- ihr Rollenverständnis offenzulegen (in welcher Rolle sie sich sieht/nicht sieht),
- ihre Arbeitsweise und ethische Position darzulegen,
- von allen Beteiligten Parteien in der vorgesehenen Rolle akzeptiert zu werden.

Startphase ist wichtig

Die Konfliktberater/in muss sich um die Interessen aller Beteiligten gleichermaßen bemühen, darf nicht einseitig Partei ergreifen, eine Seite bevorzugen oder eine feste Meinung über richtige oder vermeintlich falsche Positionen haben. „Mit allen Beteiligen fast gleichzeitig Kontakt aufzunehmen, kann sehr wichtig sein; denn wenn in einem Konflikt eine Seite glaubt, dass der Systemdesigner der anderen nähersteht, ist seine Glaubwürdigkeit gefährdet" (Ury/Brett/Goldberg 1991:93).

Nicht einseitig Partei ergreifen

Sollte zu Beginn eine persönliche Kontaktaufnahme nicht möglich sein, so kann dies auch per Telefon oder schriftlich geschehen. „Es ist gerade zu Beginn der Konfliktbehandlung wichtig, dass die Arbeit am Konflikt nicht mit der Taktik der Kontaktweigerung vereitelt wird" (Glasl 1990: 415). Eine einseitige Kontaktverweigerung kann „ein eminentes Machtmittel sein, mit welchem die Beziehungen zwischen den Konfliktparteien einseitig und asymmetrisch werden. In der Art der Kontaktnahme zur Drittpartei offenbart sich dies möglicherweise" (ebd.).

Kontaktverweigerung

Klären Sie die Ausgangssituation und den Auftragskontext!

Wird die Konfliktberater/in z.B. von der Einrichtungs-/Geschäftsleitung beauftragt, so heißt das noch lange nicht, dass auch die Mitarbeiter/innen dem zustimmen. Sie können eine Konfliktberatung mit ihren unkalkulierbaren Folgen als eine ihnen aufgezwungene Maßnahme definieren und das Vorhaben boykottieren. Aus systemisch-konstruktivistischer Sicht ist es wichtig abzuklären, welche Bedeutung die in das Konfliktgeschehen einbezogenen Personen/Parteien (wie auch die auftraggebende Partei) der Initiative „Konfliktberatung" geben und welche Schlussfolgerungen sie daraus ziehen. Beides bestimmt mit darüber, was und wieviel von der Konfliktberatung angenommen und umgesetzt wird. Wichtig ist daher für die (interne wie externe) Konfliktberaterin, die Ausgangssituation, den Auftragskontext und die Auftragsdynamik differenziert abzuklären.

Auftragskontext und Auftragsdynamik

Checkliste 11: Leitfragen zur Auftragsvergabe und Auftragsannahme

Klärungsbedarf bei Auftragserteilung und -annahme
- Wer ist Auftraggeber/in?
- Wie kam es zu dem Auftrag? Was ist seine Vorgeschichte? Was sind die Gründe und Anlässe?
- Wie lautet der Auftrag konkret? Was wird als Aufgabe definiert?
- Ist es ein schon lange andauernder oder neuer Zustand, der verändert werden soll?
- In welchem Zusammenhang steht der Auftrag mit den Unternehmenszielen und -werten?
- Welche Erwartungen hat der/die Auftraggeber/in an den/die Berater/in?
- Wer ist von Anfang an betroffen?
- Wer sind die anderen Beteiligten (Konfliktparteien)?
- Wie stehen diese zu dem Vorhaben? Welche Erwartungen verbinden sie damit?
- Was sind die Zielvorstellungen und Erwartungen der Beteiligten?
- Wie sehen der/die Auftraggeber/in bzw. die Betroffenen das gewünschte Ergebnis?
- Inwieweit ist der/die Auftraggeber/in Teil des Problems?

Chancen, Gefahren, Konsequenzen, Auswirkungen
- Welche Chancen/welche Gefährdungen gehen von dem Auftrag für wen aus?
- Welche beziehungsgestaltenden Auswirkungen sind von der Maßnahme zu erwarten?
- Führt die Maßnahme zu einer Veränderung des Kräftefeldes?
- Was wurde bislang unternommen, um den Zustand zu verändern?
- Welche Konsequenzen, Auswirkungen hatte dies?
- Was behindert eine Lösung aus eigener Kraft?
- Welche fachlich-sachlichen Kompetenzen sind für eine Lösung des Problems erforderlich?
- Inwieweit stehen diese Kompetenzen intern/extern zur Verfügung?
- Welcher Zeitraum steht für die Bearbeitung des Auftrags zu Verfügung?

Kompetenzen, Ressourcen, Erwartungen
- Welche finanziellen Mittel/organisatorische Ressourcen stehen zur Verfügung?
- Gibt es unterschiedliche Meinungen/Erwartungen zwischen dem/der Auftraggeber/in und den anderen Beteiligten?
- Welche Auswirkungen hätten solche Unterschiede auf den Umgang mit den Problemen, auf die Beziehungen untereinander, auf die Beziehungen zur beratenden Drittpartei?

Abb. 43: Checkliste 11: Leitfragen zur Auftragsvergabe und Auftragsannahme

Auf der Basis dieser Überlegungen und Antworten kann auch entschieden werden, ob ein Auftrag eher von einer internen oder externen Berater/in übernommen und ausgeführt werden sollte (vergl. Rückle 1991:6).

Untersuchung und Optimierung von Konfliktlösungen

Klären Sie Ihr Rollenverständnis als Konfliktberater/in!

Das Rollenverständnis der (internen oder externen) Konfliktberater/in resultiert aus ihrem Auftrag bzw. aus der von ihr wahrgenommenen Aufgabenstellung. Die eigenen Werte, Normen, Vorerfahrungen, ihre/seine Interessen, Fähigkeiten, Kenntnisse und Fertigkeiten fungieren als Filter seiner/ihrer Wahrnehmung. Im Prozess der Konfliktberatung kann die Berater/in unterschiedliche, sich ergänzende, z.T. überschneidende Rollen wahrnehmen: Expert/in, Schlichter/in, Moderator/in, Unterhändler/in, Trainer/in, Coach, Modell, Wanderprediger/in. Die Wahl der Rolle hängt von der Aufgabenstellung ab, die sich in einer konkreten Situation ergibt. Die Schwerpunkte werden sich im Verlaufe des Prozesses immer wieder ändern. Die Berater/in muss sensibel die Anforderungen der jeweiligen Situation wahrnehmen und die Aufgaben auch im Sinne der Beteiligten erfassen.

Unterschiedliche z.T. überschneidende Rollen

Rollen der Konfliktberater/in

Experte/in
- wenn er/sie das bestehende System analysiert und mögliche Alternativen anbietet

Alternativen anbieten

Schlichter/in
- wenn er/sie sich bemüht, Vereinbarungen zu Systemänderungen zu erzielen

Vereinbarungen erzielen

Vermittler/in, Mediator/in
- wenn er/sie mit den Konfliktparteien verhandelt, um sie von der Annahme der Veränderungsvorschläge zu überzeugen

Einsichten fördern

Moderator/in, Koordinator/in
- wenn er/sie die Streitparteien dabei unterstützt, neue Lösungen und Verfahren nach ihren Vorstellungen zu entwickeln

Lösungen entwickeln

Wissensvermittler/in, Trainer/in
- wenn er/sie den Konfliktparteien hilft, ihr Wissen über Möglichkeiten der Konfliktlösung zu erweitern, Fähigkeiten und Fertigkeiten zu entwickeln

Wissen erweitern

Coach
- wenn er/sie Hinweise, Klärungshilfen gibt, Motivation klärt, Ziele herausarbeitet, Feedback und Unterstützung anbietet

Unterstützung anbieten

Modell, Vorbild
- wenn er/sie das praktiziert, was er/sie propagiert

Authentisch sein

Prozessbegleiter/in
- wenn er/sie über einen längeren Zeitraum die Konfliktparteien anregt, effektivere Lösungswege zu entwickeln und umzusetzen und sie dabei unterstützt

Prozesse begleiten

Wanderprediger/in, Missionar/in
- wenn er/sie mit Überzeugung und Engagement sich für die Verbreitung des neuen Konzepts, Modells, Systems einsetzt

Engagement zeigen

Quelle: vgl. Ury/Brett/Goldberg 1991: 97f.; Glasl 1990: 360ff.

Abb. 44: Rollen der Konfliktberater/in

Erstellung eines (vorläufigen) Plans auf der Basis erster Kontakt- und Klärungsgespräche

Checkliste 12: Planung des Vorgehens nach Auftragsklärung

Auftrag, Konfliktart, Konfliktparteien
- Wie lautet der Auftrag?
- Welche Teilaufgaben enthält er?
- Wer ist der/die (formelle/informelle) Auftraggeber/in?
- Art und Ausmaß des Konfliktes?
- Welche Parteien müssen/sollen aktiv in die Konfliktbehandlung eingebunden werden?
- In welcher Form sollen/können sie eingebunden werden?
- Spielregeln/Verfahrensweisen?

Spielregeln, Rollenverteilung
- Rollenbeschreibung der Drittpartei?
- Unter welchen Bedingungen soll/kann/will die Drittpartei intervenieren?
- Schutzgarantien für die Konfliktparteien (Berufungs-, Beschwerdewege)?

Rahmenbedingungen
- Zeitliche Gestaltung und Begrenzung?
- Wann, in welcher Form, mit wem sollen Verlauf und Ergebnisse überprüft werden?

Planung, Gestaltung, Begrenzung
- Erstellung eines Grobplans für Sofortmaßnahmen.
- Erstellung eines speziellen Plans für den nächsten Schritt.

Abb. 45: Checkliste 12: Planung des Vorgehens nach der Auftragsklärung

Schritt 3: Konfliktlösungen untersuchen und optimieren

Entwicklung zieldienlicher Lösungsstrategien

Die Untersuchung und Klärung des bestehenden Konfliktlösungssystems sowie die Entwicklung zieldienlicher Lösungsstrategien sind Schritte, die gewissermaßen parallel in Angriff genommen werden müssen. Die Gründe hierfür wurden weiter oben (vgl. S. 185) bereits genannt. Die Aufgaben der Konfliktberatung sind folgende:

Aufgaben des Konfliktmanagements

Binden Sie die Konfliktparteien aktiv ein!

Betroffene zu Beteiligten machen

Schaffen Sie Möglichkeiten und suchen Sie nach Wegen, wie die Konfliktparteien an der Konfliktlösung beteiligt werden können. Machen Sie Betroffene zu Beteiligten!

Untersuchung und Optimierung von Konfliktlösungen

Sicht der Beteiligten

In welcher Position auch immer Sie sich als Konfliktberater/in betätigen, unerlässlich ist eine enge Kooperation mit den Konfliktparteien. Mit ihren Erfahrungen, ihrem Wissen, ihren Kenntnissen, ihren Interessen und Vorstellungen spielen sie in jeder Phase eine aktive Rolle. Wie mehrfach gesagt, geht es vor allem darum, wie Beteiligte selbst Konflikte, Konfliktquellen, ihre Elemente und Zusammenhänge sehen und erleben. Die Fragerichtung muss sich daher auf die Wahrnehmung äußerer Realität, wie auch auf die damit verbundenen intrapersonalen Prozesse und Verhaltensreaktionen (Gefühle, Wünsche, Gedanken, Selbstgespräche, Handlungsimpulse, denen man/frau gerne nachgehen möchte, physiologische Reaktionen, Stimme, Körperhaltung und – bewegung, konkrete Aktionen) richten.

„Rekonstruierende" Beschreibung des Konfliktmusters

Bitte beachten Sie: entsprechend dem systemisch-konstruktivistischen Arbeitsmodell geht es hierbei stets um eine „rekonstruierende" Beschreibung des Konfliktmusters/-gewebes aus der Sicht der jeweils Beteiligten. Unser Verhalten wird von den Bildern gesteuert, die wir uns über „die Welt" machen. Ähnlich argumentiert auch Glasl: „Nur wenn die Konfliktinterventionen auf die Punkte eingehen, die erlebnismäßig für die Konfliktparteien im Vordergrund stehen, werden diese zur Mitwirkung an der Konfliktbehandlung bereit sein. Anderfalls widersetzen sie sich, weil nach ihrem Urteil die Dritte Partei an ihren (subjektiv so erlebten!) Kernpunkten vorbeigeht" (1990:59). Mit Blick auf einen neutralen, in das Konfliktgeschehen nicht involvierten Konfliktberater, meint Glasl: „Unser Urteil darüber als Außenstehende ist – zumindest in den ersten Phasen der Konfliktintervention -überhaupt nicht fruchtbar. ... Darum versuchen wir von Orientierungspunkten auszugehen, die nur ein Minimum an Interpretation erfordern und dennoch Anhaltspunkte für allererste Interventionen bieten, vor allem für das Vorgehen bei den ersten diagnostischen Interventionen selbst" (1990:59).

Einbindung der Konfliktparteien

Die Form der Einbindung der Konfliktparteien hängt u.a. ab
- vom Ausmaß des Konfliktes und davon, wer die Konfliktparteien sind
- und von der Komplexität des Konfliktrahmens.

Sie können z.B. zwischen folgenden Varianten – auch in kombinierter Form – wählen:
- Einzelgespräche mit Schlüsselpersonen, Coaching
- Teamberatung/Teamentwicklung (vgl. Brommer 1994)
- Workshop
- Planungsausschuss (vgl. Ury/Brett/Goldberg 1991: 94f.)
- Reisediplomatie (vgl. Ury/Brett/Goldberg 1991: 95f.)
- (Kund/innen-) Foren (vgl. Creusen 1991)

Pendelbewegungen zwischen Konfliktklärung und Lösungsideen

Laden Sie die Beteiligten dazu ein, ihre Aufmerksamkeit zwischen Konfliktklärung und der Entwicklung von Lösungsideen pendeln zu lassen. Als Konfliktberaterin haben Sie die Aufgabe, die Beteiligten anzuregen, dass sie von Anfang an, bereits bei der Untersuchung des Konfliktmusters -Pendelbewegungen vergleichbar – ihre Aufmerksamkeit auch auf Lösungsvorstellungen und Handlungsalternativen richten, diese entwickeln und auf Zieldienlichkeit überprüfen.

Hilfsmittel/tools	Sie können sich hierbei auf die in Kapitel VI ausführlich beschriebenen Suchrichtungen und Checklisten stützen. Darüber hinaus gibt es eine Fülle methodischer Hilfsmittel („tools"), derer Sie sich bedienen können. Dazu gehören z.B. (vgl. u.a. Brommer 1994; Czichos 1990; Glasl 1990; Kommescher/Witschi 1992; Tomm 1994):

- ❏ Fragetechniken
- ❏ Fragebögen zur Konfliktanalyse und Entwicklung von Konfliktlösungen
- ❏ Einsatz von Metaphern
- ❏ Skulptur
- ❏ Phantasiereise
- ❏ Rollenspiele
- ❏ Moderationstechniken
- ❏ Kreativitätstechniken

Achten Sie auf die Balance in den Kooperationsschritten

Ihre Aufgabe als beratende Drittpartei ist es:

Tragfähige Arbeitsbeziehung	❏ eine tragfähige Arbeitsbeziehung zu den Konfliktparteien aufzubauen. Dies setzt voraus, dass Sie auf die Konfliktparteien eingehen, dass Sie ihnen wertschätzend/akzeptierend in ihrem jeweiligen Bezugsrahmen begegnen. Sie begünstigen dadurch auf Seiten der Konfliktparteien den Aufbau einer Ihnen gegenüber „kooperativen Ja-Haltung".
Gewünschte Veränderungsrichtung	❏ Einladungen in eine gewünschte Veränderungsrichtung zu machen, sowie Lösungsvorschläge zu entwickeln und Lösungsschritte anzuleiten.

Die stimmige Balance kann sich im Laufe des Beratungsprozesses ändern. Während üblicherweise in der Anfangsphase das Schwergewicht eher bei der Problemklärung liegt, dürfte es sich allmählich in Richtung Lösungsorientierung verschieben.

- ❏ Pacing, Rapport herstellen: Kommunikationsformen
- ❏ Leading: Kommunikationsformen
- ❏ Funktion von Fragen: Fragen statt sagen

Gehen Sie achtsam mit Widerständen und Rückfällen um

Nachteile durch neue Verfahren	Auch wenn die Konfliktparteien aktiv in den Veränderungsprozess einbezogen sind, ist es eher die Regel, dass sich einzelne oder auch Gruppen gegen neue Verfahren stellen (vgl. Schwarz 1994:56f.). Einzelne Schritte oder die Vorgehensweise insgesamt werden immer wieder in Frage gestellt. Dies hat häufig durchaus respektable Gründe, die es zu würdigen gilt. „Einige sehen ihre Positionen als Verwalter oder Verfechter des bestehenden Systems bedroht. Andere haben die Streitfälle mit den bestehenden Methoden bisher immer gewonnen und fürchten, dass die neuen Verfahren ihnen Nachteile bringen" (Ury/Brett/Goldberg 1991:98). „Widerstände" gegen Veränderungen äußern sich typischerweise in „Bedenken", „Zögern", „Skepsis", „ja, aber-Einwänden".

Untersuchung und Optimierung von Konfliktlösungen

Was sollten Sie als Konfliktberater/in berücksichtigen? Achten Sie auf ganzheitliche Wertschätzung (Schmidt 1994a:2)
- sowohl der Seite gegenüber, die keine Veränderung möchte,
- wie auch der veränderungsorientierten Seite.

Ganzheitliche Wertschätzung

Betroffene geraten leicht in ein Loyalitätsdilemma, wenn – im systemischen Sinne – ihr „eher homöostatisch orientiertes ‚Problemverhalten' nicht mehr als anerkennenswerte Leistung im Dienst wichtiger alter Wertsysteme gewürdigt werden kann" (Schmidt ebd.). Wie mehrfach betont, kann mit Blick auf den Kontext auch das Problemverhalten als sinnhaft verstanden werden (vgl. oben S. 94 ff.).

Loyalitätsdilemma

Daher empfiehlt es sich bei Änderungsversuchen nicht einseitig das Problemverhalten abzuwerten und das gewünschte Lösungsverhalten in idealisierender Weise hervorzuheben. Prüfen Sie, ob und wie eine ausgewogene Balance zwischen offiziell gewünschter Lösung und bisheriger Problemgestaltung systemadäquater wäre. D.h. suchen Sie nach dritten Wegen der Lösung. Besonders wichtig ist dabei, die Beteiligten selbständig, detailliert und sehr konkret ihre Zielkriterien definieren zu lassen. Auf dieser Basis lassen sich erforderliche Lösungsschritte leichter entwickeln (Schmidt 1994a:11).

Ausgewogene Balance

Grundregeln für das Vorgehen als Prozessberater/in

- Achten Sie auf ganzheitliche Wertschätzung
- sowohl der Seite, die keine Veränderung möchte,
- wie auch der veränderungsorientierten Seite
- Suchen Sie konsequent mit allen Beteiligten nach Lösungssituationen;
- Arbeiten Sie dabei die hilfreichen Ressourcen heraus;
- Betonen Sie, dass die Nichtinanspruchnahme der Ressourcen keineswegs heißt, dass sie nicht da sind, sondern dass die Beteiligten noch nicht soweit sind, sie kontinuierlich einzusetzen.
- Arbeiten Sie mit den Beteiligten dritte Lösungswege heraus.

Quelle: Schmidt 1994a:2

Abb. 46: Grundregeln für das Vorgehen als Prozessberater/in

Proaktive Vorgehensweise

Noch eine weitere Perspektive ist mit Blick auf die Widerstände und Rückfälle in dem Beratungsprozess von Bedeutung: *die Perspektive der Kybernetik zweiter Ordnung*. Was ist damit gemeint? Wie schon mehrfach erwähnt, war man in der Tradition der systemischen (Familien-) Beratung lange bemüht, herauszufinden, „wie das System wirklich ist". Man glaubte, die „wahre" Wechselwirkungsdynamik im Klient/innensystem, z.B. zwischen den Konfliktparteien, aufdecken zu können. Die Systemiker/innen sprechen hier von einer *„Kybernetik erster Ordnung"* (siehe auch Watzlawick/Weakland/Fisch 1984).

Kybernetik zweiter Ordnung

Jede Beschreibung ist eine Konstruktion

Die Einbringung der konstruktivistischen Perspektive in das systemische Arbeitsmodell legt dagegen folgende Annahme nahe: Jede Beschreibung ist eine Konstruktion aus einer bestimmten Sicht. D.h. übertragen auf die Situation/Kontext „Berater/Drittpartei – Konfliktparteien": Alles, was die betroffenen Parteien berichten (z.B. über ihre jeweiligen Schwierigkeiten, Auseinandersetzungen, Einstellungen usw.) ist stets Ausdruck ihrer Wirklichkeitskonstruktion im jeweiligen System „Drittpartei -Konfliktparteien". Auch die Drittpartei nimmt die Konfliktparteien bzw. die Betroffenen nicht so wahr „wie sie wirklich sind" bzw. „wie sie sich in der Konfliktsituation wirklich verhalten", sondern wie sie sich ihr in dem Kontext präsentieren, zu dem die Drittpartei auch gehört. Dieser Kontext beeinflusst seinerseits auch wieder die Berater/innen, so dass sie ihre Vorstellung von den zu Beratenden auch entsprechend entwickeln. Die Konflikterfassung und Entwicklung von Lösungsideen geschehen daher auch nicht unabhängig von den Wirklichkeitswahrnehmungen und dem Einfluss der Drittpartei. Dafür steht die *Kybernetik zweiter Ordnung*.

Kooperation mit den Konfliktparteien optimieren

Betrachten und beachten Sie daher zunächst immer die Interaktionsdynamik und Beziehungsgestaltung zwischen Ihnen als Konfliktberater/in und den Konfliktparteien. Bemühen Sie sich, Ihre Kooperation mit den Konfliktparteien zu optimieren. Richten Sie ihre Aufmerksamkeit erst dann auf das Klient/innensystem (Konfliktparteien).

Regeln im Umgang mit Widerständen

Treten auf Seiten der Konfliktparteien Verweigerungen, Blockaden, Zähigkeit, Rückfälle, Symptomeskalation u.a. auf
- Klären Sie zunächst, welche wichtigen Informationen hinsichtlich der Kooperationsdynamik im Beziehungssystem „Berater/in-Konfliktparteien" enthalten sind.
- Arbeiten Sie heraus, was in dieser Situation für das Gelingen einer zieldienlichen Kooperation zwischen Ihnen und den Konfliktparteien beachtet werden muss.
- Klären Sie gegebenenfalls nochmals mit den Beteiligten den Auftrag und den Auftragskontext. Muss der ursprüngliche Auftrag verändert, neu definiert werden? Müssen die Kontraktvereinbarungen neu verhandelt werden?
- Schließen Sie gegebenenfalls einen neuen Kontrakt (Zurück zu Schritt 2).

Abb. 47: Regeln im Umgang mit Widerständen

Hilfreiche Kommunikationsweisen für den Umgang mit Widerständen können auch sein:

- Reframing (umdeuten)
- Metakommunikation
- „Wunderfrage" stellen („angenommen, es würde…")
- Tid for Tad („Wie Du mir, so ich Dir")
- Beobachtungsaufgaben/Hausaufgaben

Umgang mit Widerständen

Schritt 4: Lösungsschritte entwickeln und umsetzbar machen

Lösungsideen lassen sich nicht per Knopfdruck umsetzen. Der Weg von der Untersuchung des bestehenden Konfliktlösungssystems über die Entwicklung effektiverer Strategien bis hin zur Umsetzung von geplanten Veränderungen ist meist eine Mischung verschiedener Wegvarianten: manchmal steinig oder über satte grüne Wiesen führend, mal bergan in aussichtsreiche Panoramahöhen, mal durch enge dunkle Schluchten, mal über breit angelegte, bequeme Straßen, dann wieder über aufgeweichte Schlammpfade.

Mühsal der Konfliktlösung

Ungeduld kann sich einstellen, Erschöpfungssymptome zeigen sich angesichts des mühseligen Vorankommens, Bedenken werden laut, ob die Wegstrecke auch wirklich zu schaffen ist.

Als Berater/in kommen folgende Aufgaben auf Sie zu:

Checkliste 13: Lösungsschritte entwickeln und umsetzen

Beachten Sie, dass
- Sie mit den Beteiligten kleine, konkrete Lösungsschritte entwickeln,
- die Ziele konkret detailliert, realistisch, überprüfbar sind,
- die Beteiligten ausreichend motiviert sind, den Lösungsschritt umzusetzen,
- Widerstände und Rückfälle geklärt werden müssen,
- nötige Kenntnisse erworben und Fertigkeiten entwickelt werden,
- nötige Mittel/Ressourcen zur Verfügung stehen.

Abb. 48: Checkliste 13: Lösungsschritte entwickeln und umsetzen

Schritt 5: Ergebnisse überprüfen, bewerten und sichern

Controlling

Feedback-, Feedforward-Steuerung

Ein Konfliktmanagement, von dem man/frau sich einen erfolgreichen Beitrag zur Optimierung der Konfliktlösungen erwartet, sollte selbstverständlich ergebnis- bzw. „erfolgsgesteuert" sein. Aus unserer Sicht ist es durchaus angebracht, auch hier von einer Art „Controlling" zu sprechen. Controlling steht für: lenken, steuern auf der Basis eines „Soll-Ist-Werte-Vergleichs" und einer Feedback-, wie auch Feedforward-Steuerung. Auf diese Notwendigkeit haben wir bereits mehrfach hingewiesen. Controlling ist umfassender als das deutsche Wort „Kontrolle". Mit Blick auf „Konfliktmanagement", bezieht es sich auf den Prozess, der über mehrere Schritte verläuft, die systematisch miteinander verknüpft sind.

Warum Bewertung und Controlling?

Qualitätsoptimierung

Controlling dient nicht in erster Linie der Ermittlung eines exakten „Meßergebnisses", sondern der Qualitätsoptimierung und Sicherung eines effektiven Konfliktmanagements.

Aufgaben des Konfliktmanagements

Fortlaufende Bewertung

Während des gesamten Prozesses, wie auch am Ende, sollten Sie dafür sorgen, dass überprüft wird, ob Veränderungen wie geplant ablaufen. Die fortlaufende Bewertung hilft Ihnen die Veränderungen fein aufeinander abzustimmen und gegebenenfalls rechtzeitig Korrekturen anzubringen.

Wer überprüft und bewertet?

Die Beteiligten einbinden

Ihre Aufgabe als beratende Drittpartei besteht auch darin, die Beteiligten aktiv in Überprüfung und Bewertung der Ergebnisse mit einzubinden. Sie sind am ehesten in der Lage, die positiven und negativen Auswirkungen der Veränderungen einzuschätzen. Außerdem kann dadurch auch ihr „Frühwarnsystem", ihre Wahrnehmungs- und Beurteilungsfähigkeit fokussiert und geschult werden. Dies hilft Ihnen, Probleme frühzeitig zuerkennen. „Wenn die Parteien erkennen lernen, wann Verfahren nicht funktionieren, können sie die Verbesserungen am System selbst vornehmen und letztendlich völlig auf die Hilfe des Systemdesigners verzichten" (Ury/Brett/Goldberg 1991: 107).

Was sind die Bewertungskriterien?

Maßstäbe/ Bewertungskriterien

Eine Überprüfung und Bewertung von Veränderungsergebnissen kommt selbstverständlich nicht ohne Maßstäbe/Bewertungskriterien aus. In Kapitel VI haben wir zentrale Kriterien zur Überprüfung und Bewertung eines „effektiven" und d.h. auch „kostengünstigen" Konfliktlösungssystems aufgeführt und erläutert. Diese Kriterien können zugleich Maßstab für eine Kosten-Nutzen-Analyse und damit für die Überprüfung und Bewertung der erzielten Ergebnisse sein.

Untersuchung und Optimierung von Konfliktlösungen

Besprechen und vereinbaren Sie auch vorab die Bewertungskriterien mit den Beteiligten. Überprüfen Sie gemeinsam diese Kriterien im Ablauf des Prozesses immer wieder nach Stimmigkeit/Akzeptanz. Einigen Sie sich gegebenenfalls auf Korrekturen.

Checkliste 14: Überprüfung, Bewertung und Sicherung von Veränderungen

Transaktionskosten (z.B. Geld, Zeit, Belastung) — *Transaktionkosten*
Arbeiten Sie möglichst konkret, detailliert evtl. quantifiziert heraus,
- in welchem Ausmaß welche Transaktionskosten gesenkt werden konnten;
- welche Transaktionskosten sich eventuell in welchem Ausmaß erhöht haben

Zufriedenheit mit dem Endergebnissen — *Ergebniszufriedenheit*
Arbeiten Sie möglichst konkret, detailliert evtl. quantifiziert heraus,
- wie zufrieden welche Parteien/Personen
- in welcher Hinsicht mit dem Endergebnis sind.

Sind die Parteien mit den Ergebnissen zufriedener als vorher?

Auswirkungen von Veränderungen auf die Beziehungen — *Qualitätsveränderung*
Arbeiten Sie möglichst konkret und detailliert heraus,
- in welchem Ausmaß sich die Qualität verbessert/verschlechtert hat.

Häufigkeit, Neuaufflammen von Konflikten — *Häufigkeit, Zu- und Abnahme*
Überprüfen Sie, ob die bisherige Konflikthäufigkeit reduziert werden konnte?
- Wie häufig kam es in welchen Situationen zu Rückfällen?
- Konnte die Zahl der Rückfälle reduziert werden?

Sonstige Veränderungen/Folgen — *Erwünschte/unerwünschte Folgen*
Überprüfen Sie, zu welchen Veränderungen der Konfliktlösung die Interventionen/Verfahren/Strategien noch geführt haben?

Hatte eine Intervention unvorhergesehene, erwünschte/nicht erwünschte Folgen?

Grenzen der Veränderung? — *Ressourcen und Rahmenbedingungen*
Arbeiten Sie möglichst konkret und detailliert heraus,
- welche personenbezogenen und/oder organisationsbezogenen Ressourcen zur Verfügung stehen müssen, damit Veränderungen erfolgreich eingeleitet und etabliert werden können?
- welche Rahmenbedingungen müssen außerdem noch gegeben sein, damit Veränderungen erfolgreich (und dauerhaft) umgesetzt werden können?
- wo die Grenzen der Veränderung liegen?

Voraussetzungen | **Zentrale Erfolgsfaktoren**
für Erfolg | Arbeiten Sie möglichst konkret und detailliert heraus,
- warum Veränderungen funktionieren?
- welche Faktoren und Zusammenhänge maßgeblich für den Erfolg sind?

Vergleichen Sie: Sind es vielleicht andere Faktoren oder Wirkungszusammenhänge als zuvor angenommen?

Dokumentation | **Dokumentation der Ergebnisse**
Prozessevaluation | Achten Sie darauf, dass die Ereignisse und ihre Bewertung möglichst detailliert und konkret (nicht bürokratisch, nicht zwanghaft) festgehalten werden. Dies kann ein wirksames Medium der Prozessevaluation sein, der Akzeptanz neuer Verfahren und eventuell auch ihrer Verbreitung in andere Organisationen hinein dienen.

Abb. 49: Checkliste 14: Überprüfung, Bewertung und Sicherung von Veränderungen

VII. Schlussbemerkung

Konflikte gehören heute zu den Kernelementen und -prozessen unseres alltäglichen – beruflichen und privaten – Lebens. Sie sind unvermeidlich!

Unvermeidlich auch deshalb, weil sich mit den Prozessen des sozialen Wandels, mit Pluralisierung und Individualisierung die Wahrnehmungs-, Betrachtungs- und Bewertungsweisen der einzelnen Menschen auseinanderentwickelt haben. Wechselseitiges Verständnis und Verstehen kann daher nicht mehr fraglos als selbstverständlich vorausgesetzt und glücklicherweise auch nicht mehr ohne weiteres durch tradierte, patriarchalische, politische, wirtschaftliche oder auch religiöse Machtpositionen verordnet und erzwungen werden. Zusammen leben und zusammen arbeiten – von Mikrosystemen bis hin zu nationalen und globalen Makrosystemen – erfordert im Dienste einer effektiven und effizienten Erreichung gemeinsamer Ziele eine wechselseitige Annäherung.

Konflikte sind unvermeidlich

Annäherung, wie wir sie verstehen, hat eine bestimmte Grundhaltung und ein von den bisherigen Mustern abweichendes Veränderungs- und Verständigungskonzept zur Voraussetzung. Die besagte Grundhaltung verlangt Aufgeschlossenheit und Achtsamkeit für die Perspektiven und Interessen der Gegenseite, wenn schon nicht selbstlos, so doch wohl wissend, dass wir auf ihre Kooperation angewiesen sind. Aufgeschlossenheit meint nicht „gänzliches Verstehen" der Beweggründe und Sichtweisen anderer. Dies halten wir angesichts der auch weiterhin bestehenden unterschiedlichen Positionen und Lebenssituationen, in denen Menschen sich befinden, für nicht möglich. Aufgeschlossenheit impliziert den Blick nach vorne, die Suche und das Explorieren von Gemeinsamkeiten, Verbindungen, partiell geteilten Interessen, im Dienste einer kooperativen Zielerreichung im gemeinsamen Lebenszusammenhang.

Veränderungs- und Verständigungskonzepte sind nötig

Das zweite Standbein, mit dem sich über Interessengegensätze und Konfliktlagen hinweg eine Annäherung in Gang setzen läßt, ist eine Strategie der Zielerreichung, die sich von überholten Illusionen, Macht- und Allmachtsphantasien an die schnelle Machbarkeit von Veränderungen verabschiedet hat. Die Zeit der großen Strategieentwürfe ist bekanntlich vorbei. Neue Lösungen für Konflikte lassen sich ebensowenig wie sonstige Ziele im Känguruhsprung, mit dem Düsenjet oder den modernen Medien der Telekommunikation erreichen. Komplexe und immer komplexer werdende Lebens- und Arbeitszusammenhänge lassen sich nun einmal nicht rezeptartig verändern. Hinzu kommt das eigendynamische Potenzial des menschlichen Wesens, das sich nicht widerspruchslos beliebigen externen Interventionszielen fügt.

Kleine Schritte statt großer Sprünge

Eine neue Strategie der Zielerreichung, gerade auch bei Konfliktereignissen, gibt sich bescheidener. Die anvisierten Schritte sind kleiner geworden. Ein behutsameres, umsichtigeres, fehlerkorrigierendes, konsequentes Voranschreiten ist angesagt. Dass die Zeit dafür manchmal nicht ausreicht, kann durchaus zu den bitteren Erfahrungen und Erkenntnissen gehören.

Literaturverzeichnis

Altmann R. (1960): Das Erbe Adenauers. Stuttgart

Aquino Th. v. (1985): Summe der Theologie. hrsg. von J. Bernhart, Stuttgart. 3 Bde.

Araoz D.L. (1989): Die neue Hypnose. Paderborn

Augustinus (1997): Vom Gottesstaat, München

Axelrod R. (1987): Die Evolution der Kooperation. München

Baecker D. (2003): Organisation und Management. Frankfurt/M.

Baer, S./Englert, D. (Hg.): Gender Mainstreaming in der Personalentwicklung. Diskriminierungsfreie Leistungsbewertung im öffentlichen Dienst. Bielefeld (2006)

Baethge M. (1991): Arbeit, Vergesellschaftung, Identität – Zur zunehmenden normativen Subjektivierung der Arbeit. In: Soziale Welt 42/1, S. 6–19

Bardmann Th.M./Kersting H.J./Vogel H.Ch. (1991): Das gepfefferte Ferkel. Lesebuch für Sozialarbeiter und andere Konstruktivisten. Aachen

Bateson G. (1983): Ökologie des Geistes. Frankfurt/M. 2. Aufl.

Baur, Ch./Fleischner, E./Schober, P. (2005): Gender Meinstreaming in der Arbeitswelt. Grundlagen für Projekte, Unternehmen und Politik. Innsbruck

Beck, R. (2006): Konflikt-Coaching und Verhandlungsführung. Augsburg

Beck U. (1986): Risikogesellschaft. Auf dem Weg in eine andere Moderne. Frankfurt/M.

Becker H.L. (1991): Ganzheitliche Management-Methodik. Die Erfolgsfaktoren der Selbstführung, Mitarbeiterführung und Arbeitsmethodik. Ehningen/Stuttgart

Berkel K. (1985): Konflikttraining. Konflikte verstehen und bewältigen. Heidelberg

Birbaumer, N./Schmid R.F. (2006): Biologische Psychologie. Heidelberg

Böning, U. (2003): Coaching. In: Geißler/Laske/Orthney (Hg.): Handbuch Personalentwicklung, Köln, 87. Erg.-Lfg., Nov. 2003, 2A.1. S. 1–20

Bonacker Th. (Hrsg.): Sozialwissenschaftliche Konflikttheorien. Eine Einführung. 3. Aufl. Wiesbaden 2005

Boscolo L./Cecchin G./Hoffman L./Pen P. (1988): Familientherapie-Systemtherapie-Das Mailänder Modell – Theorie, Praxis und Konversationen. Dortmund

Boos, F./Heitger, B./Hummer, C. (2004): Veränderung – systemisch. In: Boos, F./Heitger, B. (Hrsg.): Veränderung – systemisch. Management des Wandels. Praxis, Konzepte und Zukunft. Stuttgart

Brommer U. (1992): Mitarbeiter finden und fördern. Stuttgart

Brommer U. (1994): Konfliktmanagement statt Unternehmenskrise. Moderne Instrumente zur Unternehmensführung. Zürich

Brunner E.J. (1993): Organisationsdynamik. In: Schönig W./Brunner E.J. (Hrsg.): Organisationen beraten – Impulse für Theorie und Praxis. Freiburg, S. 95–110

Budde, A. (2003): Betriebliche Konfliktlotsen – Der Einsatz interner Mediatoren in einem Integrierten Konfliktmanagementsystem. In: Pühl, H. (Hg.) Mediation in Organisationen. Neue Wege des Konfliktmanagements: Grundlagen und Praxis. Berlin 2003, S. 97–113

Burckhardt J. (1962): Die Kultur der Renaissance in Italien. Ein Versuch. Gesammelte Werke Bd. III, Darmstadt

Coser L. (1956): The Functions of Social Conflict. London

Creusen U.C. (1991): Das Kundenforum als Maßnahme der Personal- und Organisationsentwicklung. In: Geißler/v. Landsberg/Reinartz (Hg.): Handbuch Personalentwicklung und Training – Ein Leitfaden für die Praxis, 2. Erg.-Lfg. Köln

Czichos R. (1990): Change-Management. München/Basel

Dahrendorf R. (1961): Gesellschaft und Freiheit. Zur soziologischen Analyse der Gegenwart. München

Dahrendorf R. (1965): Gesellschaft und Demokratie in Deutschland. München

Dahrendorf R. (1972): Konflikt und Freiheit. Auf dem Weg zur Dienstklassengesellschaft. München

Dahrendorf R. (1994): Der moderne soziale Konflikt. Essay zur Politik der Freiheit. München

Damasio, A. (1997): Decartes' Irrtum. Fühlen, Denken und das menschliche Gehirn. München: dtv. (Engl. Decarte's Error. Emotion, Reason, and the Human Brain. New York: Putnam, 1994)

Damasio, A. (2002): Ich fühle, also bin ich. Die Entschlüsselung des Bewußtseins. München: Ullstein. (Engl. The Feeling of What Happens: Body and Emotion in the Making of Consciousness. New York: Hartcourt Brace, 1999

Darwin, Ch. (1872): The Expression of Emotions in Man and Animals. Dtsch. Ausgabe von P. Ekman: „Der Ausdruck der Gemütsbewegungen bei dem Menschen und den Tieren." 2000, Frankfurt/M.

Dass, P., Parker, B. (1999): Strategies for Managing Human Resource Diversity. From Resistance to Learning. In: Academy of Management Executive, Vol. 13, Nr. 2.

Demirovic A. (2005): Die Konflikttheorie von Karl Marx. In: Bonacker Th. (Hrsg.): Sozialwissenschaftliche Konflikttheorien. Eine Einführung. 3. Aufl. Wiesbaden, S. 48–64

Donald, M. (1991): Origins of the Modern Mind. Cambridge, Mass.: Harvard University Press.

Doppler, K. (1992): Coaching – Markt, Mode und Notwendigkeit. In: Papmehl, A./Walsh, I. (Hg.): Personalentwicklung im Wandel. Wiesbaden

Doppler K./Edding C.: Veränderungsstrategien im Non-Profit-Bereich. Zürich o.J.

Doppler K./Lauterburg Ch. (1994): Change-Management. Frankfurt/New York

Doppler, K. (2006): Führen in Zeiten der Veränderung. Organisationsentwicklung. Nr. 1, 2006, S. 28–39

Eccles, J. C. (1983): Teil II von Popper, K. P./Eccles, J. C. Das Ich und sein Gehirn. München 1983

Eccles, J. C. (1990) Das Gehirn des Menschen. München

Ekman, R. (1984: Expression and the nature of emotion. In: K. R. Scherer/P. Ekman (Eds.): Approaches to emotion. Hillsdale, NJ: Erlbaum

Ekman, P. (1988): Gesichtsausdruck und Gefühl. Paderborn: Junfermann
Erickson M.H./Rossi E.L. (1981): Hypnotherapie – Aufbau, Beispiele, Forschungen. München
Ellenberger, H. F. (1996): Die Entdeckung des Unbewussten. Bern
Eyer, E./Webers, T. (2002): Mediation. In: Geißler/Laske/Orthney (Hg.): Handbuch Personalentwicklung, Köln, 76. Erg.-Lfg., September 2002, 5.32, S. 1–24
Faltermeier T. (1987): Lebensereignisse und Alltag. München
Fauth W. (1991): Praktische Personalarbeit als strategische Aufgabe. Grundlage, Konzepte, Checklisten. Wiesbaden
Fehr, E./Schmidt K. M. (2001): Theories of Fairness and Reciprocity. Evidence and Economic Applications. Münchener Wirtschaftswissenschaftliche Beiträge (VWL) 2001, 2
Fehr, E./Klein A./Schmidt K.M. (2001): Fairness, Incentives and Contractual Incompleteness. Münchener Wirtschaftswissenschaftliche Beiträge (VWL) 2001, 7
Fehr, E./Klein A./Schmidt K.M. (2004): Contracts, Fairness, and Incentives. Münchener Wirtschaftswissenschaftliche Beiträge (VWL) 2004, 7
Festinger, L. (1957): A theory of cognitive dissonance. Stanfort: Stanford University Press
Fetscher I. (o.J.): Marx. Herder/Spektrum Meisterdenker. Freiburg/Basel/Wien
Filipp S.H. (1981): Ein allgemeines Modell für die Analyse kritischer Lebensereignisse. In: Filipp S.H. (Hrsg.): Kritische Lebensereignisse. München/Wien/Baltimore, S.3–52
Fischer H.R. (1993): Murphys Geist oder die glücklich abhanden gekommene Welt – Zur Einführung in die Theorie autopoietischer Systeme. In: Autopoiesis: eine Theorie im Brennpunkt der Kritik. Heidelberg, 2. Aufl.
Fischer M./ Graf P. (2002): Coaching. Augsburg
Fisher R./Ury W. (1991): Das Harvard-Konzept. Sachgerecht verhandeln – erfolgreich verhandeln. 10. Aufl. Frankfurt
Flasch K. (Hrsg.): Geschichte der Philosophie in Text und Darstellung. Bd. 2 Mittelalter. Stuttgart 1982
Foerster H.v. (1985): Sicht und Einsicht. Versuche zu einer operativen Erkenntnistheorie. Wiesbaden
Foerster H.v. (1987): Erkenntnistheorien und Selbstorganisation. In: Schmidt S.J. (Hrsg.): Der Diskurs des radikalen Konstruktivismus. Frankfurt/M.
Garin E. (1964): Die Kultur der Renaissance. In: Golo Mann/August Nitschke (Hrsg.): Propyläen-Weltgeschichte Bd. 6 Weltkulturen – Renaissance in Europa, S. 429–534, Berlin-Frankfurt-Wien
Gay P. (1996).: Kult der Gewalt. Aggression im bürgerlichen Zeitalter. München
Geerlings W. (o.J.): Augustinus. Herder/Spektrum Meisterdenker. Freiburg, Basel, Wien
Geißler K.A./v.Landsberg G./Reinartz M. (Hrsg.): Handbuch Personalentwicklung und Training. Ein Leitfaden für die Praxis. Köln 1990
Gilligan S.G: (1991): Therapeutische Trance – Das Prinzip der Kooperation in derEricksonschen Hypnotherapie. Heidelberg

Literaturverzeichnis

Glasersfeld E. v. (1996): Radikaler Konstruktivismus, Ideen, Ergebnisse, Probleme. Frankfurt/M.

Glasersfeld E. v. (1998): Konstruktivismus statt Erkenntnistheorie. Klagenfurt

Glasl F. (1990): Konfliktmanagement. Ein Handbuch zur Diagnose und Behandlung von Konflikten für Organisationen und ihre Berater. Bern, 2. Aufl.

Goleman, D. (1995); Emotionale Intelligenz. München, Wien

Graf, P./Spengler, M. (2004): Leitbild und Konzeptentwicklung. 3. Aufl. Augsburg.

Harrison R. (1977): Rollenverhandeln: ein „harter" Ansatz zur Team-entwicklung. In: Sievers B.: Organisationsentwicklung als Problem. Stuttgart, S. 116 ff)

Hegel G. W. F. (1970): Werke in zwanzig Bänden. Bd. 7 Grundlinien der Philosophie des Rechts, Suhrkamp, Frankfurt/Main

Hobbes Th. (1970): Leviathan – Erster und zweiter Teil, Reclam Stuttgart

Horvath Patrick (1997): Naturzustand und Naturgesetz bei Thomas Hobbes. Seminar der Universität Wien, http://members.surfeu.at/patrick.horvath/hobbes.htm (11.04.2007)

House J.S. (1981): Work Stress and Social Support Reading/Mass.

Hülshoff, T. (1999): Emotionen. München, Basel

Imbusch P. (2005): Sozialwissenschaftliche Konflikttheorien – Ein Überblick. In: Imbusch P./Zoll R. (Hrsg.): Friedens- und Konfliktforschung. Eine Einführung. 3. überarb. Aufl. Wiesbaden 2005

Jung R.H./Kleine M. (1993): Management. Personen-Strukturen-Funktionen-Instrumente. München/Wien

Kauffeld, S. (2002): Teamdiagnose. Göttingen

Kenny A. (o.J.): Thomas von Aquin. Herder/Spektrum Meisterdenker. Freiburg, Basel, Wien

Kerntke, W. (2004): Mediation als Organisationsentwicklung: Mit Konflikten arbeiten. Ein Leitfaden für Führungskräfte. Bern

Kiessling, W./Babel, F. (2007): Corporate Identity. Strategie nachhaltiger Unternehmensführung. Augsburg, 3. überarbeitete und erweiterte Auflage

Kommescher G./Witschi U. (1992): Die Praxis der systemischen Beratung. In: Organisationsentwicklung 11/2, S. 22–33

Lamla J. (2005): Die Konflikttheorie als Gesellschaftsstheorie. In: Bonacker Th. (Hrsg.): Sozialwissenschaftliche Konflikttheorien. Eine Einführung. 3. Aufl. Wiesbaden, S. 207–229

Lange M.G. (1961): Politische Soziologie. Berlin/Frankfurt

Lau-Villinger, D./Seeberg, M. (2002): Kollektives Denken und kollegiales Coaching in Organisationen. In: Geißler/Laske/Orthey (Hg.): Handbuch Personalentwicklung. 75. Erg.-Lfg., Aug. 2002, 7.19, S. 1–28

Lawrence, P. R./Nohria N. (2003): Driven. Was Menschen und Organisationen antreibt. Stuttgart

Lazarus R.S./Folkman S. (1984): Stress, Appraisal and Coping. New York

LeDoux, J. (1999): Das Netz der Gefühle. Wie Emotionen entstehen. München

Lenski G. (1973): Macht und Privileg. Eine Theorie der sozialen Schichtung

Lewin K. (1968): Die Lösung sozialer Konflikte. Frankfurt

Lindholz H. (1991): Wie Chefs Konflikte meistern. Verfahren und Übungen für Klein- und Mittelbetriebe. Wiesbaden

Looss, W. (2003): Unter vier Augen: Coaching für Manager. Bergisch Gladbach

Luhmann N. (1984): Soziale Systeme. Frankfurt

Luhmann N. (2004): Einführung in die Systemtheorie. 2. Aufl. Heidelberg

Lotmar P./Tondeur E. (1989): Führen in soz. Organisationen. Bern/Stuttgart

Lynch D./Kordis P. (1992): DelphinStrategien. Managementstrategien in chaotischen Systemen. Fulda

Machiavelli N. (1961): Der Fürst. Reclam Stuttgart

Malik, F. (1999): Große Aufgaben für das Personalmanagement. In: WISU, 4, S. 400–402

Mann G./Nitschke A. (Hrsg.): Propyläen-Weltgeschichte Bd. 6 Weltkulturen – Renaissance in Europa; Bd. 7, Von der Reformation zur Revolution, S. 351–384. Berlin-Frankfurt-Wien

Mann G. (1960): Politische Entwicklungen Europas und Amerikas 1815–1871. In: Propyläen-Weltgeschichte, Bd. 8, Das neunzehnte Jahrhundert, S. 370–582. Berlin-Frankfurt-Wien

Mann G. (1964): Der Europäische Geist im späten 17. Jahrhundert. In: Propyläen-Weltgeschichte, Bd. 8, Das neunzehnte Jahrhundert, S. 369–582, Berlin-Frankfurt-Wien

Marx K. (1953): Die Frühschriften, hrsgg. von Siegfried Landshut, Stuttgart

Maturana H. R./Varela F. J. (1982): Autopoietische Systeme: eine Bestimmung der lebendigen Organisation. In: H. Maturana: Erkennen. Die Organisation und die Verkörperung von Wirklichkeit, Braunschweig/Wiesbaden

Maturana H. R./Varela F. J. (1987): Der Baum der Erkenntnis. Die biologischen Wurzeln der menschlichen Erkenntnis. München

Mayo E. (1957): Social Problems of an Industrial Civilization. London

Menaghan E. (1983): Individual Coping Efforts: Moderators of the Relationship between Life Stress and Mental Health Outcomes. In: Kaplan H.B. (Ed.): Psychological Stress: Trends in Theory and Research. New York

Miller J.G. (1978): Living systems. New York

Müller, G. (2003): Systemisches Coaching im Management: Das Praxisbuch für Neueinsteiger und Profis. Weinheim, Basel, Berlin

Münter H. (1993): Projektmanagement. An einem Strang ziehen. In: ManagerSeminare Nr. 10, S. 32

Noetzel Th. (2005): Die Konflikttheorie von Thomas Hobbes. In: Bonacker Th. (Hrsg.): Sozialwissenschaftliche Konflikttheorien. Ein Einführung. 3. Aufl., S. 33–46. Wiesbaden 2005

Ornstein, R. (1989): Multimind. Ein neues Modell des menschlichen Geistes. Paderborn 1989

Otto St. (1984): Humanistische Ethik und Politik in der Krise: Niccolo Machiavelli. In: Geschichte der Philosophie in Text und Darstellung. Bd. 3 Renaissance und frühe Neuzeit, S. 362–377. Stuttgart

Pinker, S. (1998): Wie das Denken im Kopf entsteht. München: Kindler 1998 (Engl. How the Mind Works. New York: Norton, 1997)

Plessner H. (1959): Die verspätete Nation. Stuttgart

Literaturverzeichnis

Possemeyer, I. (2007): Der bessere Egoist. GEO, 10, Oktober 2007, S.48–56

Pühl, H. (Hg.): Mediation in Organisationen. Neue Wege des Konfliktmanagements: Grundlagen und Praxis. Berlin 2003.

Pühl, H. (2003): Mediation in Organisationen – eine Einführung. In: Pühl, M. (Hg.), 2003, S. 9–19

Pühl, H. (2003): Organisations-Mediation im Kontext verwandter Beratungsverfahren. In: Pühl, H. (Hg.), 2003, S. 165–179

Rademacher H. (1993): Zur Grammatik autopoietischer Systeme. In: Fischer H.R. (Hrsg.): Autopoiesis. Eine Theorie im Brennpunkt der Kritik. Heidelberg

Rapoport A. (1960): Fights, games and debates. Ann Arbor

Romain L./Schwarz G. (Hrsg.): Abschied von der autoritären Demokratie? Die Bundesrepublik im Übergang. München 1970

Rückle H. (1991): Interne oder externe Beratereinsätze? In: Geißler/v. Landsberg/Reinartz (Hrsg.): Handbuch der Personalentwicklung und Training. Ein Leitfaden für die Praxis.

Rüttinger B. (1980): Konflikt und Konfliktlösen. München

Rüttinger B. (1988): Konflikt als Chance. München

Ruschel A. (1990): Konfliktmanagement. In: Geißler/v. Landsberg/Reinartz (Hrsg.) Handbuch Personalentwicklung und Training (PET). Ein Leitfaden für die Praxis. Köln

Sackmann S. (1983): Organisationskultur. Die unsichtbare Einflußgröße. In: Gruppendynamik 14/4, S. 359–406

Salzburger Äbtekonferenz (Hrsg.): Die Regel des heiligen Benedikt. 6. Aufl. Beuron 1990

Schäfer G./Nedelmann C. (1969): Der CDU-Staat. Analysen zur Verfassungswirklichkeit in der Bundesrepublik. Frankfurt

Schiermann J.U. (1984): Kommunikation: Konflikte verstehen-Konflikte lösen. Braunschweig

Schmid B. (1993): Menschen, Rollen und Systeme – Professionsentwicklung aus systemischer Sicht. In: Organisationsentwicklung 12/4, S. 18–26

Schmidt G. (1994a): Prämissen und Konzepte zum Thema: „Utilisation von Alltagstrancephänomenen und hypnotischen Mustern für die Gestaltung des Interviewablaufs und von Interventionen. Arbeitspapier zum Fortbildungscurriculum „Systemische und Hypnotherapeutische Konzepte für die Organisationsberatung, Coaching und Persönlichkeitsentwicklung". Milton- Erickson-Institut Heidelberg

Schmidt G. (1994b): Probleme als beziehungsgestaltende Intervention. Arbeitspapier zum Fortbildungscurriculum „Systemische und Hypnotherapeutische Konzepte für die Organisationsberatung, Coaching und Persönlichkeitsentwicklung". Heidelberg

Schmidt S.J. (1987): Der Diskurs des radikalen Konstruktivismus. Frankfurt/M.

Schmitz D./Weyrer M. (1995): Wer braucht schon Konflikte? Zur Notwendigkeit von Konfliktmanagement in der Unternehmensentwicklkung. In: Heitger B./Schmitz C./Gester P. W. (Hrsg.): Managerie, 3. Jahrbuch Systemisches Denken und Handeln im Management, S. 120–144. Heidelberg

Schneider P. (1995): Die Arbeit im Konfliktmanagement und die Utilisierung des Kontextes. In: Heitger B./Schmitz C./Gester P.W. (Hrsg.): Managerie, 3. Jahrbuch Systemisches Denken und Handeln im Management, S. 149–164. Heidelberg

Schreyögg, A. 1995: Coaching. Eine Einführung für Praxis und Ausbildung. Frankfurt/New York

Schuh S. (1989): Organisationskultur. Integration eines empirischen Konzepts in die empirische Forschung. Wiesbaden

Schumpeter J.A. (2005): Kapitalismus, Sozialismus und Demokratie. UTB Stuttgart

Schwarz G. (1994): Sozialmanagement. München

Schwarz G. (Hrsg.): Profil und Professionalität. Praxis der Sozialarbeit im Umbruch. München 1993

Schwarz P. (1992): Management in Non-Profit-Organisationen. Eine Führungs-, Organisations- und Planungslehre für Verbände, Sozialwerke, Vereine, Kirchen, Parteien usw. Bern-Stuttgart-Wien

Sennlaub/Stein/v. Passavant (1996): Entwicklung und Umsetzung des Unternehmensleitbildes einer Betriebskrankenkasse. In: Organisationsentwicklung, 15. Jg., H. 4, S. 20–31.

Siegert W. (1992): Konflikte erkennen und besser bewältigen. Weniger Ärger – weniger Stress. Tips und Anregungen zur Erleichterung des Miteinanderumgehens. Stuttgart. 4. Aufl.

Sievers B. (1977): Organisationsentwicklung als Problem. Stuttgart

Simmel G. (1908): Soziologie. Untersuchungen über die Formen der Vergesellschaftung. Leipzig

Simon, F. B. (2006): Einführung in Systemtheorie und Konstruktivismus. Heidelberg

Stark C. (2005): Die Konflikttheorie von Georg Simmel. In: Bonacker Th. (Hrsg.): Sozialwissenschaftliche Konflikttheorien. Eine Einführung. 3. Aufl. Wiesbaden, S. 83–96

Stone I. (1976): Vincent van Gogh. Ein Leben in Leidenschaft. Berlin

Tönnies F. (1887) Gemeinschaft und Gesellschaft. Leipzig

Tomm K. (1994): Die Fragen des Beobachters – Schritte zu einer Kybernetik zweiter Ordnung in der systemischen Therapie. Heidelberg

Tuck R. (o.J.): Hobbes. Herder/Spektrum Meisterdenker. Freiburg, Basel, Wien

Tuckmann, B. M. (1965): Development sequence in small groups. Psychological Bulletin, 63,

Ullrich H.C. (o.J.): Unternehmenskultur. In: Geißler/v. Landsberg/Reinartz (Hrsg.): Handbuch Personalentwicklung und Training – Ein Leitfaden für die Praxis. Köln

Ulrich H. (1984): Management. Bern

Ulrich H. (1987): Unternehmenspolitik. 2. Aufl. Bern, Stuttgart

Ulrich H./Probst G.J.B. (1991): Anleitung zum ganzheitlichen Denken und Handeln. Ein Brevier für Führungskräfte. 3. Aufl. Bern, Stuttgart

Ury W./Brett J.M./Goldberg St.B. (1991): Konfliktmanagement. Wirksame Strategien für den sachgerechten Interessenausgleich. Frankfurt/New York

Vogelauer, W. (Hg.) 2000: Coaching-Praxis: Führungskräfte professionell begleiten, beraten und unter-stützen. 3. Aufl., Neuwied, Kriftel/Ts.

Vollbracht, J. (1999): Coaching – Modetrend oder Bestandteil der Personalentwicklung? In: Schwuchow, K./Gutmann, J. (Hg.): Jahrbuch Personalentwicklung und Weiterbildung 1999/2000, Neuwied, Kriftel/Ts., S. 161–164

Wagner, D./Dick, P. (2002): Personalmanagement 2010 – Herausforderungen und Konzepte. In: Schwuchow, K./J. Gutmann (Hg.): Jahrbuch Personalentwicklung und Weiterbildung. Praxis und Perspektiven. 2003. Luchterhand: Neuwied, Kriftel/Ts., S. 3–10.

Wagner, D./Sepehri, P. 2002: Diversity und Managing Diversity. In: Schwuchow, K./J. Gutmann (Hg.): Jahrbuch Personalentwicklung und Weiterbildung. Praxis und Perspektiven. 2003. Luchterhand: Neuwied, Kriftel/Ts., S. 11–17

Watzlawik, P. (1977): Wie wirklich ist die Wirklichkeit? München

Watzlawik P./Weakland/Fisch R. (1984): Lösungen – Zur Theorie und Praxis menschlichen Wandels. Bern/Stuttgart/Wien

Weber M. (1972): Wirtschaft und Gesellschaft. 5. Aufl. Tübingen

Wimmer R. (1988): Was können selbstreflexive Lernformen in der öffentlichen Verwaltung bewirken? Zum Entwicklungspotenzial bürokratischer Systeme. In: Gruppendynamik 19, Jg. H.1, S. 7–27

Wilson, J. Q. (1998): Die Einheit des Wissens. Berlin: Siedler. (Engl. Consilience: The Unity of Knowledge. New York: Knopf, 1998)

Winterling K. (1989): Wie man (vorbeugend) Krisenmanagement betreibt. Ein Leitfaden zur Früherkennung und Bewältigung von Unternehmenskrisen. Bad Homburg

Wöhrle, A. (2003): Change Management: Organisation zwischen Hamsterlaufrad und Kulturwandel. Augsburg

Wohlgemuth A.C. (Hrsg.): Moderation in Organisationen. Problemlösungsmethode für Führungsleute und Berater. Bern-Stuttgart-Wien 1993

Zimbardo, P. G./Gerrig R.J. (1999): Psychologie. Heidelberg u.a.

Die Autoren

Dr. Gotthart Schwarz

Studium der Politik, Geschichte, Soziologie und Philosophie. Em. Professor für Politikwissenschaft im Fachbereich Sozialwesen der Fachhochschule München mit den Schwerpunkten: Wirtschafts- und Sozialpolitik, Kommunalpolitik/Kommunale Sozialarbeit, Sozialplanung, Gemeinwesenarbeit; Ökonomie und Organisation sozialer Arbeit, Management in Sozialunternehmen, Organisations- und Personalentwicklung. Geschäftsführer des Instituts für Sozialmanagement (ISM) in München. Herausgeber der Publikationsreihen SozialMANAGEMENT Praxis und SozialWIRTSCHAFT Diskurs im ZIEL-Verlag Augsburg.

Dr. Reinhilde Beck

Studium der Psychologie und Pädagogik mit Zusatzausbildung in Verhaltens- und Gesprächspsychotherapie, systemischer Beratung, Organisationsentwicklung und Coaching. Professorin für Psychologie und Pädagogik im Fachbereich Sozialwesen der Fachhochschule München mit den Arbeitsschwerpunkten: Weiterbildungs- und Personalmanagement, Personalführung, Coaching. Geschäftsführerin des Instituts für Sozialmanagement (ISM) in München (zusammen mit Gotthart Schwarz). Mitherausgeberin der Publikationsreihen SozialMANAGEMENT Praxis und SozialWIRTSCHAFT Diskurs im ZIEL-Verlag Augsburg.

ziel : Blaue Reihe — SozialMANAGEMENT Praxis

Betriebswirtschaftlehre für Sozialunternehmen
Klaus Schellberg

2. überarbeitete Auflage
214 Seiten, Format A4
65 Abb. / Graf. / Tab., Zweifarbdruck
25,80 € (D) / 26,60 € (A) / 46,00 sFr (Softcover)
ISBN 978-3-937 210-94-0

Die Sicherung ihrer wirtschaftlichen und finanziellen Zukunft gehört zu den zentralen Fragen, mit denen sich viele Organisationen der Sozialarbeit heute notgedrungen befassen müssen. Mit anderen Worten: sie müssen betriebswirtschaftlich denken und handeln lernen. Den Luxus, Ökonomie und Soziale Arbeit – „Gewinnmaximierung hier, soziale Gerechtigkeit dort" – als unvereinbare Gegensätze zu sehen und entsprechend zu handeln, kann sich heute niemand mehr leisten.

Aus dem Inhalt:
- Grundtatbestände der Ökonomie
- Ökonomische Dimension der Sozialen Arbeit
- Betriebswirtschaftslehre von Sozialunternehmen
- Rechnungswesen
- Controlling
- Rechtsformen
- Strategische Unternehmensführung
- Beschaffung
- Dienstleistungsproduktion
- Personalwirtschaft
- Marketing
- Finanzierung
- Konsequenzen für die Sozialarbeit

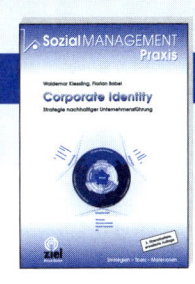

Corporate Identity
Waldemar Kiessling, Florian Babel

Strategie nachhaltiger Unternehmensführung
3. überarbeitete, erweiterte Auflage
196 Seiten, Format A4, Zweifarbdruck
anschauliche Praxisbeispiele im Vierfarbdruck
53 Abb. / Cartoons / Checkl.
25,80 € (D) / 26,60 € (A) / 46,00 sFr (Softcover)
ISBN 978-3-937 210-51-3

Corporate Identity ist Ziel, Herausforderung und dauerhafter Prozess. Anhand einer Fülle praktischer Beispiele und Materialien vermitteln die Autoren nachvollziehbare Konzepte und Wege zur Gestaltung einer nach innen und außen glaubwürdigen Unternehmensidentität. Der Leser findet zahlreiche praktische Tipps und Hilfen u.a. zur Leitbildentwicklung, Führung, Mitarbeiterkommunikation, Medien-, Presse- und Öffentlichkeitsarbeit. Mehrere Interviews mit nachhaltig agierenden Unternehmern und Leitbildbeispiele zeigen die Umsetzung in die Praxis.

Aus dem Inhalt:
- CI-Konzept: CI-Modell, CI-Strategie, Nachhaltigkeitsdreieck
- Leitbild eines Unternehmens, Unternehmensphilosophie
- Verhalten von Geschäftsführung und Mitarbeitern: Einstellung, Führung und Kritik, Corporate Governance, Beschwerdemanagement und Corporate Social Responsibility
- Mitarbeiterkommunikation
- Öffentlichkeitsarbeit, Werbung und Sponsoring
- Erscheinungsbild
- CI-Strategie in der Praxis: Selbstbild-, Fremdbildanalyse, Planung, Umsetzung, CI-Controlling
- Unternehmensimage
- Praxis-Interviews

Konflikt-Coaching und Verhandlungsführung
Reinhilde Beck

176 Seiten, Format A4
79 Abb. / Graf. / Checkl., Zweifarbdruck
25,80 € (D) / 26,60 € (A) / 46,00 sFr (Softcover)
ISBN 978-3-937 210-45-2

Konflikte sind allgegenwärtig und meist unvermeidbar vor allem im Organisationswandel. Veränderungen im Sozial- und Gesundheitsbereich und die erforderlich gewordene Neuorganisation sozialer Dienste, Einrichtungen und Unternehmen sind ein besonders guter Nährboden für Konflikte: Ängste, Unsicherheiten, Orientierungsverlust, Interessensgegensätze, Mobbing sind allseits bekannte Phänomene und stellen besondere Herausforderungen an Konfliktfähigkeit und -kompetenzen.

Aus dem Inhalt:
- Konflikterleben und -wahrnehmung
- Innere Konflikte und individuelle Konfliktreaktionen
- Konfliktentwicklung in Beziehungssystemen
- Selbstmanagement in Konfliktsituationen
- Grundlagen kommunikativer Verfahren der Konfliktregulierung
- Formen des Konflikt-Coaching: Einzel-Coaching, Team-Coaching, Kollegiales Coaching, Konflikt-Coaching als Organisationsberatung
- Verhandlungsführung: Harvard-Konzept, Mediation
- Rollen- und Auftragsklärung, Konfliktdiagnose und -interventionsplanung
- Methoden und Interventionen von Konflikt-Coaching und Verhandlungsführung

Personalentwicklung
Reinhilde Beck, Gotthart Schwarz

Neuerscheinung der 2. überarbeiteten und erweiterten Auflage
264 Seiten, Format A4
117 Abb. / Graf. / Checkl., Zweifarbdruck
25,80 € (D) / 26,60 € (A) / 46,00 sFr (Softcover)
ISBN 978-3-934 214-98-9

Das Buch ist nicht als eine Rezeptsammlung für schnelle Patentlösungen zu verstehen. In ihm werden Dialoge zusammengebracht, die bisher getrennt und unverbunden geführt werden. Personal- und Organisationsentwicklung bilden nach Auffassung der Autoren eine engvernetzte, untrennbare Einheit. Mit pragmatischer Zielsetzung stellen sie den an praktischer Umsetzung interessierten Führungskräften konkrete Handlungsempfehlungen und Checklisten für folgende Problemstellungen zur Verfügung: Welche Konsequenzen haben veränderte Umfeldbedingungen und Strukturwandel für Personalführung und -entwicklung? Welche Aufgaben, Rollen, Grundhaltungen werden von Führungskräften gefordert? Personalentwicklung als integriertes Konzept der Unternehmensführung. Welche Maßnahmen und Instrumente der Personalentwicklung bieten sich an?

Zielgruppe:
Führungskräfte sozialer Einrichtungen und Dienste, Beschäftigte in der sozialen Arbeit, die Interesse an diesem Aufgabenfeld haben. Studierende der Studiengänge Sozialmanagement/Sozialwirtschaft, Sozialarbeit/Sozialpädagogik sowie Gesundheits- und Pflegemanagement.

Fordern Sie den aktuellen Verlagskatalog an oder sehen Sie ins Internet: www.ziel.org

Bestellungen bitte an:
ZIEL - Zentrum für interdisziplinäres erfahrungsorientiertes Lernen GmbH
Zeuggasse 7–9, 86150 Augsburg
Tel. (08 21) 420 99 77, Fax (08 21) 420 99 78
E-Mail: verlag@ziel.org

Alle Bände dieser Reihe sind mit einer Fülle praktischer Beispiele und anschaulicher Grafiken ausgestattet. Sie präsentieren theoretisches Wissen in verständlicher Sprache und praktische Anregungen in optisch attraktivem Zwei-Farb-Druck. Das DIN A4-Format, die Stichworte am Rande und ausführliche Literaturverzeichnisse erhöhen den Gebrauchswert der Publikationen für die Leser und Leserinnen.

Online www.ziel.org
... und bei Ihrem Buchhändler!

ziel:Blaue Reihe — SozialMANAGEMENT Praxis

Analyse und Entwicklung
Monika Bobzien, Wolfgang Stark, Florian Straus

Analyse und Entwicklung
von Organisationen im sozialen Sektor
156 Seiten, Format A4
75 Abb. / Graf. / Checkl., Zweifarbdruck
25,80 € (D) / 26,60 € (A) / 46,00 sFr (Softcover)
ISBN 978-3-934 214-91-0

Change Management
Armin Wöhrle

Organisationen zwischen
Hamsterlaufrad und Kulturwandel
190 Seiten, Format A4
35 Abb. / Graf. / Checkl., Zweifarbdruck
25,80 € (D) / 26,60 € (A) / 46,00 sFr (Softcover)
ISBN 978-3-934 214-76-7

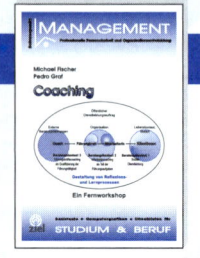

Coaching
Michael Fischer, Pedro Graf

2. überarbeitete Auflage
160 Seiten, Format A4
75 Abb. / Graf. / Checkl., Zweifarbdruck
25,80 € (D) / 26,60 € (A) / 46,00 sFr (Softcover)
ISBN 978-3-934 214-58-3

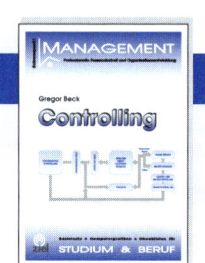

Controlling
Gregor Beck

2. Auflage
144 Seiten, Format A4
50 Abb. / Graf. / Checkl., Zweifarbdruck
25,80 € (D) / 26,60 € (A) / 46,00 sFr (Softcover)
ISBN 978-3-934 214-01-9

Existenzgründung
Ludger Kolhoff

Existenzgründung im sozialen Sektor
188 Seiten, Format A4
42 Abb. / Graf. / Checkl., Zweifarbdruck
25,80 € (D) / 26,60 € (A) / 46,00 sFr (Softcover)
ISBN 978-3-934 214-78-1

Finanzierung
Ludger Kolhoff

Finanzierung soz. Einrichtungen und Dienste
166 Seiten, Format A4
48 Abb. / Graf. / Checkl., Zweifarbdruck
25,80 € (D) / 26,60 € (A) / 46,00 sFr (Softcover)
ISBN 978-3-934 214-66-8

Kostenmanagement
Klaus Schellberg

Kostenmanagement in Sozialunternehmen
188 Seiten, Format A4
48 Abb. / Graf. / Checkl., Zweifarbdruck
25,80 € (D) / 26,60 € (A) / 46,00 sFr (Softcover)
ISBN 978-3-934 214-69-9

Leitbild- und Konzeptentwicklung
Pedro Graf, Maria Spengler

5. überarbeitete Auflage
128 Seiten, Format A4
50 Abb. / Graf. / Checkl., Zweifarbdruck
25,80 € (D) / 26,60 € (A) / 46,00 sFr (Softcover)
ISBN 978-3-940 562-07-4

Organisationsentwicklung
Hans Dietrich Engelhardt, Pedro Graf, Gotthart Schwarz

2. überarbeitete Auflage
164 Seiten, Format A4
60 Abb. / Graf. / Checkl., Zweifarbdruck
25,80 € (D) / 26,60 € (A) / 46,00 sFr (Softcover)
ISBN 978-3-934 214-45-3

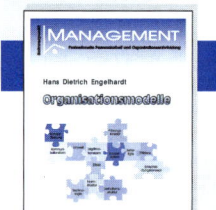

Organisationsmodelle
Hans Dietrich Engelhardt

2. überarbeitete Auflage
144 Seiten, Format A4
34 Abb. / Graf. / Checkl., Zweifarbdruck
25,80 € (D) / 26,60 € (A) / 46,00 sFr (Softcover)
ISBN 978-3-934 214-14-9

Sozialmanagement
Gotthart Schwarz

4. überarbeitete und erweiterte Auflage
Pilot der Reihe
156 Seiten, Format A4
36 Abb. / Graf. / Checkl., Zweifarbdruck
25,80 € (D) / 26,60 € (A) / 46,00 sFr (Softcover)
ISBN 978-3-934 214-63-7

Total Quality Management
Hans Dietrich Engelhardt

TQM: Konzept – Verfahren – Diskussion
152 Seiten, Format A4
31 Abb. / Graf. / Checkl., Zweifarbdruck
25,80 € (D) / 26,60 € (A) / 46,00 sFr (Softcover)
ISBN 978-3-934 214-64-4

Fordern Sie den aktuellen Verlagskatalog an oder sehen Sie ins Internet: www.ziel.org

Bestellungen bitte an:
ZIEL - Zentrum für interdisziplinäres
erfahrungsorientiertes Lernen GmbH
Zeuggasse 7–9, 86150 Augsburg
Tel. (08 21) 420 99 77, Fax (08 21) 420 99 78
E-Mail: verlag@ziel.org

Alle Bände dieser Reihe sind mit einer Fülle praktischer Beispiele und anschaulicher Grafiken ausgestattet. Sie präsentieren theoretisches Wissen in verständlicher Sprache und praktische Anregungen in optisch attraktivem Zwei-Farb-Druck. Das DIN A4-Format, die Stichworte am Rande und ausführliche Literaturverzeichnisse erhöhen den Gebrauchswert der Publikationen für die Leser und Leserinnen.

Online www.ziel.org
... und bei Ihrem Buchhändler!